부를 향한 첫걸음

돈 되는 호기심

부를 향한 첫걸음

돈 되는 호기심

최 수 길 지음

도서출판 **더 로드**
The Road Books

눈 오는 겨울날 한가로이 거실에 앉아 커피 한잔 마시며 좋아하는 클래식 음악을 듣거나 접어 놓은 책 한 페이지를 읽으면서 지나온 날들을 회상한다는 것은 축복일 것입니다.

한국 사회는 급속도로 고령화가 진행되면서 2025년에는 초고령 사회로 진입할 것으로 예상되고, 젊은 노인층(65세~74세)들은 은퇴 나이에도 불구하고 60% 이상이 일하고 싶은 가장 큰 이유를 생활비 부족 때문이라고 말합니다. 공적연금만으로는 부족해서 평생 일해야 한다는 현실이 '고령화 시대의 슬픈 자화상'으로 다가옵니다.

생각지도 못한 IMF 외환위기가 닥쳐왔을 때 일입니다. 은행 동료들은 은행이 문을 닫는 현실 앞에서 모두 불안에 떨며

안절부절못하고 있을 때였습니다. 거주하던 아파트의 가격이 종전에는 평당 10백만 원 이상 차이가 났지만, 일시적으로 평당 오십만 원으로 격차가 줄어들어 아파트 평수를 늘려 가기에 안성맞춤이라 생각되었습니다. 그때 집을 큰 평수로 이사 가겠다고 대출을 요청했더니 지점장께서 제정신이냐고 말했던 기억이 납니다. 그 당시 기회를 잘 포착하여 흡족하진 않지만 다소 경제적인 어려움이 없이 생활할 수 있어 늘 감사한 마음으로 일상을 보내고 있습니다. 인공지능(AI) 시대인 현재에도 자기 주변의 일들을 유심히 관찰하면서 기회가 오면 즉시 실행하는 습관을 기르면 뜻밖의 경제적 자립의 기회도 생기지 않을까 생각됩니다.

대체로 부를 많이 축적한 사람들을 자세히 살펴보면, 무언가 남다른 것들이 있음을 발견할 수 있습니다. 일명 '부자들의 돈 쓰는 습관'이랄까요! 강남지역에서 10여 년간 지점장과 본부장을 역임하면서 체득한 것은 어떻게 보면 부자들은 돈 버는 방법보다는 돈 쓰는 법을 잘 알아야 한다는 사실입니다. 평범한 사람들은 부자들이 대부분 인색하고 까다롭다고 여기지만, 부자들은 본인에게 닥친 현실을 정확히 인지하여 먼 안목으로 지켜볼 줄 알고, 때가 오면 빠르게 실행합니다.

'패배 의식에는 치유 방법이 없다.'라는 말이 있습니다. 어떤 어려움에 처하더라도 끝까지 포기하지 않고 최선을 다하다 보면 길이 보인다는 역설적인 이야기입니다. 직장인이든, 자기 사업을 하든 성공하고픈 열정이 있다면 보다 구체적이고 체계적인 접근이 필요하며, 실행 또한 그 첫걸음입니다. 실수를 두려워하지 않는 자신감으로 경제적인 자립도 호기심으로 늘 깨어 있고 도전하는 삶으로 이어지면 마음의 여유와 함께 일정 수준 이루리라 생각됩니다.

책에서 언급한 내용들을 몇 가지 살펴보면, 일상의 내용들을 기록하여 자주 보는 습관이 행동으로 이어진다는 내용에 매우 공감합니다. 힘들거나 아이디어가 필요로 할 때 들여다보면 시행착오를 줄이고 성공의 길에 다가갈 수 있으리라 확신합니다. 더불어 매년 초에 핵심 4가지 정도 목표(조직, 개인, 건강, 버킷리스트)를 세워 분기마다 진행도를 점검하여 향후 방향을 예견해 나가는 방법도 매우 중요하리라 생각됩니다.

이 책은 이런 경제적 자립의 방향을 구체적으로 제시하고 있어, 힘들어하거나 궁금해하는 사람들에게는 많은 도움이 되리라 확신합니다. 당부의 말씀은 이 책을 읽는 모든 독자 분들이 바라는 경제적인 성취를 이루고 나서, 하고 싶은 일을 하는 삶이 자신에게는 보람이 있고 남에게도 도움이 되며, 더 나아가 사회에도 기여할 수 있는 가치 있는 삶의 지침서가 되길 바랍니다.

세상은 '내가 잘해서가 아니라 주변 사람들을 잘 만나서 행복하다는 것'을 착각하며 삽니다. 하나은행 강남지역 본부장으로 재직 시 재벌 2세 등 부자들에게 자주 권하는 이야기가 해외에 나가서 돈 버는 방법만 배워오지 말고 돈 쓰는 법도 함께 배워오라는 것이었습니다. 행복이란 나를 포함한 주변의 모든 사람이 함께해야 가능하고 건강한 사회가 되는 지름길입니다.

오랫동안 다양한 은행 경험을 바탕으로 경제적 부를 축적하는 방법을 세세히 기록한 본 저서가 노후에 행복한 삶을 준비하려는 사람들에게 많은 도움이 되었으면 하는 기대를 해보며, 작가의 첫 출간을 축하하면서 추천의 글을 대신합니다.

최 민 옥
前 하나은행 강남/경수/수원·안산 본부장
現 시인/수필가/여행 작가/Painter

> **"**
> 돈을 버는 것도 중요하지만
> 어떻게 모으고 어떻게 사용할 것인가가
> 더 중요한 시대다.
> **"**

어머니는 항상 "돈 버는 것을 자랑하지 말고 어떻게 쓰는지를 자랑해야 한다."라는 말씀을 하셨다. 처음에는 이 말이 어머니 세대의 말이지, 'IT 시대에 사는 우리에게는 맞지 않는 말이다.'라고 생각했다. 시간이 흐르면서 이 말 속에 돈을 모으는 진리가 있다는 사실을 깨닫게 되었다. 매년 수입 증가는 쪼금이고, 평생직장도 없는 지금은 돈을 벌고 모으는 것이 '내가 돈에 대하여 어떤 마음으로 출발하느냐'가 더없이 중요한 의미를 갖기 때문이다.

하나은행 지점장으로 은퇴할 때까지 30년간 매일 고객 상담을 하면서 알게 된 것이 있다. 바로 재테크에 성공하여 부자가 된 사람과 그렇지 못한 사람의 차이였다. 스마트폰에 저장된 고객 5천 명 중 최근 2년간 부동산 등에 투자한 고객 1천여 명을 만나고, 그중 500여 명의 대출 상담을 진행하면서 투자하는 사람의 성향을 더 상세히 알게 되었다.

투자자들에게 공통으로 가장 눈에 띄는 성향은 바로 호기심이 많다는 것이었다. 호기심이 많은 사람은 새로운 것에 관한 관심과 관찰력이 뛰어나면서도 한 번에 일확천금을 꿈꾸지 않으며, 주변에서 일어나는 사소한 돈 되는 일에 절대 그냥 지나치지 않았다. 이런 호기심은 다양한 재테크에 접근하는 허들을 쉽게 낮추는 요인이 된다는 사실을 알게 되었다.

'돈 되는 호기심'은 돈에 관한 많은 업무와 지식을 습득한 것과는 다른 것이다. 금융에 대한 지식이 많다고 부자가 되는 것이 아니라 돈을 벌고자 하는 갈망과 끝없는 노력 그리고 실행이 필요하다. 또한 '돈 되는 호기심'에서 만들어진 좋은 습관들, 즉 관심, 관찰, 질문 등은 재테크뿐만 아니라 직장에서 일할 때도 매우 중요한 역할을 하게 된다. 일을 즐겁게 만들 뿐만 아니라 자신의 가치를 높이는 최고의 투자 방법이 될 수 있다.

우리의 삶은 매일 중요하지 않지만, 바쁜 일에 집중하다 보니 정작 중요한 미래의 삶에 대한 고민은 자꾸 미루게 된다. 결국 다양한 종잣돈을 모아 더 나은 생활과 노후를 준비하는 일처럼 중요하지만, 급하지 않은 일에는 정작 관심을 소홀히 한다. 10년 전 "퇴직 후 뭐할까?"라는 누군가의 질문이 삶의 방향을 바꾸어 놓게 되었다. 그때만 해도 10년 후는 남들의 이야기라 생각했다. 다른 사람에게 비슷한 질문을 하면 "내일도 알 수 없는데, 무슨 10년 후를 생각하냐."고 돌아오는 대답은 현실의 벽을 넘지 못했다.

이때 누구나 꿈꾸는 경제적 자유와 하고 싶은 일을 하며 살고 싶은 욕구가 있다는 걸 깨달았다. 이를 해결하기 위해서는 부자는 아니더라도 경제적 독립은 필요했다. 그 결과 경제적 독립을 위한 'Big 3', 즉 거주 주택, 월세 수입(자본으로 월세 통장 만들기), 연금 설계를 성공적으로 마쳤고, 덕분에 편안한 노후도 준비했다.

우리의 마음은 불같이 달아오르고 금방 식는다. 예를 들어,

부동산 상승기에는 지금 못 사면 더 이상 기회가 없을 것이란 생각에 짓눌려 추격매수에 나서고, 급한 마음에 서두르다 자신만의 생각이 아닌, 남의 이야기와 감각에 의존한 투자 전략을 하고 만다. 부동산 하락기에는 여유를 가지고 충분한 준비가 가능함에도, 아예 관심밖에 두다가 다시 부동산 상승기에는 똑같은 실수를 반복한다. 라이프 디자인은 한순간에 이루어지는 게 아니라 준비가 되어 있을 때 기회를 잡을 수 있다는 것이다.

종잣돈을 모으고 재테크로 확장하는 방법에 정답은 따로 없다. 자신에게 맞는 방법을 찾아 꾸준한 실행만이 답이다. 그 실행의 첫걸음은 머리가 아닌 마음에서 나와야 한다. 그동안 수없이 만난 사람 중 성공한 사람은 끝없는 실행과 노력을 통해 가능하다는 사실이었다. 반면에 실패한 사람은 작은 성공에

도취 되어 욕심과 과욕을 부릴 때 어려움을 겪는다는 사실을 알게 되었다.

부자까지는 아니어도 경제적 자유를 꿈꾸는 사람들에게 반드시 성공하는 첫 마음은 이 책을 통해 갖기를 희망한다. 또한 매일 즐겁게 재테크를 이야기하며 서로 동기부여하고, 마인드를 키워가는 좋은 길라잡이가 되었으면 한다.

2023년 12월 마지막 날에
저자 최수길

차 례

제1장   돈 되는 큐리어스 마인드가 필요하다

제2장   돈 되는 호기심은 어떻게 돈이 되는가

제3장 　　돈 되는 호기심은 실행으로 완성된다

제4장 종잣돈은 금융 습관으로 만든다

제5장　　종잣돈을 큰돈으로 불리는 부동산

제1장

돈 되는
큐리어스 마인드가
필요하다

돈 되는
호기심이란?

은행에 오랜 기간 근무했다. 만나는 사람마다 비슷한 질문을 한다.

"지점장님은 돈에 대해서 잘 알고, 재테크로 쉽게 돈을 벌 수 있지 않나요?"

반은 맞고 반은 틀리다. 은행원은 금융에 많은 경험이 있으니 그런 생각이 들겠다. 그러나 금융기관에서 오랜 경험이 있는 것과 '재테크에 능숙하다'라는 것은 일치하지 않는다. 물론 돈과 관련된 일이다 보니, 금융에 대해서 일반적인 사람보다는 익숙하기는 하다.

'금융기관에서 오래 종사했음에도 왜 재테크에 능하지 않을까?'라는 호기심이 생겼다. 은행을 다니면 금융에 관해 많은 것을 알게 되어 재테크로 이어질 기회는 분명히 많을 텐데, 그렇지 못한 이유가 궁금해졌다. 은행 직원은 신입 때부터 돈을 상품으로 배운다. 상품 판매 능력은 시간이 지날수록 능숙해지고 금융 상품에 대한 지식은 날로 많아지지만, 재테크로 이어지지 못하고 거기서 멈추는 경우가 많다.

왜 그럴까? 은행에서 근무하며 만났던 많은 직원과 고객을 떠올려 보았다. 고민 끝에 늘어난 재테크 지식이 부의 축적으로 이어지지 않은 뚜렷한 차이점을 발견했다. 바로 금융에 대한 지식과 경험이 재테크로 연결되는 고리, 즉 '돈 되는 호기심'이 부족했다는 것이다. 지식과 경험은 인생을 살아가면서 매우 유용한 역할을 하지만, 자신을 그 지식과 경험의 틀에 가두기도 한다. 그 틀 안에 익숙해진 우리가 다시 새로움을 발견하고 탐구하게 만드는 것이 바로 '호기심'이다.

'돈 되는 호기심'이 없다면 단순히 아는 지식에 지나지 않는다. 즉, 금융은 업무와는 상관관계가 높은 편이지만, 실제 돈을 모으고 키우는 재테크와는 분명 다르다. 즉, '업무적으로 상담을 잘하기'와 '내 돈을 잘 관리하기'는 분명 차이가 있다. 왜일까? 업무는 회사의 성과를 내는 일을 하고 이를 통해 월급이라는 보답을 받을 뿐이다. 일을 열심히 한다면 회사 내에서 좋은 성과를 달성할 수 있다. 지식도 많아지고, 상담 기술도 좋아지지만, 그렇다고 돈 버는 투자로 아무 이유 없이 확장되진 않는다. 투자로 이어지는 원동력이 없으면 지식에도 불구하고 자산의 가치를 증식시키는 데 한계가 있다. 반대로 금융업에 종사하지 않더라도 투자로 이어지는 원동력인 '돈 되는 호기심'을 발휘한다면 누구나 재테크에 능숙하고, 성과를 낼 수 있다.

우리나라는 돈에 대한 문화가 참 이상한 나라여서 돈에 관한 이야기를 싫어하고, 학교에서도 제대로 가르치지 않는다. 은행에 30년 다녔지만, 고객 상담을 제외한 일상생활에서 자연스럽게 돈과 관련된 이야기를 하는 것은 힘들고, 회피하는 사람도 의외로 많다. 부부 사이에도 돈 이야기가 오고 가다 잘못되면 싸움으로 번질 수도 있다. 하지만 우리 삶에 돈은 다양한 가치를 부여하고, 하고 싶은 일을 하며 살기 위한 중요한 역할을 한다. 투기가 아닌 투자를 위해서, 건전한 금융과 풍족한 삶을 위해서 돈은 매우 중요하다. 내 삶 중에서 다른 일에 쏟는 노력 이상으로 '돈 되는 호기심'에 강력한 집중력을 가질 필요가 있는 이유이다.

최근에 10년 이상 사업을 하신 C 대표님을 만났다. 사업을 하면서 성공과 실패를 여러 번 경험하셨고, 아이디어도 참 많은 분이시다. 이런저런 이야기를 하다가 돈에 관한 이야기를 듣게 되었다. "그동안 살아 보니, 학교에서 꼭 가르쳐야 하는 것 중 하나가 돈에 관한 것이다. 젊은 사람이나, 자신이나 돈을 어떻게 모으고 투자해야 하는지 아직도 잘 모른다. 학교생활 때 돈과 금융에 관하여 가르치고 배웠더라면 사회에 나와서 훨씬 도움이 되고, 지금과 다른 자신이 되었을 것이다."라고 힘주어 말씀하셨다.

사회생활에서 실패하고 후회하면서 돈의 가치를 배우지 않으려면 하루라도 빨리 금융과 투자에 익숙해지는 것이 우리에겐 중요하고 필요한 일이다. 만 18세가 되는 날 국민연금 가입을 해주면 미래에 남들보다 더 많은 연금을 받게 될 것이고, 생일 등 기념일에 펀드나 ETF, 주식 등 선물을 받는 자식들은 장래에 더 큰 부자가 되거나, 더 빠르게 경제적 자유를 달성할 수도 있다. 어느 분야에 종사하느냐에 상관없이 하루라도 빨리 금융 지식을 갖고 있어야 하는 시대이다. 물론 금융 지식이 없어도 살 수 있지만, 절대 부의 계층이 되는 건 불가능하다.

　'올해 5월 국민건강보험에서 딸에게 국민연금 가입이 가능한 나이가 되었다는 한 통의 우편물을 보내왔다. 이런저런 이유와 핑계를 들어 일장 연설을 하고 싶은 사람도 있을 수 있으나 망설임 없이 가입했다. 어떤 일들은 때와 타이밍이 중요한 게 있기 때문이다.'

　이런 금융과 투자를 통해서 부자가 되려면 '돈 되는 호기심'에 주목해야 한다. 돈 되는 호기심을 알려면 우선 호기심을 먼저 아는 게 도움이 된다. 호기심이 뭘까? '호기심(好奇心)'의 사전적 의미는 새롭고 신기한 것을 좋아하거나 모르는 것을 알고 싶어 하는 마음이다. 이런 호기심은 '관심'과는 구분해야 한다. 관심은 특정 주제, 활동, 대상 등 개인적인 선호도나 취향에 집중되고, 그런 특정한 주제나 활동에 대한 더 깊은 연구나 탐구를 촉진하지만, 호기심은 평소 관심이 없거나 알지 못하던 새로운 것을 탐구하려는 욕구나 태도를 의미한다. 호기심을 강화하려면 궁금증을 해결하려는 의도적인 행동이 필요하다. 즉, 궁금한 것을 찾아보기 위해 구글 또는 네이버 검색창에 단어를 입력하고 'enter'를 치는 순간, 호기심은 시작되는 것이다.

많은 사람은 각자의 위치와 상황에 따라 검색하는 단어가 달라진다. 수많은 호기심 중에 '내가 어떤 분야에 호기심을 갖느냐'가 자신의 삶을 180도 바꾸어 놓을 수도 있다.

호기심 없이 바라보는 세상은 참으로 단조롭고 새로운 것이 없어 보이지만, 호기심을 갖고 보면 세상은 한없이 넓고 크게 보이게 된다. 그렇게 넓게 세상이 보이기 시작하면, 끝없이 궁금한 게 많아져 자연스럽게 배움의 출발점이 되기도 한다. 결국 궁금증을 참지 못하고 완전히 풀릴 때까지 파고드는 집중력을 만들어 주게 된다. 사람들은 대부분 새로운 무엇인가를 하려고 할 때 시간이 부족하다고 말하면서 '바쁘다'라는 말을 입에 달고 살지만, 호기심이 생기면 스스로 시간을 만들고 집중하게 되므로 걱정하지 않아도 된다. 새로운 관심 분야에 시간을 투자하기 위해서 자신의 다른 시간을 포기하거나 자투리 시간을 활용하는 능력이 생긴다는 의미이다.

'돈 되는 호기심'이란 여러 다양한 호기심 중에서 돈이란 수익을 창출하는 금융 상품 또는 재테크 등에 정보를 탐색하여 지식을 확장하고 문제점 등을 해결하여 자산 가치를 높이거나 자신의 가치를 키우는 것이다. 때로는 돈과 직접적인 관련이 있는 투자일 수도 있고, 간접적으로 돈에 도움이 되는 학습 또는 공부일 수도 있으며, 특히 자신의 역량을 강화해서 지금보다 더 많은 수입을 증가시키는 일도 포함된다. 지금은 평생직장이 없는 시대이다. 자신의 가치를 높여서 더 좋은 직장으로 옮기거나, 직장 내 승진 등을 통해서 더 많은 수입을 창출하는 능력이 매우 중요한 시대이다.

부자들은 본인의 직업과 전혀 관련 없는 이야기에도 호기심이 많고, 관심을 두지 않아도 되는 이야기조차 무척 흥미 있게 듣는다. 또한 '모르는 걸 알고자 하는 욕구'와 '해결되지 않은 문제에 대한 해답을 찾으려는 의지'가 강하다. 남들이 보지 못하는 부분에서 '돈 되는 호기심'이 발동하여 돈이 되는 사업으로 발전시키는 일도 많다. 매사에 호기심이 부족한 사람은 발전하기 어렵다. 성공한 사람, 부자들은 호기심이 많다고 한다. 결국 '돈 버는 호기심'을 품을 때 부자가 되는 길에 들어설 수 있다.

돈을 벌고 부자가 되려면 가장 먼저 해야 하는 게 무엇일까. 바로 '부자는 어떻게 될까?'라는 호기심 발동이 필요하다. 그동안 은행에서 만났던 부자들이나 성공한 사람들은 궁금한 게 참 많다는 사실과 궁금하면 참지 못하고 반드시 질문했음을 알려주고 싶다. 그냥 지나칠 만한 사소한 것부터 작은 이율의 차이, 향후 금리의 흐름, 다양한 금융 상품, 부동산 전망 등 질문에 질문을 더하여 궁금증을 해결했다. 하지만 평범한 사람들은 꼭 필요한 질문 외에 추가로 궁금한 질문도 거의 없었다. 부자가 되고 싶고 돈을 벌고 싶어는 하지만, '돈 되는 호기심'으로 이어지는 사람은 적었다. 결국 돈 되는 호기심이 없는 사람은 막연히 부자가 되고 싶은 꿈만 꿀뿐이다.

금융과 투자는 일찍 알면 알수록 편안한 재테크가 가능하고, 많은 분야를 알수록 폭넓은 투자가 가능하다. 재테크를 아예 모르는 사람은 몰라도, 한 번 만들어진 호기심은 계속하여 새로운 투자 방법에 금방 익숙해지도록 한다. 이처럼 호기심에는 구체적이고 다양하게 돈 버는 방법을 찾게 만드는 힘이 있을 뿐만 아니라 계속해서 이끌어 주는 힘도 있다. 아는 만큼 보이고, 투자도 쉽게 할 수 있으므로 하루라도 빨리 호기심이란 힘과 능력에 올라타야만 부자의 대열에 합류하거나 경제적 자유를 누리고, 하고 싶은 일을 하며 살 수 있게 된다. 이제 돈 되는 호기심에 함께 들어갈 준비가 되었는가?

이왕이면
돈 되는 호기심을 가져라

'호기심' 하면 가장 먼저 떠오르는 것은 무엇인가? 나는 '어린이'가 떠오른다. 사람을 만날 때마다 자주 질문했는데 돌아오는 답은 비슷했다. '호기심'이라면 어릴 적 동심의 세계가 떠오르고, 궁금한 게 생기면 무엇이든 가까이 있는 사람에게 질문을 통해서 호기심을 해결하려고 했던 때가 떠오른다. 하지만 언제부터인가 궁금한 것이 별로 없거나, 있더라도 잠시 머무르다가 사라지는 경우가 많았다. 점점 호기심은 줄어들고 '다 그런 거야.'라는 말을 자주 하기도 하고, 듣기도 한다. 이렇게 나이가 들수록 줄어드는 지적 기능 하나가 바로 '호기심'이다. 분명한 사실은 호기심이 생기면 인생이 흥미와 재미로 활기가 넘치지만, 호기심이 사라지면 인생은 지루해진다.

호기심이 어릴 때만 필요하다고 생각한다면 그것만큼 무익한 일도 없다. '돈 되는'이 '호기심'과 함께하면 우리에게 꼭 필요한 의미를 준다. 돈을 벌고, 경제적 자유를 누리고 싶다면 이제부터는 호기심에 주목해야 한다. 그동안에는 새롭고 경험해 보지 못한 것, 예측하지 못하는 것을 만나더라도 그냥 지나치는 경우가 많았을 것이다. 하지만 지금부터는 돈과 재테크 등에 관한 이야기에 호기심을 집중하고 절대 놓치지 말아야 한다.

우리는 모두 부자가 되고 싶어 한다. 그렇다면 당연히 '돈'에 대한 호기심을 가져야 한다. 이제 '당신은 호기심이 얼마나 많습니까?'라는 질문이 아니라 '당신은 어떤 호기심이 많습니까?'라는 질문에 명확하게 답할 수 있어야 하고, 이왕이면 '돈에 관한 호기심'을 가지도록 애쓰고 노력해야 한다. 누구나 돈에 대한 소중함도 알고, 재테크가 필요하다는 사실도 충분히 인지하고 있지만, 시간과 노력을 들이는 사람은 별로 많지 않다. 지금부터라도 그동안 자신이 부족하다고 생각하면서도 노력하지 않았던 돈에 대한 호기심을 키우는 데 집중해야 한다. 그럼 '돈 되는 호기심'의 시작은 어떨까? 그것은 아래처럼 궁금한 점에 대한 의문점을 질문하는 데서부터 시작된다.

'돈은 어떻게 해야 불어나는 것일까?'

'부자가 된 사람들, 파이어족으로 일찍 은퇴한 사람들, 부동산 건물주들은 어떤 투자를 했을까?'

'성공한 사람들과 부자가 된 사람들의 공통점은 무엇일까?'

'그런 투자의 장단점과 내가 실질적으로 시작해 볼 수 있는 투자는 무엇일까?'

'나는 어떻게 종잣돈을 모을 수 있을까?'

'나의 현금 흐름에서 낭비되는 돈은 없는 것일까?'

이런 꼬리에 꼬리를 무는 호기심이 많아질수록 당신 앞에 부자가 되는 길의 방향이 선명하게 펼쳐질 것이다. 어떤 한 특정 분야에 관한 관심은 인간을 발전하게 한다. 예술에 대한 호기심은 위대한 예술가를 탄생시키고, 아이 행동에 호기심을 가진 교육자가 존경받을 확률이 높아진다. 또한 호기심을 갖고 보는 세상은 무한한 가능성이 열려 있다는 사실을 깨닫게 한다. 돈에 대하여 호기심을 가진 사람에게 부가 뒤따르는 것은 너무나 당연하다. 그렇다면 이 책을 읽는 우리가 앞으로 가져야 할 호기심은 무엇일까? 부자가 되고 싶다면, 경제적 자유를 누리고 싶다면 '돈 되는 호기심'을 가져야 한다. 단순히 돈에 관심이 있고 부자가 되고 싶은 마음에서 벗어나 그동안 돈 되는 일에 소홀히 넘겼거나, 흥미를 느끼지 못했던 부분까지 호기심을 가지고 탐색하고 탐구하여 하나씩 해답을 찾아 실천하는 과정이 중요하다.

내가 할 수 있는 '돈 되는 호기심'의 처음은 무엇일까? '종잣돈'은 돈 버는 호기심을 생기게 하는 첫 단계이다. 종잣돈을 모으면 투자와 관련된 호기심이 뒤따르게 마련이다. 금융에 호기심을 갖고 있으나 따로 목돈이 없다면, 다른 사람은 종잣돈을 어떻게 모으는지 관심을 가지고, 때로는 따라 하면서 효과적이고 꾸준하게 돈을 모으는 실천 과정이 중요하다. 종잣돈이 모든 투자의 기본인 이유는 목돈이 있어야 다음 투자로 나설 수 있기 때문이다. 돈을 모으는 방법은 너무 다양하므로 그중 내가 자신 있는 방법을 생각하고 모으면 된다. '나는 월급이 적어 모을 게 없어.'라고 자포자기하지 말고, 오늘부터 돈을 모으고 투자하는 작은 실천을 시작하면 좋다. 내 월급통장은 수수료가 면제되는지, 이체 시 비용은 안 드는지, 만약 비용이 든다면 어떻게 하면 면제받을 수 있는지, 관심 분야 재테크 책을 읽든지, 작은 것부터 실천하는 습관을 만들어 성공하는 법을 알아가면 된다.

예를 들어, A는 주거래 은행이 H 은행이다, A는 주거래 은행에서 모바일 뱅킹으로 이체하거나, 같은 은행의 CD기 또는 ATM기에서 현금을 출금할 때는 수수료가 없다. 하지만 다른 은행인 K 은행 ATM 기기에서 현금을 찾거나, 이체할 때는 수수료가 붙는다. 그럴 때 바로 돈 되는 호기심을 발동하는 것이다. 이런 경우 수수료를 부담하지 않는 경우가 있는지 말이다. 인터넷 은행 토스뱅크를 이용하면 된다. 토스뱅크에 돈이 없다면 주거래 H 은행에서 모바일 뱅킹으로 이체 후 토스뱅크 카드로 출금한다. 그러면 간단히 수수료를 면제받을 수 있다. 주의해야 할 것은 단순히 수수료 때문에 주거래 은행을 바꾸는 것은 바람직하지 않지만, 부거래 은행 정도는 있어야 한다.

사람들은 돈 되는 호기심에 왜 소홀할까? 매월 급여를 꼬박꼬박 받고, 현재 생활이 안정되어 있으면 돈에 관한 관심이 적어진다. 또는 조금 부족하더라도 지금 하루하루를 생활하는 데 문제가 없으면 투자나 재테크는 뒷전으로 밀릴 가능성이 크다. 우리는 이렇게 '중요하지만 미루는 일'에 관심을 가져야 한다. 매일 지금 당장 급한 일들만 하다 보면 '중요하지만 미루어 놓은 일'에는 영영 신경을 쓰지 못하게 된다. 돈과 관련된 '중요하지만 미루는 일'에는 종잣돈을 모으고, 모은 돈으로 재테크하고, 부동산 자산도 늘리는 일이다. 이런 일들이 경제적 자유의 노후 준비를 위한 핵심이지만 꽉 붙들지 않으면 우선순위에서 자꾸 뒤로 밀려난다. '돈 되는 호기심'은 매월 받는 급여만으로 생활하던 일상에서 벗어나, 무한한 투자의 가능성을 알게 하고, 월급 받는 세상이 얼마나 작은지도 깨닫게 해준다.

자신의 꿈과 목표가 명확하고 구체적일수록 돈 되는 호기심은 강해진다. 누구나 행복을 꿈꾼다. 행복이 '자신이 하고 싶은 일, 좋아하는 일을 하면서 즐겁게 사는 것'이라면, 자신만의 경제적 자유는 꼭 필요하다. 부자는 아니어도 되지만, 나만의 여유로움을 찾으려면 돈이란 굴레에서 벗어나야 한다. 즉, 돈이 행복의 필수조건이 아니라 할지라도 많은 사람에게 중요한 것만은 사실이다. 하루라도 빠르게 돈 되는 호기심의 문을 박차고 들어가 준비한다면, 그렇지 않은 사람보다 더 좋은 미래가 기다리고 있을 가능성이 높다.

'돈 되는 호기심'은 돈을 모으는 것도 중요하지만, 적절히 사용하고 관리하는 것도 포함된다. 많은 사람이 노후 준비를 위해 투자할 여유가 없다고 말하고, 부동산 투자를 위해 종잣돈을 모을 여유가 없다고 말하면서 필요하지 않은 소비를 위해서는 거리낌 없이 돈을 사용한다. 나에게 이런 습관이 있는지 자신의 소비 형태를 반드시 점검해야 한다.

돈 되는 호기심으로 관심을 가져야 하는 분야는 금융 상품, 부동산, 건강, 퇴직 후 생활, 자신의 가치상승 등 어디에 관심을 가져도 되지만 무엇보다 빠르게 시작하는 게 중요하다. 하루 이틀 미루다 보면 미루는 게 습관이 되고 결국 시작조차 하기 어렵다. 종잣돈을 모을 때는 이율이 높은 것만 찾지 말고 꾸준히 저축하여 모은다는 사실에 집중해야 한다. 한번 시작하면 중도에 포기하지 말고 끝까지 잘 모은 돈으로 적절한 재테크를 하는 것이 경제적 자유로 가는 첫걸음이다. 또한 성공한 사람의 눈을 통해 돈 버는 방법을 배워서 나도 모르게 투자와 금융 상품에 갖고 있던 선입견과 고정관념 등을 깨우쳐야 한다.

돈을 모아 투자하고, 미래를 설계하는 일은 부부가 함께하면 효과적이다. 은행에서 일할 때 부부의 대출 상담 비중이 높았다. 또한 부부가 공동의 투자에 함께 고민하고 상의하는 모습은 보기 좋았다. 어떤 사람들은 배우자의 의견과 충돌하여 투자의 기회를 잃어버리는 경우도 여러 번 보았지만, 확실히 부부가 함께하면 의사 결정을 빨리할 수 있고, 실천하기가 훨씬 수월하다. 부부가 같이 '돈 되는 호기심'을 갖는다면, 돈을 모으고 아끼는 습관도 같이 할 수 있게 된다. 무엇보다 의견 교환을 하며 '투자'가 공동 취미가 되고, 서로 이해하고 격려하게 된다.

경제적 자유를 이루는 그날까지 '돈 되는 호기심'을 가져야 한다. 그러면 은퇴하고 싶어도, 돈이 없고 준비를 못 해서 일해야 하는 상황은 없을 것이다. 우리 생활 대부분이 돈과 연관되어 있으므로 어느 분야이건 잘 관찰하면 돈이 모이고 절약되는 곳을 알 수 있다. 그렇게 하려면 달성하려는 의지와 열정을 넘어 더 중요한 간절함이 있어야 한다.

돈 되는 호기심은
언제 만들어지는가?

호기심은 너무 모르거나 무지한 상태에서는 만들어지지 않는다. 혹시 자신이 전혀 모르는 일에 관심을 가져 본 적이 있는가? 아마 없을 것이다. 혹여 잠시 관심이 생기더라도 오랫동안 유지되기는 어렵다. 많은 사람이 호기심은 '아는 것이 아무것도 없을 때 생기는 것이다.'라고 생각할 수 있지만, 전혀 모르는 분야에 대해서는 호기심을 느끼지 못한다. 우리의 뇌는 아무것도 모르는 것에는 어떤 관심도 기울이지 않기 때문에 호기심을 자극하려면 어느 정도의 지식이 필요하다. 돈 되는 호기심도 너무 모르는 상태에서는 만들어지지 않으므로, 적절한 금융과 재테크에 관한 지식과 정보가 꼭 필요하다.

호기심은 어떻게 만들어질까? 이언 레슬리 작가의 《큐리어스, 김승진 옮김》에 따르면 심리학자 조지로웬스타인의 '정보 간극'과 발라인의 실험으로 호기심이 어떻게 만들어지는지 알수 있다.

『1994년 카네기멜론대학의 행동경제학자이자 심리학자인 조지로웬스타인은 호기심에 대해 이렇게 말했다. "호기심은 '정보 간극'에 대한 반응이다. 즉 우리는 알고 있는 것과 알고 싶어 하는 것 사이에 간극이 있을 때 호기심을 갖게 된다. 알고자 하는 열망을 불러일으키는 것은 '인지 불일치'만이 아니라 '정보와 부재'도 알고자 하는 욕망을 불러일으킨다." '간극'이란 내가 알고 있는 지식과 알고자 하는 지식 사이의 틈으로 두 개의 거리가 적절해야 호기심이 발동한다.』

『심리학자 발라인은 어떤 경우에 사람들이 호기심을 발휘하는지에 대한 실험이 있었다. '참여자들에게 여러 모양의 도형을 보여 주었다. 도형 모양과 그 안에 그려진 패턴은 복잡한 것부터 단순한 것까지 다양했다. 매우 단순한 모양을 보여 주면 사람들은 즉시 지루해하면서 관심을 두지 않았고, 모양과 패턴이 복잡해지면 조금 더 오랜 시간 그것을 응시했다. 하지만 너무 많이 복잡해지면 다시 관심을 보이지 않았다.' 이 발라인의 간단한 실험은 호기심이 가진 역설적인 특성에 관한 중요한 진리 하나를 알게 해준다. 바로 호기심은 '지식'에 의해서, 그리고 동시에 '지식의 부재'에 의해서도 촉발된다는 사실이다.』

　　돈 되는 호기심은 돈과 관련된 지식을 계속해서 탐구하고 공부하면 그와 관련된 또 다른 지식을 계속 갈망하게 되고, 전혀 몰랐던 분야에 대한 접근도 쉽게 한다. 호기심에는 다양성 호기심과 지적 호기심이 있다. 다양성 호기심은 새로운 것이라면 무엇이든 흥미를 보이는 관심을 말한다. 어릴 때는 한 번도 겪어 보지 못한 일들이 너무 많아 다양한 분야에 관심을 두고 궁금하면 끝없이 질문하기 시작한다. 이런 다양성 호기심은 저변 확장에 더할 나위 없이 좋고, 우리가 '호기심'하면 어릴 때가 떠오르고, 어린이 단어라는 생각이 드는 것은 이러한 경험 때문이다. 다양성 호기심은 지식을 알고자 하는 시작점이자 출발점이다. 우리가 새로운 정보, 경험, 흥미 등에 대한 욕망과 열망은 다양성 호기심이 있어서 가능하다.

다양성 호기심은 어른이 되면서 줄어드는데, 그동안 배워서 알고 있는 지식에 의존하려는 경향이 강하기 때문이다. 마찬가지로 돈, 금융, 경제에 관한 호기심도 일정한 배움의 단계를 지나면 관심이 사라진다. 호기심이 줄어드는 것이 꼭 나쁜 일만은 아니다. 궁금증이 생기는 모든 일에 대해 대책 없이 휘둘리다 보면 세상을 잘 헤쳐나갈 수 없게 된다. 가끔은 잊고 사는 게 편하고 좋을 수도 있지만, 돈 되는 호기심을 기존에 배운 지식으로만 유지하는 것은 바람직하지 못하다. 우리 삶에서 돈의 중요성은 점점 더 커지고, 돈이 주는 영향력 또한 크다. 돈 버는 것을 목표로 살 수는 없지만 끊임없는 관심과 노력이 필요한 건 분명한 사실이다.

이런 다양성 호기심이 우리의 삶에 의미를 주려면 새로운 것, 혹은 지금까지 알고 있는 다음 단계를 알고 싶어 하는 욕망이 있어야 한다. 호기심이 더 깊이 있는 지식과 탐구를 향한 열망과 관심으로 바뀔 때 비로소 우리 삶에 양분을 줄 수 있는 가치로 변화한다. 돈 되는 호기심도 돈이란 단순한 관심과 지식에서 돈을 벌고, 경제적 자유를 갖겠다는 신념을 갖고 투자 또는 재테크에 대한 새로운 것을 알고자 하는 간절함으로 바뀔 때 그 의미가 더해진다. 우리가 수없이 접하는 돈에 관한 수

많은 정보를 단순한 지식 정도로 받아들이지 말고 배움에 대한 열망으로 숙성시켜 완전히 자기 것으로 만들어야 한다.

다양성 호기심이 성숙하면서 지적 호기심이 만들어진다. 호기심을 더 깊게 알기 위해서는 더 힘든 노력의 과정을 거쳐야 한다. 모르는 것을 알고자 하는 더 명확하고 분명한 방향성을 가진 종류의 호기심을 '지적 호기심'이라고 한다. 이런 지적 호기심은 몰랐던 내용에 대해 알면 알수록 '아직 모르는 부분'에 대한 궁금증이 더 강렬해진다. 돈 되는 호기심도 실력을 발휘하려면 지적 호기심의 단계를 뛰어넘어야 한다. 투자나 재테크는 단순 지식으로 접근하기에는 힘들고 벅차고 위험하다. 돈을 모으거나 투자하려는 분야에 남들보다 더 깊이 있게 공부하고, 더 많이 노력해야 하며, 투자에 대한 명확한 방향성과 원칙을 세워야 한다. 어른이 되면 호기심이 점점 줄어든다고 하지만 돈 되는 호기심은 절대로 그 열정의 끈을 놓지 않고 관심을 유지해야 한다.

지적인 호기심을 만드는 가장 좋은 방법은 독서가 최고다. 독서는 지식을 넓히는 데도 필요하고, 재테크에 관련된 책을 자주 읽으면 돈 되는 호기심을 증진하고 확대하는 결정적인 역할도 하게 된다. 바쁜 세상에 책을 볼 시간적 여유가 없다면 꼭 책 읽기가 아니어도 자신만이 좋아하는 방법을 선택하면 된다. 예전에는 궁금한 점이 생기면 책을 먼저 읽었지만, 지금은 무엇인가 궁금해지면 관심 가는 비슷한 내용의 유튜브를 여러 개 반복해서 듣는다. 특히 걷기 운동이나 산책하는 시간을 이용해서 집중적으로 들으면 생각보다 상당히 효과가 있다. 이렇게 해서 관심이 더 커지고 더 다양한 지식에 목마르면 그때 책을 사서 본다. 지식을 넓히는 다양한 방법들이 있으므로 자신에게 맞는 걸 실행하면 된다.

하지만 모든 정보는 있는 그대로 받아들이면 안 되는 경우가 있으므로 그 정보가 유용한 정보인가를 확인하려는 노력이 필요하다. 정말 중요하고 결정적인 지식은 인터넷이나 유튜브 등의 단편적인 정보에서 벗어나야 한다. '돈 벌기 힘드네!'라는 생각이 들 수도 있겠지만, 돈 벌기가 쉬우면 부자가 아닌 사람이 어디 있을까? 돈 되는 호기심을 만들려면 '더 깊게 알고, 더 노력하고, 남들보다 더 명확한 목표'가 필요하다.

호기심에는 삼총사가 있다. 새로운 것에 궁금증을 유발하는 호기심, 호기심을 탐구하는 관심, 궁금한 것은 못 참고 정답을 구하는 질문이다. 호기심과 관심 그리고 질문은 매우 중요한 순환 사이클이다. 지적인 호기심 중 돈 되는 호기심을 나에게 맞게 잘 성장시키려면 이를 잘 활용하는 능력을 만들어야 한다.

돈에 관한 정보에 바로 호기심을 두는 습관을 만들고 실행하려면 처음에는 의도적이어야 한다. 예를 들어, 누가 채권을 사서 돈을 벌었다는 이야기를 들으면 바로 '채권이 뭐지?'란 호기심을 갖고, 다음은 지적인 정보를 얻는 관심을 발동하여 자신에게 '질문'하는 것이다. '그래서 너는 뭐할 건데?'. 그리고 '인터넷 검색창을 열든지', '관련 책을 읽든지', '유튜브를 보든지' 하는 돈 버는 노력의 단계를 거쳐야 한다. 이것이 바로 돈과 관련된 궁금한 사항을 호기심으로 연결하는 황금열쇠이다.

돈 되는 이야기를 듣고 고개만 끄덕이면 아무 소용이 없고, 질문을 통해 행동으로 넘어가야 한다. 질문은 행동을 쉽게 하고 반복하다 보면 돈을 벌고 싶다는 의욕과 함께 돈 되는 새로운 것을 탐구하고 싶어 몸이 근질거리기 시작한다. 그렇게 돈 되는 호기심으로 들어가야 한다.

돈 되는 호기심을 지나치면
후회가 남는다

매일 수 없이 지나치는 돈 되는 호기심 중에서 그냥 지나쳐 후회해 본 경험이 있는가? 아마 한두 번쯤은 모두 있을 것이다. 어쩌면 우리의 삶은 '그때 ○○○했더라면 얼마나 좋았을까?'라는 많은 미련과 가정 속에서 살고 있을지도 모른다. 그런 후회되는 경험을 하고 나서 '자신은 얼마나 변화되었는가?'라는 질문에 아마도 '변화가 없었다.'라고 답하는 사람도 많이 있을 것이다. 항상 시간이 지나면 미련이 많이 남지만, 다시 후회하지 않기 위한 노력은 그다지 많지 않은 편이다.

후회하고 나서 왜 변화가 없었을까? 아마 변화를 이끄는 행동, 목표, 인식 부족과 환경 요인 등 다양한 곳에서 원인이 찾을 수 있다. 이처럼 아쉽게 후회만 하고 변화된 행동으로 나아가지 못한다면 후회도 습관이 되고 만다. 후회하는 습관에는 두 가지 유형이 있는데, 해야 했는데 하지 않은 행동으로 인한 후회와 실제 행동과 달리 원하는 결과가 아니거나 실패해서 발생하는 후회가 있다. 자신은 어떤 유형의 후회가 많은가? 시도했지만 성공하지 못해서 생기는 후회는 냉철한 분석과 철저한 준비를 통해 다음에는 성공할 기회를 만들 수 있다. 하지만 아무것도 하지 않아서 하는 후회는 자신을 점점 더 무기력하게 만들 뿐만 아니라 성장 가능성도 차단하는 매우 나쁜 습관이 되고 만다.

지금도 부동산 투자와 관련해서 항상 '그때 도전했어야 했는데.'라고 후회하는 일이 있다. 은행 입행 후 아주 친한 4명이 만든 모임이 있었다. IMF 외환위기 등 힘든 시기를 함께 보내고, 어려운 일도 함께해서 그런지 생각도 비슷하고 모임에 대한 자부심도 있었다. 초기 모임은 한 달에 한 번 정도 모여서 인생, 은행에 관해 이야기하는 친목 모임이었지만, 더 유익한 모임을 위해 부동산 연구모임으로 전환하자고 제안했었다. "각자 한 달에 부동산 투자 관련 책을 한 권씩 읽고 토론도 하고 현장에도 가 보자."라는 모임으로 전환하여 부동산 투자를 하고 싶었다. 그러나 몇 번의 열띤 토론 끝에 "책을 읽고 현장에 다닌다는 게 오히려 모임에 부담이 될 수 있다."는 의견에 따라 친목 모임을 그대로 유지했다. 그리고 20년이 지난 후에 가끔 만나면 "그때 투자 공부를 하고 현장을 누볐어야 했다."라고 모든 멤버가 항상 아쉬움과 후회가 섞여 있는 말을 토로한다.

후회는 인간의 자연스러운 감정 중의 하나로 누구나 하게 된다. 하지만 같거나 비슷한 후회의 순간이 다시 오지 않도록 하는 사람만이 그 후회로부터 무언가를 배운 사람이다. 또한 과거의 행동이나 결정에 집착하지 말고 미래의 변화에 초점을 맞추는 행동이 중요하다. 자주 '이랬으면 어땠을까?'라는 생각에 집착하게 되면 독이 되므로, 후회하는 일로 배운 점들을 작은 것이라도 행동으로 옮겨가려는 의지가 중요하다. 그러면 후회되는 행동을 자연스럽게 줄일 수 있다.

후회하지 않으려면 어떻게 하여야 할까? 우리는 지금 어떤 행동을 하지 않으면 나중에 반드시 후회하는 날이 있다는 것을 알고 있는 경우가 많다. 하지만 선뜻 나서지 못하는 이유는 머릿속에서만 알고 있고 행동으로 나설 용기나 마음이 없기 때문이다. 후회하지 않는 습관을 만들려면 지금 고민되는 일에 대하여 더 많은 호기심과 관심을 가지고 노력하려는 자세가 요구된다. 돈 되는 호기심도 마찬가지이다. 오늘 누군가에게서 들은 돈 되는 관심 가는 일이 생기면, 연구하고 공부하면서 머리에만 담아두지 말고 적당한 타이밍에 실행하면 된다. 지금 당장 힘들고 귀찮다고 쉽게 포기하지 말고 되는 방법을 찾아보려는 습관이 중요하다.

만약 노후가 걱정된다면 지금 당장 50세가 넘어서 은퇴 시점에 내가 되고 싶은 모습과 내가 되기 싫은 모습을 적어 보면 좋다. 어떤 때는 하고 싶은 일보다 내가 되기 싫은 모습에서 더 큰 자극을 받게 되거나 동기부여가 되기도 한다. 예를 들어, 은퇴 후에도 취미생활을 곁들인 여유 있는 모습인 사람과 생계를 위해 70세 이후에도 처량하게 일하는 모습을 떠올려 볼 수도 있다. '내 모습은 과연 어떤 모습을 원할까?'라는 물음에 누구나 전자의 모습을 원할 것이다. 이런 원하는 내 모습이 되려면 지금의 나는 어떠한 행동을 해야 하나? 지금 내가 노력하고 해야 할 일들을 찾아서 차근차근 실행하는 것이 중요한 출발점이 된다. 돈 되는 호기심으로 지금 자신의 울타리를 벗어나지 못하고 그냥 현실에 머물러 버리면, 혼자만의 생각과 나만의 세상에 갇히고 만다. 그러면 지금처럼 살다가 노후에는 인생 걱정하면서 살게 된다. 어떤 삶을 원하고 선택하느냐는 오로지 자신의 몫이지만, 어떤 선택을 해야 하는지는 명확하다.

재테크를 위한 투자에서도 후회하는 일들은 항상 있기 마련이다. 단지 후회가 많으냐, 적으냐의 차이일 뿐이다. 반대로 말하면 투자에서 만족도가 높았느냐, 아니면 적었느냐도 될 수 있다. 가끔은 투자해서 원금을 까먹고 있는 경우가 아니라면 '그래도 행복한 고민이 아닐까?'라고 생각할 때도 있다.

최초의 부동산 투자는 결혼하고 2년이 될 때쯤 소유자가 갑자기 방을 빼달라고 해서 급하게 첫 집을 구입하면서 시작되었다. 누구나 신혼집을 어디에 마련하느냐에 따라 내 집 마련은 그 주변일 가능성이 높다는 이야기를 귀담아듣지 않은 결과 현실이 되고 말았다. 주택을 구입할 때 투자의 측면보다는 자금 사정과 출퇴근의 편리성을 중심으로 전셋집을 구하다 보니, 첫 집도 그로부터 300m 반경에 있는 옆 단지가 되었다. 그리고 3년 후에 매도했을 때 주택 구매 가격에 인테리어 비용과 취득세, 등록세를 포함하면 남는 게 하나도 없었다. 주택을 구매할 때만 해도 동일 24평의 목동 아파트와 가격 차이가 2~3천만 원에 불과했지만, 매도 시점에는 가격 차이가 무척 크게 벌어졌다. 누구나 부동산을 구입하고 시간이 지나면 가격이 올라 있기를 바라지만, 시간만 지났을 뿐 가격은 그대로이니 '그때 더 비싸더라도 더 좋은 장소에 더 넓은 평형을 구입했어야 했나?' 하는 아쉬움이 남았다. 나중에 곰곰이 생각해 보니 너무 자금에 맞는 투자를 한 게 문제였다. 단순히 대출받기 싫다는 생각으로 현재 보유한 돈에 맞게 부동산을 구입하다 보니 장소 선택도 한정되고, 아파트 평형도 제한적이었다. 두 번째 집을 구입할 때는 이런 사정을 알고 여기저기 많이 돌아다녔다. 그럼에도 멀리 가지는 못했지만, 조금은 벗어날 수 있었다. 그때 그 동네에 함께 살던 사람 중 일부는 아직도 그곳에 살고 있으니, 한 번 정착한 장소를 떠나기란 참으로 어렵다.

무엇인가 결정해야 할 때는 후회가 남지 않도록 선택하는 것이 중요하다. 그러기 위해서는 자신이 겪고 있는 작은 후회가 있을 때마다 원인을 분석하고 배우면서 지식과 지혜를 넓혀가는 과정이 필요하다. 시간이 지나고 가장 후회되는 때가 바로 무언가에 완벽하게 집중하지 못하고 소홀히 했던 순간들이다. 나중에 생각해 보면, 기회가 주어졌을 때 최선을 다하지 않고 '무엇을 했을까?' 하는 생각에 스스로 자책할 때가 있다. 그러나 가장 어리석은 행동은 실패하는 게 두려워 아무런 행동을 하지 않아 후회하는 것이다. 실패를 최소화하는 것도 중요하지만, 후회를 최소화하는 것도 중요하다. 후회하더라도 해보고 후회하는 게, 안 해보고 후회하는 것보다는 훨씬 좋다.

돈 되는 호기심을 보고 그냥 지나치지 않으려면 긍정적인 생각이 중요하다. '이거 좋은 생각인데.', '기회가 될 수 있겠어.', '나도 할 수 있어.' 등 긍정적 마인드가 자신감을 증대시키고 의욕을 키워주며 행동하려는 욕구를 증대시킨다. 부정적인 생각이 너무 많아 긍정적 생각이 부족할 때는 매일 자신에게 감사한 일을 적어 보는 것도 효과적이다. 이처럼 감사하는 습관에는 나쁜 일들을 조금 더 빨리 극복해 주는 능력이 있고. 그날의 불행한 나를 탈출시키는 힘도 있다.

또한 후회되는 일이 있다면 노트에 한 번 적어 보는 것만으로 좋은 효과가 있다. 오늘 잘된 일과 후회되는 일을 구분하여 잘된 일을 통해 자신을 격려할 수 있고, 후회되는 일을 통해 반성하고 성장을 도모하게 된다. 또한 '그때 이렇게 했어야......', '그렇게 할 걸.' 등 지나가 버린 과거에 대한 집착을 버리고 현재에 대해 긍정적이고 객관적으로 바라보는 시각을 갖게 되기 때문이다.

돈 되는 호기심이 확장되면
일이 즐겁다

돈 되는 호기심은 '직장에서 인정받고 싶을 때' 확장된다. 돈을 모으고 투자하는 방식은 상당히 많다. 월급을 착실히 모아 투자를 해서 수익을 창출하는 것도 한 방법이고, 자신의 가치를 상승시켜 연봉과 급여를 끌어올리는 것은 또 다른 방법이다. 후자의 방법처럼 들어오는 수입을 확대하는 것은 가장 좋은 투자 방법이다.

'어떻게 하면 자신의 가치를 끌어올릴 수 있을까?' 직장에서는 당연히 업무능력이 좋아야 하지만 인간관계, 소통 능력, 공감 능력 등도 갖추어야 한다. 한 번 돈 되는 호기심이 만들어지면 경험도 쌓이고 다른 호기심으로 확장도 쉬워지기 때문에 자신의 가치를 상승시키는 가장 좋은 방법이 될 수 있다. 돈 되는 호기심은 관심과 관찰력을 확대하고, 궁금한 점을 질문하여 해답을 얻는 과정으로 만들어진다. 이때 관심은 관찰과 경청에서 생기는데, 이를 습관화한다면 그대로 업무에 확장해 적용할 수 있고, 업무뿐만 아니라 다양한 생활 습관을 변화시켜 많은 도움이 된다.

직장에서의 업무는 과거를 답습하고, 습관처럼 처리하는 일들이 많다. 한 번 익힌 습관대로만 업무를 처리한다면 일을 못 한다는 이야기는 듣지 않을 수 있을지 몰라도, 다른 사람과의 경쟁에서 이기는 차별성은 부족하게 된다. 지금은 변화가 빠른 시대이고, 새로운 아이디어나 방법을 모색해서 효율성을 만들어야 하는 일이 점점 많아지고 있기 때문이다.

처음 직장 선배로부터 업무를 배울 때 관찰력은 일을 배우는 속도를 높여 준다. 업무를 말과 문서로 알려주지 않더라도 눈썰미가 좋은 사람은 스쳐 지나가는 상황만 보아도 알아차린다. 즉, 자신의 업무 스타일보다 더 좋고 인정받는 업무 스타일이나 기법이 있음을 알게 된다. 돈 되는 호기심에서 배운 관찰력은 새롭고 좋은 업무 스타일을 내 것으로 만들 수 있는 능력을 키워준다. 또한 남다른 관점으로 문제의 본질에 쉽게 접근하고 해결법도 독창적이며, 강력한 이끌림을 갖고 실행하게 되어 추진력도 좋다.

예전에 은행 본부부서에 오랫동안 근무했었다. 근무한 대부분의 부서는 숫자를 많이 다루고 있어 엑셀, 그중에도 함수를 이용한 수식을 많이 사용했다. 매일 반복되는 업무의 시간을 단축하기 위해 최대한 자동화하고, 검증 체크 기능을 만들어 오류를 검증했다. 시간이 지남에 따라 처음 배운 수식은 더 좋은 함수에 비해 불편할 때가 많이 있었지만, 습관처럼 계속 사용했다. 그러던 어느 날 자리에서 일어나 옆자리를 지나가면서 다른 사람이 사용하는 새로운 엑셀 함수를 언뜻 보았다. 기존과 다른 방식이었고, 훨씬 편리하고 좋았다. 그때부터 다른 사람이 엑셀을 사용하는 방법을 눈여겨보게 되었고, 한 단계 도약할 수 있는 계기가 되었다. 이런 관찰력은 워드나 파워포인트의 디자인 표현과 마음을 담은 보고서를 읽고 표현하는 능력으로 변화되었다.

이처럼 돈 되는 호기심의 관찰력은 확장되면 업무를 잘하는 방법으로 전환되는 연결고리가 된다. 혼자 힘으로는 오래 걸리거나 불가능해 보이는 일들도 나와 방법이 다른 사람의 기법을 배워서 역량을 키우면 해결할 수 있다. 처음에는 단순 모방하는 수준이라 하더라도 지속적인 관찰력은 창의력이 있는 업무 스타일로 변화하게 된다.

한 번 생긴 돈 되는 호기심은 다른 호기심을 끌어내는 초석이 된다. 하나의 호기심에 관심이 생기면 다른 호기심을 쉽게 받아들이는 습관이 만들어진다. 직장 내에서 긍정적 호기심은 일을 잘할 수 있는 기반이 되고, 스스로 끝없는 성장을 하게 만든다. 또한 돈 되는 호기심에는 이중성이 있어 처음에는 내가 호기심을 시작하고 발휘하지만, 호기심이 나를 움직일 때도 많다. 즉, 어떤 일에 대해 호기심을 갖기만 하면 호기심이 나를 일을 잘할 수 있도록 이끄는 커다란 원동력이 된다,

뛰어난 관찰력은 남들의 변화를 빨리 감지하고, 알아내 표현하는 따뜻한 말 한마디가 서로의 관계를 좋아지게 한다. 어제와 다른 변화한 모습들, 즉 외모의 변화, 컨디션 등 다양하지만 작은 변화에 호감을 나타내면 좋은 관계를 형성할 수 있다. 물론 관심과 간섭은 다르다. 관심을 빙자한 간섭은 하지 말아야 한다.

사소한 변화에도 관심을 표현할 수 있는 능력이 생기면 부드럽고 따뜻한 리더십의 기초체력이 된다. 칭찬은 고래도 춤추게 한다는 말이 있다. 돈 되는 호기심으로부터 만들어지는 관심은 상대의 변화를 감지하고 칭찬할 수 있는 능력을 형성시킨다. 또한 관심은 경청을 잘하게 되어 소통과 공감 능력도 좋게 함으로써 상사에게, 부하 직원에게, 때로는 동료에게 인정받게 된다. 지금은 따뜻하고 부드럽게 소통하는 수평적인 리더십이 중요한 시대다.

　지점장으로 근무하고 있을 때의 일이다. 함께 일하는 직원 중에 아직 승진 자격을 못 갖춘 직원이 있었다. 예전처럼 승진고시라면 시험 보는 날짜가 정해져 있어 쉽게 '시험 보는 날'을 인지하지만, 요즘은 승진 포인트 제도라 관심을 두고 있지 않다면 그냥 지나치기 쉽다. 평소 승진 포인트 시험일을 메모해 두었다가 승진 자격을 최종 취득했는지 관심 표명을 한 적이 있다. 나중에 면담할 때 그 직원이 '그때 관심을 가져줘서 감동했다.'라는 말을 했을 때 내 마음도 뭉클했다. 이처럼 사소하지만, 서로에게 좋은 인상을 주는 관심은 소통하는 리더십을 만들 수 있다. 최근 그 직원의 승진 소식을 듣고 너무나 기뻤다.

돈 되는 호기심에서 해답을 얻기 위한 질문도 직장에서 매우 중요한 역할을 한다. 질문은 소통하는 가장 좋은 능력이지만, 어릴 적부터 질문에 대해서 호의적이지 않고, 예의 없거나 당돌하다고 생각하는 문화가 질문을 어색하고 인색하게 만든다. 하지만 질문은 질문한 사람뿐만 아니라 말한 사람의 생각도 정리하게 해주는 아주 좋은 대화 기술이다, 특히 직장 내에서는 궁금한 것을 질문해야 답을 얻을 수 있고, 시간도 줄일 수 있고, 업무도 효율적으로 진행할 수 있다. 돈 되는 호기심에서 해답을 얻기 위한 질문을 자주 하면 질문하는 방법도, 해답을 얻는 방법도 아주 쉽게 터득하게 된다.

돈 되는 호기심의 핵심은 그동안 돈과 관련된 관심이 없거나 부족했던 분야에 대한 새로운 시각을 만드는 것이고, 일을 잘한다는 것은 그동안 내가 갖고 있는 지식이나 경험의 한계를 뛰어넘어야 하는 것이다. 둘 다 다른 사람의 눈을 통해 세상을 보고. 다른 사람의 경험을 통해 나의 한계를 극복할 수 있다. 다른 사람의 입장을 상상할 수 있는 능력은 모든 분야에서 뛰어난 대처 능력이 된다. 그런 능력은 주변에 있는 사람에게서, 또는 책을 통해서 배울 수도 있다. 직장 생활을 하면서 책을 읽고 간접경험을 많이 하게 되면, 자신도 모르는 사이에 성장했음을 나중에 알게 된다. 지금은 너무 빠르게 변하는 세상으로 인하여 학교에서 배운 지식만으로 평생을 살아가기에는 부족하고, 몸값을 올리고 경쟁력과 차별성을 가지려면 꾸준히 배워야 한다.

그러한 호기심이 그냥 빠져나가게 둔다면 인생에서 생기와 흥미, 즐거움도 함께 빠져나가고, 반대로 호기심을 발휘한다면 활기와 재미가 증대되어 삶이 즐거워진다. 돈 되는 호기심에서 만들어진 관심, 관찰, 경청, 질문 등 수많은 습관은 자신을 부자로 이끌어 줄 수도 있고, 일의 능률을 올려 줄 수도 있다. 그렇지 않다면 혼자만의 틀에 갇혀 성장에 한계가 생기는 때가 많을 수밖에 없다.

직장에서는 일에 대한 호기심, 퇴근 후에는 돈에 대한 호기심, 이렇게 두 마리의 토끼를 잡게 된다면 꿈을 이루는 촉매제 역할을 하게 된다. 직장에서 잠재력을 발휘하여 나의 성장을 키우고, 안정적인 부의 축적을 통해 풍요로운 삶을 추구할 수 있게 되기 때문이다. 결국 호기심에서 만들어진 습관들은 성공과 행복의 문을 여는 열쇠가 되지만, 직장에서의 엉뚱한 호기심은 오히려 해가 될 수 있으므로 일 잘하는 능력 있는 호기심을 키워야 한다.

돈 되는 호기심에 질문을 더하면
해답이 생긴다

돈 되는 호기심은 관심이 생기면 '뭐야?', '뭐지?', '뭘까?'라는 질문을 던질 때 한 걸음 해답으로 다가갈 수 있다. 매일 누군가로부터 보고, 듣고, 이야기하는 수많은 정보 중에서 돈 되는 정보를 그냥 흘려보내면 결코 돈과의 인연은 만들어지지 않는다. 처음에는 내가 할 수 있을지, 어떤 도움이 될지 고민할 필요도 없고, 그냥 궁금증을 찾아보기 위한 '이게 뭐지?'란 질문 하나만 던지면 된다.

그런 궁금증을 해결하기 위한 첫 번째 질문은 자기 자신에게 해야 한다. '내 꿈이 뭘까?', '노후는 어떡하지?', '그래서 뭐할 건데?' 등의 툭하면 나오는 간단한 질문 하나가 돈 되는 호기심으로의 진입을 쉽게 하게 한다. 자신에게 던진 질문을 해결하기 위해, 또는 궁금증을 해결하기 위한 행동으로 네이버나 구글의 검색창을 열고 확인해도 되고, 요즘 뜨거운 ChatGPT와 대화를 시작해도 된다. 또는 누군가에게 들은 이야기라면 직접 물어보면 더 많은 정보를 얻을 수 있다. 질문은 내 마음을 움직이는 최초의 시도이므로 그 효과는 매우 크다. 여러 질문을 통해 관심이 증폭되고 해답을 찾아가는 과정은 재테크 성공의 디딤돌이 된다.

질문으로 욕구가 쉽게 충족되거나, 예상되는 뻔한 답만 나온다면 호기심은 저절로 힘을 잃을 수도 있다. 이런 유형은 형식적인 질문이거나 마음에서 진정으로 무엇인가를 알려는 의지가 부족한 경우일 때가 많다. 그러므로 호기심을 더 많이 발휘해야 하고, 연관된 호기심을 가질 수 있도록 계속 질문을 던져야 한다. 한 번 돈 되는 호기심이 충족되고 나면 수없이 더 많은 호기심이 생기게 되는 것이 최대의 매력이기 때문이다.

항상 호기심이 생기면 습관처럼 '그래서 넌 뭐할 건데?'라는 질문을 던진다. 이런 질문은 행동하려는 의지력을 만들어 주어서 상당한 도움이 된다. 또한 바로 작은 행동으로 옮길 수 있도록 해준다. 그런 작은 행동이 모이면 나중에 큰 행동을 쉽게 한다. 어떤 일을 경험했을 때 가장 궁금한 시기는 바로 지금이다. 시간이 하루 이틀만 지나도 궁금증은 시들해지고 잊게 된다. 관심이 생기고 사라지는 그 짧은 시간에 궁금증의 씨앗을 만들어 질문하고 작은 행동으로 옮겨야 나중에 열매를 맺을 수 있다.

**'호기심이 생기면 바로 관심을 가지고 질문하면 된다.
그러면 호기심이 또 다른 호기심을 만들어 줄 것이고,
작은 행동으로 이끌어 줄 것이다.'**

올해 4월 초 어머니가 분양받으신 아파트가 사전 점검 기간이라 의정부 현장에 가게 되었다. 어머니는 태어나서 처음 본인 명의의 아파트에 입주하시는 거였다. 그때 어머니는 동생이 적은 돈도 잘 모은다며 배우라고 말씀하셨다. 그때 바로 돈 되는 호기심이 발동해서 동생이 오자마자 바로 궁금한 내용을 질문했다. 주식 공모주와 관련된 이야기였는데, 공모주 일정이 나오면 관심을 두고 있다가 공모주 수요예측 결과를 보고 청약 여부를 결정한다는 것이었다. 공모주 수요예측 결과에서 참여 가격, 의무보유 기간, 경쟁률 등을 감안하고, 돈은 많이 투입하지 않고 최소 균등 배정 금액 수준만 하고, 꾸준히 하면 도움이 된다는 이야기였다. 또한 공모주를 하려면 여러 증권계좌가 필요한데, 카카오뱅크 연계 증권계좌가 좋다고 했다. 카카오뱅크와 제휴된 증권사는 비대면 서비스 20영업일 개설 제한에 걸리지 않기 때문이다. 그동안 큰 금액만 생각하고 이런 공모주 청약은 생각해 본 적이 없었다.

이야기를 듣고 집으로 돌아와 바로 인터넷을 검색하여 공모주 일정을 확인하고, 수요예측 내용도 확인해 두었다. 그리고 공모주 일정에 맞추어 사전 증권계좌는 카카오와 연계해서 만들었다. 그 이후 우량주 중심으로 공모주를 청약하여 사 모으고 있다. 이런 방식은 큰돈은 벌 수 없지만, 잘 고른 공모주는 상장 첫날 많이 오르는 경우가 많고, 보유한 공모주 중 100% 이상 오른 것도 있었다. 평소 주식투자를 못 해본 사람이 경험 삼아 하기에 유용하고, 누구나 한 번쯤 고민할 만하다. 이렇게 궁금증이 생기면 바로 찾아보고 내 것으로 만들어 작은 실행으로 옮기는 게 중요하다.

질문은 호기심을 붙드는 좋은 기법이다. 궁금한 게 생겨도 의지력이 약해 한 발짝도 나가지 못하는 경우가 허다하다. 질문을 하면 다른 궁금증이 생겨 관심을 끌게 하는 매력이 있고, 그냥 지나칠 수 있는 호기심을 내 곁으로 붙들어 두게 된다. 이렇게 한 개, 두 개 호기심에 관한 질문이 쌓이다 보면 자신도 모르는 사이에 수많은 지식을 보유하게 된다.

질문에는 마법이 있는데, 해본 사람만이 알 수 있다. 그 마법은 가만히 있으면 내게 오지 않고, 내가 노력하여 필요하다고 잡아끌어야 가능하다. 처음에는 의도적으로 질문과 친한 친구가 되어야 하고, 시간이 지나면 의도하지 않아도 스스로 질문하고 해답을 얻게 된다.

세 번째 수익형 부동산을 산 경우도 우연한 기회였다. 구리, 갈매에 있는 부동산 중개업소에 영업상 자주 갔는데, 한 친한 부동산 중개업소에서 인천에 있는 테크노밸리 U1센터 부동산 이야기를 주고받았다. 최근 입주 기간이 끝나가고 있어서 급한 사람은 무피(프리미엄이 없는 거래)에도 거래가 있다는 이야기였다. 이야기를 주고받는 동안 호기심이 생겨 '그래서 넌 뭐할 건데?'라는 질문을 던지자마자, '내일 영업도 해볼 겸 한 번 찾아가자.'라는 해답을 얻은 후 다음 날 인천으로 가게 되었고, 그곳에서 세 번째 부동산을 구입하게 되었다.

질문은 호기심의 또 다른 이름이다. 질문을 통해서 틀에 박힌 상황에서 벗어날 수도 있고, 질문은 돈 되는 호기심에 방법을 제공하기도 한다. 질문은 호기심을 즐겁게 만드는데, 흥미와 재미, 그리고 관심이 생기지 않는다면 아직 정보가 부족하다는 증거일 수 있다. 때로는 인내력이 필요하고, 인내의 시간이 지나면 호기심은 원하고 바라는 해결점까지 데려다주기도 한다.

'왜 돈 되는 호기심이 생기면 질문을 하는가?'라는 질문에 대한 대답은 해답을 얻기 위해서고, 만약 해답을 얻지 못했다면 게으름의 다른 표현이다. 게으름과 익숙함은 돈 되는 호기심에 대한 최대의 적이다. 질문도 못 하고, 검색도 안 하는 것은 게으름에서 오고, 익숙함은 호기심도 만들지 않고, 궁금증도 생기지 않게 한다. 질문은 나의 한계를 뛰어넘을 수 있게 해주지만, 현재의 환경에 익숙해지고 편안함을 추구한다면 평생 부자가 될 수 없다.

남들의 돈 버는 이야기를 듣고서도 그냥 지나치는 그런 마음은 버려야 한다. 또한 '부럽다.'라고 생각만 하거나, '그건 그 사람이니 가능해!'라고 애써 외면하는 사람이 되어서는 안 된다. 호기심을 통해서 우물 밖을 알 수 있음을 기억해야 한다. 호기심의 사다리를 타고 질문을 통해 해답을 찾으며 행동으로 나아가야 한다. 그렇게 시작한 호기심이 성공과 부자가 될 가능성을 높여 준다. 호기심을 통해서 하나라도 이룬 사람은 점점 더 많은 목표를 갖게 된다. 그동안 호기심이 질문으로 연결되지 않는 유형의 흔한 대화는 이렇다.

"최근 S 지역 부동산이 뜨겁고 미래 전망도 좋은 편이야. 한번 관심을 가져 봐." "정말! 부럽다. 난 부동산을 잘 몰라. 나중에 좋은 물건 하나 나오면 소개해 줘."

호기심이 질문으로 이어 가지 못하는 사람은 자신이 무엇을 할지를 찾지 않고 다른 사람에게 의존한다. 실제 이런 사람에게 좋은 물건 나와서 알려줘도 부동산을 구매할 확률은 거의 없다. 왜냐하면 자신이 궁금한 점들을 탐색하고 알아둔 지식과 정보가 부족해서 결정할 수가 없기 때문이다. '내가 인생의 구경꾼이 되면 그렇게 기회는 조금씩 멀어져 간다.'

우리는 '지식과 정보'만으로는 절대 부자가 될 수 없다. 부자가 되기 위해서는 다양한 지식과 정보를 종합적으로 분석하는 '지혜'가 필요하다. 이런 지혜는 수많은 지식을 상호 유기적으로 연결하는 능력을 말하며, 경험을 통해서 얻을 수 있다. 호기심과 관심, 해답을 찾아가는 질문은 지혜를 축적하는 데 매우 중요한 역할을 하게 된다.

돈 되는 호기심이
시작을 쉽게 하고 달라진 내가 된다

'시작이 반이다.'라는 말은 많이 들어 질리지만 명언이다. '무슨 일이든 시작하기가 어렵지, 일단 시작하면 끝마치기가 어렵지 않다.'라는 의미이면서, 목표를 달성하기 위해서 시작 단계가 전체과정에서 매우 중요한 부분이란 뜻이기도 하다. 아마 어떤 일을 시작하기도 전에 망설이고 고민만 하다가 시작도 못 해본 채 포기하고 나서 나중에야 되돌아보며 '그때 시작했더라면 어땠을까?'라고 후회한 경험이 있을 것이다. 그런 경험을 통해서 시작이 그만큼 '어렵고 힘들다'라는 반증이다. 지금부터라도 준비하고 실행하면 과거는 바꿀 수 없더라도 미래는 노력 여하에 따라 얼마든지 바꿀 수 있다는 자신감을 가져야 한다.

시작이 어려운 이유는 동기부여가 약해 자신감이 없고, 성공에 대한 불확실성과 두려움 때문인 경우가 많다. 돈 되는 호기심은 관심과 관찰 그리고 질문을 통해서 동기부여가 명확해지고, 다른 사람의 성공 경험을 간접 체험하므로 'I can do it'이라는 자신감이 충만해져 시작하기가 쉬워진다. 또한 호기심은 그동안 관심이 없던 새로운 분야에 흥미를 느끼게 하는 연결고리이다. 어떤 일을 아예 시작도 하지 못하는 사람도 일단 관심이 생기면 시작은 쉬워진다.

행동과 실행의 시작은 어떻게 해야 할까? 작은 성공을 맛보고 경험해야 한다. 처음부터 너무 큰 성공을 목표로 한다면 금방 지치게 되어 있다. 우리의 몸과 정신은 아직 준비가 덜 되어 있는데 내 욕심만 커서 큰 성공을 바라고 행동한다면 포기하기 쉽다. 가다가 쉬어가는 한이 있더라도, 시작조차 하지 못해서 항상 그냥 처음의 주변에서 서성이고 머뭇거리는 것을 경계해야 한다. 독서를 예로 들면, 한 권의 책을 선택하자마자 처음부터 끝까지 읽으려고 한다면 정말 힘들 수 있지만, 하루에 10분, 또는 10페이지를 본다면 훨씬 쉬워진다. 처음에는 습관을 바꾸려는 노력부터 시작하는 게 좋다.

시작이 어려운 또 다른 이유는 실패에 대한 두려움 때문이다. 시작이 성공을 보장해 주지는 않지만, 도전하지 못했다는 후회는 없게 해줄 것이다. 우리의 삶은 실패의 연속일지도 모른다. 단지 그것을 드러내고 싶지 않을 뿐이므로 실패를 두려워할 필요는 전혀 없다. 성공에 대한 오만과 독선도 안 되지만, 실패를 두려워해 자신의 목표에 도전하지 않는다면 그것만큼 어리석은 일도 없다. 최재천 작가의 《실패를 해낸다는 것》 책 내용 중에서 '실패 이력서를 한번 써보자. 종이를 놓고 가운데에 줄을 그어 왼쪽에는 성공의 이력을, 오른쪽에는 실패의 이력을 정직하게 적어 보자.'라는 구절이 있다. 중요한 건 성공과 실패 모두 자신에게 소중한 자산으로 활용할 가치가 있다는 것이다.

독일 작가 괴테의 "그대가 할 수 있는 것. 꿈꾸고 있는 것이 있다면 시작하라. 그 자체가 천재성이고 힘이며 마력이다."라는 말처럼 시작이 중요하다. 지금 새로운 것을 시작한다는 의미는 인생의 가장 중요한 결정이 될 수 있다. 처음부터 욕심내지 말고, 너무 커다란 목표만 꿈꾸지 말고 그냥 할 수 있는 작은 일을 즉시 실행하면 된다. 부자가 되기 위해, 은퇴 후 경제적 자유를 누리기 위해 재테크를 하고자 할 때도, 하고 싶은 게 아니라 지금 할 수 있는 것을 하는 게 중요하다. 시작이란 '다음에', '언제부터'라는 단서가 붙으면 그 시작은 점점 요원해지는 것이다. 무엇인가 하고자 한다면 지금, 오늘부터 하면 된다. 다른 말들은 모두 하지 않으려는 핑계에 불과하다.

목표가 명확해야 시작을 쉽게 한다. 만약 목표가 없으면 방향성이 없어지고, 시작했더라도 용두사미로 끝나거나, 중도에 포기할 확률이 점점 높아진다. 하지만 명확한 목표가 있는 경우에는 시작하기가 수월할 뿐만 아니라 집중력도 강화되고 끈기와 인내심도 생기게 된다.

시작을 쉽게 하기 위해서는 변화를 두려워하지 않아야 한다. 시작은 새로운 도전이므로 평상시 모습에서 변화된 행동과 노력이 필요하기 때문이다. 사람은 습관을 바꾸는 것도 싫어하고, 습관은 구심력이 있어서 조금 바뀐 듯하다가 다시 원점으로 돌아오게 되어 있다. 바꾸려는 의지와 습관의 싸움에서 대부분 나쁜 습관이 이기게 되어 있다. 어려운 길보다는 쉬운 길을 선택하려 하고, 새로운 길보다는 익숙한 길이 편하기 때문이다. 아무리 돈 되는 호기심을 깨우고 긍정적인 자기암시를 걸더라도 나에게 변화가 없다면 결국은 포기하게 되어 있다.

시작을 쉽게 하려면 어제와 다른 변화된 내가 필요하다. 새로운 시작을 위해서는 현재 상황도 바뀌어야 하고 새로운 습관, 새로운 마음가짐과 자세도 갖추어야 한다. 작은 목표라도 구체적인 목표를 세워야 한다. 즉, '종잣돈 천만 원 모으기', '자신의 돈 흐름 파악하기', 'ELS, ELT 상품 공부하기' 등 다양하다. 추상적인 목표는 결국 목표가 없는 것과 다름없으므로 언제까지 실현하겠다는 시간과 일자가 반드시 있어야 한다.

어제와 달라진 나를 위해 필요한 것들을 하지 못하는 마음의 장애가 있다면 정말 큰 장벽이다. 외부적인 장애는 눈으로 금방 확인할 수 있고 대처 능력도 다양하지만, 마음의 장애는 그 깊이를 알 수 없어 더 큰 장벽이 될 수 있기 때문이다. 특히 오랫동안 만들어진 습관과 지금의 편안한 상태를 유지하려는 욕망은 새로운 습관을 받아들이지 않으려 한다. 우리의 뇌는 하는 일이 너무나 많아서 새로운 것을 받아들이기를 무척이나 싫어한다. 또한 우리의 마음도 선하고 악한 면이 동시에 있어서 새로운 것을 하려고 하면 '지금도 편하고 좋은데 왜 자꾸 바꾸려고 해.', '그런 건 나중에 천천히 해도 되잖아!', '난 이대로가 좋아!'라고 하며 변화를 강력히 거부한다. 이런 순간을 극복하고 몇 번만 반복해서 행동하면 뇌와 마음은 '변화된 나'를 '새로운 나'로 받아들인다. 결국 새로운 습관이 되고 더 이상의 거부 반응도 없다. 호기심이 생겨서 관심을 두게 되면 시작을 쉽게 한다. 이때 돈 되는 호기심은 부자가 되거나, 경제적 자유를 누리기 위한 첫 대문의 자물쇠를 여는 열쇠가 된다.

호기심은 많은 사람이 새로운 시작을 쉽게 만드는 강력한 동기부여가 되는 힘이 있다. 호기심에는 더 많은 것을 배우고 경험하려는 욕구가 생기며, 새로운 도전을 시작하게 하는 용기와 열정 그리고 자신감을 부여한다. 이제 돈 되는 호기심이 생기면 간절함을 마음에 담아 실행하면 뭐든지 할 수 있는 능력도 생긴다. 처음 시작할 때 조금 어렵다고 자신의 감정에 휘둘리지 않아야 한다. 한 번 감정에 휘둘리면 올바른 판단이 어렵고, 결국은 포기하는 결과를 초래하게 된다. 자신의 감정을 충실하게 이해하는 것도 중요하지만, 감정에만 휘둘리지 말고 이성과 감성의 균형을 갖고 객관적인 판단을 하면 시작을 쉽게 하고 변화된 나를 만들게 된다.

지금의 내가 변화가 없다면 미래의 나는 지금과 똑같다. 돈 되는 호기심으로 경제적 자유를 위해 첫걸음을 떼고 싶다면 기회가 있는 지금 과감히 행동해야 한다. 첫출발은 '어제와 달라진 나'(포인트 1)를 작성해 보자. 당장 실행할 수 있는 목표를 적고, 바꾸고 싶은 현재의 나를 하나씩 적어 본다. 그중에서 오늘부터 실행할 것들을 쓰고 실행한다. 한 번에 모두 적을 필요도 없고, 생각날 때마다 추가해서 기록한다. 차근차근 기록해 보는 것만으로도 엄청난 변화가 생긴다. 하나씩 실행하다 보면 실패와 성공의 이력이 하나씩 쌓이게 되는 데, 실패했다고 실망할 필요도 없다. 실패의 경험은 또 다른 성공의 디딤돌이 되기 때문이다. 또한 익숙해질 때까지 '변화된 나의 모습'에 적은 내용을 매일 아침 확인하는 습관을 들여야 한다. 너무 귀찮다는 생각이 들 수도 있지만, 목표를 달성하기 위한 동기부여에는 이만한 것도 없다. 새로운 변화에 익숙해지면 노트를 가끔만 보아도 이미지화되어 자신의 뇌에 각인된다. 돈 되는 호기심으로 만들어진 열망을 현실로 끌어들여야 부자가 되는 기회가 생긴다. 우리의 삶 속에는 항상 일정한 순환과정이 있다. 위기가 있으면 기회가 있고, 실패가 있으면 성공과 같은 순환과정은 혼자 독립적인 게 아니라 상호 작용으로 만들어진다. 위기를 기회로, 실패를 성공의 디딤돌로 만들려는 의지만 있으면 어제와 달라진 내가 되어 원하는 것들을 이룰 수 있게 된다.

[포인트 1] 어제와 달라진 나 (작성 예시)

1. 실행 목표 [즉시 실행할 수 있는 액션 중심]

▶ 종잣돈 5천만 원 만들기 (2026. 12. 31까지)
▶ 여행 적금 (일 달러 적금) 가입하기
　(일본 여행 준비 3백만 원)
▶ 아이들 용돈 저축하기 (10백만 원)
▶
▶

◎ 작성 유의 사항
■ 금융 목표 설정 : 숫자 목표
■ 금융 습관 바꾸기
■ 금융 도전(책, 지식 등)
■

2. 어제와 달라진 나

어제의 나의 모습	변화된 나의 모습
■ 건강관리 필요 ■ 계획성 없는 소비 ■ 택시를 자주 탄다. 　(습관 조정 필요) ■ 스마트폰 요금 과다 지출 ■ 시간 계획이 없다. ■ ■ ■ ■ ■ ■ ■	■ 아침 5시 일어나기 (미라클 모닝) ■ 매일 독서 10분 하기 ■ 일 5달러 적금 가입한다. ■ 아이들 용돈 통장 만들고 저축하기 ■ 월 현금흐름 명확히 파악하기 ■ 매일 경제 뉴스 시청하기 ■ ■ ■ ■ ■

변화

3. 나에게 용기 주는 한마디(강한 나 만들기)

▶ '나는 할 수 있어!', 항상 자랑스러워!
▶ 목돈 2천만 원 모으면 나에게 선물 줄 거야!(애플워치 등)
▶
▶
▶

제2장

돈 되는 호기심은
어떻게
돈이 되는가

잠자는 호기심을 깨워야
첫걸음이 시작된다

돈 되는 호기심은 자신의 마음 깊은 곳에 잠자고 있는 돈에 대한 잠재력을 깨우는 것에서 시작된다. '내게 그런 능력이 있을까?'라는 물음에 답한다면, 의심할 필요도 없이 누구나 소유하고 있는 능력이다. 돈에 대한 개념을 알기 시작한 때부터 항상 곁에 있었지만, 능력을 발휘하고 싶은 욕구나 욕망이 없어서 알지 못했을 뿐이다.

'돈 되는 호기심'은 어떤 계기나 동기가 있어야 깨어날 수 있다. 우연한 기회에 찾아올 수도 있고, 스스로 몰입 과정을 통해서 깨어날 수도 있다. 우연한 기회에 깨닫기를 희망하고 기다리면 요원하므로, 스스로 계기를 만들 줄 알아야 한다. 누구나 마음속에 있는 자신만의 잠재력을 한 번 깨우기만 하면 된다. 내가 만난 사람 중에는 자신의 가치는 돈에 있지 않다며 애써 외면하는 사람도 있었다. 하지만 누가 자신의 가치를 돈에 두라고 했는가? 자신이 바라고 희망하는 가치를 실현하기 위해서 돈이 기본적으로 필요할 뿐이니, 애써 외면하지 말고 잠자는 돈 되는 호기심을 자극해서 깨우면 된다.

10년 전 퇴직 이후의 삶에 대해 고민한 적이 있다. '은퇴 후에는 뭐하며 살까?', '내가 진심으로 하고 싶은 건 뭘까?'라는 생각이 내 주변을 떠나지 않았다. 이런 걱정과 염려는 빨리 오는 사람도 있고 퇴직 전, 후에 오는 사람도 있지만, 누구에게나 때가 되면 온다. 오랜 생각과 고민의 결과, 퇴직 후에는 내가 하고 싶은 일, 즉 책도 쓰고, 강의도 하며, 소일거리로 돈도 벌며 지내고 싶었다. 하지만 하고 싶은 일을 하며 살기 위해서는 가장 먼저 해결해야 할 문제가 있었다. 즉, 누구나 꿈꾸는 돈으로부터의 자유, 즉 경제적 자유가 필요했다. 명확한 목표가 생기니 돈 되는 강한 호기심이 시작되었고, 내 안의 잠재력을 깨워 몰입하기 시작했다. 지금은 하고 싶은 일을 하는 그 꿈을 이루기 위해 실천 중이다.

동기부여는 강한 충격이 필요한 사람도 있고, 가벼운 동기에도 반응하는 사람도 있다. 강한 동기가 필요한 사람은 스스로 생각을 좀처럼 바꾸지 않는 고정관념이 강한 사람일 가능성이 크다. 돈 되는 호기심에 쉽게 접근하기 위해서는 유연한 사고와 생각이 필요하고, 또한 다른 사람의 경험을 받아들이고 내 것으로 만들려는 마음의 준비가 되어 있어야 한다.

성공한 사람들은 잠자는 호기심을 깨우고 유지하기 위해 독서를 많이 한다. 은행에 근무할 때 본점부서에 13년 이상 근무한 경험이 있는데, 그동안 수십 명의 임원과 함께 일을 했다. 많은 임원이 책을 즐겨 읽는다는 사실을 알게 되었는데, '왜일까?'라는 호기심이 생겼다. 최근의 트렌드 동향, 경제, 금융시장에 관한 책도 많이 보고, 독서 모임을 하며 강연 듣는 것을 좋아했다. 눈여겨 살펴보니 다독하는 임원이 더 높은 자리로 영전하는 경우가 많았다. 아무리 오랫동안 같은 직장에 근무하여 임원이 되더라도 그동안 배운 경험으로는 한계가 있다. 한계를 극복하는 데는 독서만큼 도움 되는 것이 없을 뿐만 아니라 이를 통해 얻은 지식으로 중요한 결정의 순간, 남들보다 뛰어난 판단을 할 수 있었다. 돈 되는 호기심도 독서가 중요함은 두말하면 잔소리가 된다.

어떻게 잠자는 호기심을 깨울 수 있을까? 사람은 자신이 겪은 경험을 중요하게 여기는 습관이 있지만, 잠자는 능력을 빠르게 깨우기 위해서는 다른 사람의 경험을 받아들이려는 태도가 필요하다. 단순히 받아들이는 것을 넘어 내 것으로 만들려는 과정을 이겨내야 한다. 금융 또는 경제 서적과 친구가 되어야 하고, '난 금융 관념에 문외한이야.'라는 생각을 접고, 금융과 익숙해져야 한다. 관심 있는 분야의 금융 서적을 다독하고, 경제 관련 채널에 관심을 가지면 된다. 책이 아니더라도 관심 가는 분야에 유튜브나 블로그를 찾아서 금융 상식에 자주 접해야 한다. 그러면 재테크 강의를 듣거나, 투자자의 이야기를 들을 때 쉽게 이해하고 판단할 수 있다.

돈 되는 호기심을 깨워서 재테크의 실행 단계로 넘어가야 한다. 어떤 새로운 일을 시작하면서 도전해 보는 쪽이 아무것도 하지 않는 것보다는 훨씬 더 많은 것이 남게 된다. 그것이 돈이든, 경험이든, 성장이든 반드시 하나는 내 안에 남는다는 사실을 알아야 한다. 실패가 두려워 도전 못 하는 어리석은 생각보다는 실패를 없게 하거나 최소화하려는 노력이 필요하다. 직장에 오랫동안 다니다 보면 자신도 모르는 고정관념과 편견 같은 고정성이 생긴다. 새로운 배움을 통해서 더 넓고 큰 세상을 보아야 한다. 아무것도 하지 않아서 아무 일도 생기지 않았다고 스스로 위로하지 말고, 뭐라도 하면 어떤 기회가 생길지도 모른다는 것을 마음에 새겨두면 좋다.

돈 되는 호기심은 스스로 생각하게 만드는 가장 강력한 원동력이다. 호기심만큼 자발적인 학습을 촉진하는 것도 없다. 일단 내가 관심이 생겨서 발을 들여놓으면 호기심이 또 다른 나를 안내하는 이중성 때문이다. 호기심을 깨우려면 돈 되는 작은 실천으로 소액 투자부터 시작하고 경험을 쌓아야 한다. 재테크라고 해서 처음부터 부동산이나 거액 투자를 생각할 필요가 없다. 처음에는 예전에 내가 하지 않았던 방법을 찾아 적은 돈이라도 모으는 도전 의식이 중요하다. 처음 투자할 때는 두려움이 앞서게 되지만, 소액 투자는 적은 돈으로 투자하기 때문에 혹시 잘못되더라도 위험 부담을 최대한 줄일 수 있고, 마음의 안정도 가질 수 있다. 소액 투자를 여러 번 반복하여 체득한 경험으로 투자 감각을 익히는 게 중요하다. 특히 안전자산 위주로 투자한 사람이 주식, 펀드, ETF, ELS 등 공격적인 자산에 투자할 때는 더욱 그렇다.

은행을 퇴직한 후 Y라는 사람과 함께 기업체 컨설팅 강의를 들은 적이 있다. 어느 날인가부터 Y는 강의 시간에 스마트폰을 자주 보면서 집중하지 못하는 모습을 보였다. 얼굴빛도 점점 어두워졌다. 주식투자에서 원금 손실이 나고 있음을 한번에 알 수 있었다. 원금 보전형 상품에만 투자했던 사람이 조금 더 벌려고 주식 등에 투자하다가 원금 손실이 실제 발생하면 감당하기 어렵고 두려워 불안한 증세를 보인다. 오직 마음속에 '원금만 회복하면 다시는 투자하지 않을 거야!'라는 생각만 가득 차게 된다. 정기예금 등 안전자산 투자하는 사람은 원금 보장을 선호하는 투자성향으로 인해 펀드 등 투자 상품에 투자해서 원금 손실이 발생하면 견디기 힘들 때가 많다. 소액 투자를 통한 경험을 통해 상품의 원리를 충분히 이해하고, 내가 얼마나 손실을 감당할 수 있을지 알아야 한다.

매일 새로운 것을 배우려고 노력해야 한다. 다른 사람의 재테크 이야기나 금융 상품, 금융 상식 등 매일 새로운 것을 하나씩 배우려는 자세가 필요하다. 하루에 한 가지 상품의 개념만 알아도 일 년이면 누구에게도 뒤지지 않는 전문가가 될 수 있다. 그리고 싶으면 열린 마음으로 하루를 시작하고, 낮에는 귀를 열어두고 생활해야 하고, 하루가 끝나는 저녁에는 생각을 정리하는 시간을 가져야 한다. 최고의 스승은 단순한 경험이 아니라 충분히 검토되고 확인된 검증이란 과정을 통해 만들어진다.

주변에 성공한 사람들과 자주 이야기하면 좋다. 주변 사람들의 성공담에는 각자의 철학과 지식이 충분히 들어 있으므로 경청할 필요는 있지만, 내 것으로 만들 수 있는지 확인하는 과정은 꼭 필요하다. 또한 성공적인 이야기를 통해 자극도 받고, 자신감과 효능감이 커질 수 있지만 맹신하지는 말고 자신에게 잘 접목해야 좋은 성과로 연결될 수 있다.

첫걸음을 시작한 재테크는 어떻게 유지할 수 있을까? 구체적이고 명확한 목표를 설정하여 바로 실천하면 된다. 즉, 언제까지 5천만 원 종잣돈 만들기, 매월 급여일에 월 10만 원씩 ETF 투자해 보기, 주말까지 자산의 흐름 명확히 파악하기 등이다. 작은 목표라도 구체적인 목표 없이 실행하면 차일피일 미루게 되며, 결국 삶의 태도를 바꾸지 못한다. 실천하면서 의지가 약해지거나 마음을 추스르고 싶을 때 자기계발서 한 권 읽어 보면 무뎌진 실행 의지가 되살아나기 때문에 도움이 된다.

지금까지 월급 생활에서
무엇을 얻었을까?

10년 전 직장 생활 20년 차가 되었을 때 문득 이런 생각이 들었다. 지금까지 월급 생활에서 무엇을 얻었을까? 20대 중반에 취직해서 열심히 살아왔다. 직장 생활도 성실히 했고, 새로운 일에 적응해야 할 때마다 많이 노력했다. 남들에게 일 잘한다는 이야기도 들었고, 주어진 일에는 항상 최선을 다한 결과 직장 내 성과도 좋았다. 간혹 어떤 사람은 나를 멘토 삼고 싶다고 말한 적도 있었고, 직장 내에서 나름 터전을 잡고 역할을 충분히 잘하고 있다는 생각이 들었다.

외부에서 보는 사람들은 금융권에 다니니 월급이 많아 좋을 것이라는 이야기를 자주 한다. 어떤 사람은 부럽다고 하고, 직장을 그만둔 선배들은 다닐 수 있는 만큼 끝까지 다녀야 한다고 한다. 직장을 다닐 때가 제일 행복하다고, 열심히 다니라고 애써 힘껏 말씀해 주신다. 퇴직한 선배들에게 일정한 시기가 지나 연락해 보면, 많은 선배가 새로운 직장에 다니고 있었다. 누군가는 놀기 뭐해서, 다른 누군가는 일하는 즐거움에 취미 삼아 직장을 다니고 있었지만, 어쩔 수 없이 생계를 위해 다니는 선배들도 적지 않았다. 직장에 다닐 때는 모두 멋진 분들이었는데, 퇴사 후 시간이 지나면서 선배들의 모습은 달랐다. '지금이 가장 중요한 때'라는 걸 깨닫고 나에게 질문을 했다.

"지금까지 월급 생활에서 무엇을 얻었을까?"

이 질문은 나에게 많은 변화를 가져왔다. 월급 생활은 많은 장점이 있다. 고정적인 수입으로 생활이 안정되는 게 최대의 혜택이다. 매년 조금씩 또는 직장 내에서 승진하면 월급이 올라 굉장히 마음에 안정을 가져다준다. 하지만 최대 단점은 현실에 안주하게 되고, '지금의 나'에게 만족하게 된다. 직장 내에서 '나'의 위치에 대한 고민을 많이 하더라도 언젠가 떠나게 되는 직장을 벗어난 '나'에게는 관심이 없다. 나중에 언젠가 '그때 이렇게 했더라면', '조금이라도 빨리 알았더라면' 하는 때늦은 후회를 한다. 후회가 너무 늦지 않아야 하는 이유는 후회도 때가 있고, 너무 늦으면 돌이킬 수 없기 때문이다.

10년 전 이런 고민을 했을 때 나에게는 10년 전에 구입해 살고 있는 집이 전부였다. '그래도 작은 집이라도 있으니' 마음의 안심을 주며 현실에 안주해 있었다. 집을 사고 대출을 모두 상환할 때까지는 명확하고 뚜렷한 목표가 있었다. 하지만 대출을 모두 상환한 시점부터는 재테크에 관한 어떤 목표도 없었고, 하루하루 직장 생활에 충실하고, 매달 입금되는 급여에 만족하며 살았다. 다행히도 더 늦기 전에 '지금의 나'와 '미래의 나'를 구분할 수 있게 되었다.

한 번쯤은 자신의 과거를 되돌아보아야 한다. 하루하루가 바쁘고 치열하게 살다 보니 마음의 여유가 없는 게 사실이지만, 지금까지 월급 생활에서 무엇을 얻었는지, 앞으로 무엇이 부족한지 점검하면 도움이 된다. 한 번 되돌아본 사람과 그렇지 않은 사람은 분명 나중에 많은 차이를 갖게 된다. 지금의 작은 차이가 시간이 흐르면 더 큰 차이를 만드는데, 마치 회오리 바람 같다. 과거를 되돌아보고 미래를 생각하며 지금의 내가 할 일을 찾으면 된다. 모두가 열심히 살지만, 조금 더 돈 되는 호기심에 계획적인 관심이 필요할 뿐이다.

월급만으로 무엇이 부족할까? 월급으로는 지금의 생활 유지에 바쁘다. 돈을 모으고 미래에 대한 투자는 인색하게 되므로 무엇인가 새로운 방법을 찾아야 한다. 그렇지 않으면 열심히 살고 우울한 미래를 만날 수 있기 때문이다. 분명한 사실은 월급만 모아서는 부자가 될 수는 없으므로 적은 금액이라도 재테크를 시작해야 한다. 혹시 아직도 종잣돈 마련을 시작하지 못했다면 자신을 충분히 되돌아보는 시간을 가져야 한다. 또한 열심히 저축만 한다고 부자가 되는 것은 아니다. 우리에게 필요한 건 '돈을 모은 이후에 어떻게 할 것인가'이다. 우리는 생각보다 현실에 적응을 잘해서 당장 먹고살면 점점 돈에 둔감해지므로 미래를 생각하고 노후를 생각하는 변화가 필요하다.

재테크에 둔감해지는 이유는 뭘까? 명확한 목표가 없기 때문이다. 내 경우도 비슷했다. 당장 이사 갈 일도 없고, 특별한 고민도 없다 보니 돈을 모으고 투자하려는 의지도 사라졌다. 돈 관리도, 종잣돈을 모아 미래를 준비하는 것에도 관심이 없었다. 지금은 돈이 없고 나중에 돈이 생기면 재테크는 그때 하겠다는 사람들을 종종 보았다. 이런 사람들은 돈을 어떻게 모으고 투자할지 고민하지 않고 뒤로 미루다가 정작 돈이 생겼을 때는 관리하지 못해 실패하는 경우가 많다. 재테크란 돈이 없을 때 체계적이고 계획적인 자산 관리를 해야 돈이 생겨서 기회가 왔을 때 성공할 수 있다. 돈을 관리하는 평소 생각과 의지, 명확한 목표가 중요한 이유이다.

평소 재테크에 관심을 가지고 '돈 되는 호기심'을 가져야 한다. 매일 생활 속에서 주변에서 일어나는 재테크 성공담과 실패담에 관심을 기울이고, 일상의 삶 속에서 생기는 재테크의 궁금증이 계속되도록 노력한다면 그것만으로도 큰 성과를 가져올 수 있다. 재테크에 궁금한 것이 없다는 건 현실에 안주한다는 의미이다. 그럼 새로운 재테크에 도전하지 않게 되므로 항상 재테크에 호기심과 궁금증을 계속 유지하고 있는 것이 중요하다.

가난의 원천은 '월급에 집착'하면 오게 된다. 월급을 받는 동안 많은 일을 할 수 있다. 재테크에서 성과를 내고 싶다면 나에게 필요한 우선순위를 고민하되 직장 생활과 가정생활을 구분해 생각해야 한다. 월급을 받으려면 당연히 성실하게 최선을 다해 직장 생활을 해야 하고, 재테크는 직장 생활을 떠나있는 시간에 고민하고 이루어져야 한다. 즉, 퇴근 후, 주말, 이런 때 해야 할 순서를 잘 정해야 한다는 의미이다. 사람에게는 모든 일을 동시에 잘하는 능력은 없으므로, 그 한계를 극복하려면 우선순위를 정해 꼭 해야 하는 일에 집중해야 한다.

부부의 지혜로운 돈 관리법은 중요하다. 퇴근 후, 주말 등을 이용해 재테크를 하려면 배우자의 격려와 힘이 많은 도움이 된다. 가능하면 함께 인생 설계도부터 그려보면 좋다. 돈에 대해 솔직하게 이야기하고, 재테크에 대해서도 충분히 상의하고 서로 간에 도움을 주고받아야 한다. 특히 종잣돈을 모으려면 자녀가 태어나기 전까지 최대한 저축하는 게 최선인데, 이럴 때 부부의 지혜로움이 더 필요하다.

작가 가야 게이치는 '전 세계 부자들이 20대부터 실천해 온 《돈을 낳은 법칙》'이란 책에서 효율적으로 돈을 버는 부자는 '돈이 들지 않는 취미'를 즐기고, 부자들이 '절대 입에 담지 않는' 표현이 있다고 했다.

"부자들이 독서를 많이 하는 이유는 독서 등으로 쌓은 지식은 실제 경험을 통해 한결 더 이해가 깊어지고, 피와 살이 된다. (중략) 부자들이 '절대 입에 담지 않는 표현'은 사람들은 종종 '머지않아 승부를 걸어 보겠다.', '언젠가는 독립할 것이다.', '준비가 되면 과감히 도전하겠다.' 등의 말을 한다. 하지만 '머지않아', '언젠가는', '준비가 되면'이란 말은 대체로 기약이 없다. 그런 말을 자주 반복하는 사람들 대부분은 그 뒤에도 똑같은 생활을 하고 있다."

이제 '회사 생활 ○년, 얻은 것은 무엇일까?'라는 질문에 답해 보자. 얻은 것은 무엇이고, 앞으로 해야 할 일은 무엇인가? 작가 가야 게이치가 알려 준 것처럼 '머지않아, 준비되면, 언젠가는' 이런 말은 절대 마음 한구석에 있지 않도록 실행하면 된다.

자신도 관심 없는 노후 그대로 두어도 될까?

인생 100세 시대이고 평생직장도 없다. 60세에 직장 생활을 퇴직했더라도 30~40년은 더 살아야 한다. 하지만 60세에 은퇴하기도 어렵고, 노후 준비를 제대로 하지 않았다면 계속해서 돈을 벌기 위해 직장을 찾아 맴돌아야 한다. 지금의 삶이 어렵다는 이유로 엄두를 못 내는 사람도 있고, 미래는 생각조차 하기 싫어 무관심하게 보내는 사람들도 많다. 불행하게도 시간처럼 정확한 것도 없어 일하는 시간에도, 잠자는 시간에도 시계는 멈추지 않고 흘러서 노후는 다가온다.

당신의 노후에 호기심을 가져야 한다. 은퇴 이후 경제적 자유도 중요하고, 하고 싶은 일을 하며 느끼는 소확행, 즉 일상에서 느끼는 작지만 확실하게 실현이 가능한 행복이나 그러한 행복을 추구하는 삶을 즐기는 것도 필요하다. '열심히 일한 당신, 왜 노후를 준비하지 못하는가?'라는 질문에 지금의 삶에 여유가 없어서라고 대답하는 사람이 많다. 노후에 경제적 자유를 갖는 과정은 우리가 건강한 신체를 갖기 위해 노력하는 과정과 유사하다. 노후 경제 독립은 노후에 대한 충분한 고민을 바탕으로 준비해야 하지만, 한 번에 이루어지지 않기 때문에 젊을 때부터 준비하는 라이프 스타일을 유지해야 한다.

23년 통계청 고령자 통계에 따르면 21년 OECD(경제협력개발기구) 38개국 대상 65세 이상 노인 기준 평균 고용률은 34.9%로 OECD 평균 15% 대비 14.9% 높아 노인이 되어도 더 오랫동안 일하고 있다. 또한 21년 66세 이상 상대적 빈곤율[소득이 중위소득의 50%(빈곤선) 미만인 계층이 전체인구에서 차지하는 비율]도 39.3%로 높다.(20년 66세 이상 상대적 빈곤율은 40.4%로 OECD 대상국 중 1위로 회원국 평균 15.4%보다 2.5배 가까이 높다) 빈곤의 수준도 높지만, 노인의 소득 수준 불평등 또한 크다. 20년 66세 이상을 대상으로 하는 지니계수(소득불평등도를 측정하는 지표 '0'이면 완전 평등, '1'이면 완전 불평등)도 0.376으로 OECD 국가 중 4위다. 이제 '어떻게 노후를 준비할 것인가?'라는 문제는 선택이 아닌 필수이다.

2022년 통계청 생명표의 기준 평균수명은 82.7세이고 남자는 79.8세, 여자는 85.6세로 전년 대비 0.9년 소폭 감소했지만, 기대수명은 점점 늘어나고 있다. 정말로 '자신도 관심 없는 노후'가 되어서는 안 된다. 길어진 수명으로 윤택한 노후를 위해서는 하루라도 빨리 준비해야 고통 없는 노후가 가능하다.

많은 사람이 경제적 자유를 힘차게 외친다. 심지어는 30대 말, 늦어도 40대 초반까지 조기 은퇴하겠다는 목표를 가진 파이어족에 관한 이야기도 종종 들리고 간혹 성공했다는 뉴스도 접할 때가 있다. 그러나 번 돈을 어떻게 은퇴자금으로 운용하느냐에 따라 앞으로의 성패는 또 달라진다. 또한 노후 준비를 하지 않으면 은퇴하고 싶어도 은퇴할 수가 없고, 진정으로 경제적 자유를 갖기도 불가능하다. 건강한 젊음을 가지고 있는 지금과 병약한 노인의 미래는 다르다. 건강할 때의 모습으로 다가오는 미래, 노후를 예측하는 것은 매우 힘든 일이다.

노후의 미래는 얼마나 준비해야 하나? 국민연금공단 2021년 국민 노후보장 패널조사에 따르면, 최소 노후 생활비는 개인 기준 124.3만 원, 부부 기준 198.7만 원이고, 적정 노후 생활비는 개인 기준 177.3만 원, 부부 기준 277만 원이다. 또한 50~60대는 더 많은 노후 생활비가 필요하고, 70대 이후부터 줄어들기 시작한다. 현재 기준으로 최소 3~4백만 원은 준비해야 한다.

그러면 언제부터 준비해야 할까? 늦은 결혼과 출산, 그리고 기대수명의 증가로 당신은 더 오래 더 많이 벌어야 한다. 노후에 대한 호기심을 가지고 구체적인 목표를 하루라도 빨리 시작하면 적은 돈으로 가능하므로 20대부터 발동 걸고 시작하면 좋다. 그러나 '늦었다고 생각할 때가 가장 빠른 때다.'라는 말이 있듯이, 책을 읽고 있는 지금 노후 설계를 한 번 되돌아보고 시작하면 된다. 즉, 지금보다 더 좋은 때는 없으므로 혹여라도 노후 준비를 '나중에', '다음에'라는 생각은 마음에서 완전히 지워야 한다.

지금도 생활비, 교육비, 대출이자 등 생활이 힘든데 노후 준비를 어떻게 하겠냐는 사람이 많고, 맞는 말이다. 하지만 '풍족해질 때 해야지!'라고 미루다 보면 노후 준비는 영원히 요원한 이야기가 되기 때문에 견뎌 내야 한다. 다른 사람은 어떤 노후를 준비할까?

■ 연령별 경제적 노후 준비 방법(노후 시기 비해당)

(단위:%)

연령별	국민 연금	기타 공적연금	개인 연금	퇴직연금 (퇴직금)	예금,적금 저축성 보험	부동산 운용	주식, 채권등	기타
전체	36.8	4.9	5.7	6.3	32.9	10.7	0.9	1.9
50세 미만	37.8	3.0	7.4	6.3	32.3	6.9	0.0	6.4
50대	36.6	5.1	8.5	6.9	32.5	7.8	1.4	1.3
60대	36.9	4.5	4.0	6.1	32.9	13.0	0.6	2.0
70대	35.8	11.4	0.0	0.0	38.8	6.1	0.0	8.0

※ 국민연금공단 2021 '국민 노후보장 패널조사'
※ 기타 공적연금 : 공무원연금 등 특수직역 연금

국민연금공단 '국민 노후보장 패널조사'에서 알 수 있듯이 노후 준비 방법은 ① 공적연금(국민연금, 기타 공적연금), ② 예·적금, 저축성보험 ③ 부동산 운용 ④ 퇴직연금 순이다. 하지만 예·적금 부분은 순수하게 노후 준비를 위해서인지 아니면 노후 준비 외 다른 자금관리와 혼용된 것인지 구분하기 힘들다.

노후 준비는 3층 연금을 잘 관리하는 방법을 세우는 것이 중요하다. 첫째로 공적연금을 잘 관리해야 한다. 국민연금은 만 18세 이상 가입이 가능하다. 연금 수령 시 빨리 가입할수록 유리하므로 직장 생활 전이라도 가입은 우선하고 나중에 추납제도를 활용하면 된다. 직장 생활을 할 때는 자동으로 납입하게 되므로 고민하지 않아도 되지만, 직장 생활 공백기는 별도 관리해야 한다.

둘째는 퇴직연금을 잘 관리하고 운용해야 한다. 요즘은 평생직장도 없고 이직도 많은 편이며, 앞으로 점점 직장을 자주 옮기게 될 것이다. 일 년 이상 근무한 직장에서 퇴사하면 퇴직연금 IRP에 퇴직금이 입금된다. 이렇게 입금된 퇴직금은 잘 관리하는 것이 중요한데, 절대 아쉽다고 퇴직 IRP를 해지해서 사용하면 안 된다. 그러나 아쉽게도 많은 사람이 퇴직금 용도로 사용하지 않고 생활비나 대출 상환 등으로 사용하는 경우를 너무나 많이 보았다. 만약 회사의 퇴직연금 운영 방식이 DC형이라면 직접 상품을 운용하고 관리해야 하는데, 너무나 많은 사람이 아예 관심조차 없다. 회사의 퇴직연금 운용 방식을 확인하고, DC형이면 앞으로 꼼꼼하고 철저하게 관리해야 한다, '내 미래도 소중하고, 내 자산도 소중하다.' 퇴직금은 없는 돈이라 생각하고 관리를 잘하면 노후는 더 윤택해진다.

셋째는 세금혜택을 주는 개인형 IRP 또는 연금저축펀드에 가입하고 관리한다. 개인형 IRP는 연간 900만 원(연금저축펀드 연간 600만 원)까지 세제 혜택을 준다. 총급여 5,500만 원 (종합소득금액 4,500만 원) 이하이면 연간납입액의 16.5%(납입액 9백만 원 : 148.5만 원)를 환급받는다. 만약 총급여가 5,500만 원(종합소득금액 4,500만 원) 초과이면 연간납입액의 13.2%(납입액 9백만 원 : 118.8만 원)를 환급받는다. 연말정산 후 환급된 금액은 다시 개인형 IRP에 입금하는 게 최고의 전략이다. 또한 세제 혜택도 받으면서 장기간 보유하기 위해서는 반드시 감당할 수 있는 금액을 저축해야 한다. 중도에 해약하면 기타 소득세 16.5%를 추징당한다.

세 가지 원칙만 잘 지켜도 노후 준비의 많은 부분을 해결할수 있다. 부부가 함께 이런 원칙을 지키고 관리하면 노후에는 부부 연금 맞벌이를 달성하게 된다. 부부 연금 맞벌이란 부부모두 연금을 받으면서 행복한 노후를 보내는 것이다. 노후 준비는 분명 가능하므로 믿음을 갖고 오늘부터 돈 되는 호기심을 실행하는 게 중요하다.

자신만의 돈 되는
포트폴리오 원칙을 만들어라

돈 되는 호기심은 성공한 사람들의 투자 원칙을 관찰하고 내 원칙을 정하는 것이다. 이때 가장 중요한 원칙은 무엇일까? 단연코 자신만의 돈 되는 포트폴리오 원칙이라고 말할 수 있다. 종잣돈을 모으는 것, 목돈을 관리하는 것도 중요하지만, 더 필요한 것은 투자에 대한 자기만의 원칙을 세우는 것이다. 투자도 해보지 않은 사람이 원칙을 만들고 지키는 일은 더 어렵고 힘든 일이다. 하지만 투자하면서 원칙이 없거나 원칙이 무너져서 손해를 크게 보고 난 뒤 그때 깨닫고 후회하는 것은 정말 안타까운 일이다. 물론 한 번 세운 투자 원칙이라도 때와 상황에 따라서 변화가 일어나기 마련이다. 많은 사람이 포트폴리오 원칙을 지키지 않아 고통을 겪는 것을 너무나 많이 보아왔는데, 그럴 때마다 보기에 딱하고 가슴이 아프고 답답했다.

돈 되는 포트폴리오 원칙을 정하고 준수하는 것이 성공과 실패를 좌우한다. 열심히 종잣돈을 모아서 투자에 실패하면 다시는 투자하기가 싫어진다. 더욱 참기 어려운 것은 한 번의 실패가 회복 불가능한 상태로 빠질 때이다. 포트폴리오가 무너지는 가장 큰 원인은 욕심을 부리기 때문이다. 처음에는 누구나 잘 지키려 하지만 시간이 흘러 작은 성공을 몇 번 맛보다 보면 이런 생각이 들게 된다. '그때 천만 원이 아니라 5천만 원을 투자했더라면', '아니 1억 원을 투자했더라면 지금 이익이 얼마야!' 하고 후회하면서 딱 한 번만 크게 투자하고 싶어 한다. 그러면 자신이 세웠던 원칙을 무시하고 한 방에 벌고 싶은 욕심을 절대 뿌리치지 못한다. 투자와 투기는 딱 한 끗 차이다. 자신이 통제가 가능한 범위에서 한다면 투자가 될 수 있지만, '딱 한 번만'이란 생각이 들어가면 투기가 되기 쉽다.

'아주 오래전에 주식을 하는 J라는 후배가 있었다. 단기간에 2천만 원으로 5배 이상의 수익을 올렸다. 그러자 욕심을 내기 시작했다. 2천만 원이 아니라 더 많은 돈을 투자했더라면 '도

대체 얼마나 벌 수 있었을까?' 하는 생각으로 여기저기서 돈을 끌어모았다. 이번 한 번이 마지막 투자가 되기를 바라면서 과감히 투자했다. 그 후배는 몇 개월 후 퇴사했는데, 나중에 알게 된 사실이지만 주식에서 큰 손실을 보았다고 한다. 또한 자기 돈뿐만 아니라 남들에게 빌린 큰 부채를 감당하지 못할 수준이었다고. 직장을 떠나고 나니 여기저기 돈을 빌려 무리한 투자를 했다는 뒷이야기가 무성했다. 결국 원칙 없는 한 방 때문에 직장도 잃고, 자산도 잃고, 부채만 남게 되었다.'

수많은 사람이 한 번에 많은 수익을 올리고 싶어 한다. 하지만 단기적이고 불확실한 이익을 추구하는 습관은 투기와 동시에 많은 위험이 도사리고 있다. 돈 되는 호기심을 실행해서 성공하려면 투자의 원칙을 정하고 이를 지키려 노력해야 한다.

돈 되는 포트폴리오 원칙에는 어떤 것이 있을까? 포트폴리오의 사전적 의미는 '다양한 투자 대상에 분산하여 자금을 투입하여 운용하는 일'이다. 첫째는 적정한 분산투자를 해야 한다. '계란을 한 바구니에 담지 말라.'는 격언처럼, 여러 금융 상품에 나눠서 투자하면 위험을 줄이고, 안정적인 수익을 추구할 수 있다. 투자에는 부동산 등 비금융자산과 금융 상품으로 구분할 수 있다. 또한 금융 상품은 예·적금, 투자상품(주식, ELS, ELF 등), 채권, 보험 등 구분이 가능하다.

우선 비금융 상품과 금융 상품의 비중을 정해야 한다. 다음으로 비금융 상품 내에서 각각의 비중과 금융 상품 내에서 비중을 정해야 한다. 즉, 투자 위험이 서로 다른 분야에 비중을 결정하고 유사한 투자 위험 상품에서도 각각 비중이 필요하다. 투자성향에 따라 안전자산과 위험자산에 대한 비중이 서로 다르다. 결국 자신의 투자성향을 먼저 파악해야 하고 어느 정도 위험을 감내할 수 있는지 스스로 결정해야 한다. 명확한 것은 'High risk High return', 즉 위험이 크면 수익도 커지고 손실도 커진다.

2011년 저축은행 영업 정지 사태가 있었다. 금융위원회가 2.17~22일간 7곳의 저축은행에 대하여 영업정지 처분을 내렸을 때 현장 지원 업무를 나간 적이 있었다. 위험이 큰 저축은행에 예금을 하면서 높은 금리를 받고자 50백만 원 이상의 예금자들과 채권 투자자들은 원금 손실을 입었다. 이런 분들 중 억울해하거나 아쉬움을 호소하는 분도 많았지만, 어찌할 도리가 없었고, 후회해도 때는 늦었다. 위험이 큰 금융기관에 투자할 때는 예금자 보호 금액, 즉 원리금 5천만 원의 원칙을 지키기만 하면 많은 위험을 줄일 수 있다.

포트폴리오 구성 비율은 어떻게 구성해야 할까? 쉬운 결정도 아니고 일률적으로 정하기도 어렵지만, 금융투자협회가 발표한 '2022 주요국 가계 금융자산 비교' 자료를 참조하면 도움이 된다. 한국은 부동산을 포함한 비금융자산 비율이 64% 수준이지만 미국은 28.5%, 일본 37%, 영국은 46.2% 수준이다. 금융자산 투자 비중을 보면 한국의 금융자산은 36% 수준이지만 미국은 71.5%, 일본은 63%, 영국은 53.8% 수준이다. 또한 한국 가계 금융자산에서 현금, 예금 비중은 43.4%, 주식, 채권, 펀드 등 투자상품 비중은 25.4%, 보험 30.4% 수준이다. 투자상품 비중은 지속적으로 늘고, 보험상품은 약간 감소하는 추세이다. 한국은 부동산 비중이 높은 편인데, 편안한 노후 생활을 위해서는 생애 설계에 맞게 점차 부동산 비중을 줄이고 금융자산을 늘리는 전략이 필요하다.

둘째는 목적자금에 맞는 포트폴리오 원칙이 필요하다. 즉 투자 목적에 맞게 자금을 각각 따로 모으는 전략이다. 예를 들면 결혼자금, 주택구입자금, 교육비, 비상금 통장 등을 구분

관리한다는 의미이다. 이때 가능하면 처음 계획을 세운 목적에 맞게 사용해야 한다. 아쉽게도 많은 사람이 중간에 다른 목적으로 사용하기도 하고, 더 아쉬운 것은 소비의 목적으로 사용해 버리는 경우이다. 예를 들어 생활비 충당, 자동차 구매, 가전제품 구매 등으로 말이다. 결국 투자 목적에 맞게 구성된 포트폴리오가 아무런 의미가 없게 된다.

셋째는 투자의 장, 단기 포트폴리오 전략이 필요하다. 장기적 사용 자금과 단기적 사용 자금을 구분하면 좋다. 예를 들면 장기의 노후 생활자금, 중기의 주택구입자금, 비상금 통장 등 단기의 이벤트성 자금 등이다. 장, 단기 전략이 없는 경우 원금 또는 이자 부분에서 손실을 보고 해약하는 경우가 종종 발생하는데, 특히 보험의 경우가 더욱 그렇다. 장기전략으로 돈을 모을 때는 워낙 유혹이 많아서 이것을 잘 참고 견뎌내야 한다. 단기자금으로 반복해서 굴리는 것보다 장기적으로 돈을 모으는 것이 유리하지만 중간에 해지하면 아무런 의미가 없다.

포트폴리오 투자 원칙이 정해져 있지 않으면 결국 포기하거나, 잘못된 투자나 실패 가능성이 더 크다. 워라밸이 일과 삶의 균형인 것처럼 포트폴리오도 올바른 투자를 위한 균형감각이다. 이런 원칙을 잊고 투자해서 손실을 보는 사람이 생각보다 많다.

우리에게 매월 들어오는 수입은 항상 부족하므로 들어온 수입을 어떻게 관리하느냐는 삶의 생애 및 재무설계를 위한 가장 기본적인 원칙이 된다. 자신만의 원칙이 정해지면 종잣돈을 모으고, 어떻게 투자할지 알게 되면, 월급을 받는 지금이 시작하기에 가장 적절한 시기이다. 자동이체는 정한 원칙대로 돈을 모으는 힘이 있고, '나중에'란 생각을 억제하기도 하므로 잘 활용하면 좋다. 상품을 정하고 자동이체로 끝나는 게 아니고, 중간 점검과 확인하는 습관이 필요하다. 포트폴리오 전략은 한 번 세우고 끝이 아니라 지속적인 검토와 수정이 중요하다.

관심 가는 돈 되는 호기심을
기록하고 구체화하라

돈 되는 호기심이 생기면 메모하고 기록해 두어야 한다. 생각보다 우리의 기억은 오래가지 않아서 기록해 두지 않으면 금방 잊어버리게 된다. 그러지 않아도 가뜩이나 호기심에 관심이 많지 않은데, 순간 스쳐 지나가는 기억을 붙들어 두지 않는다면 돈과 관련된 새로운 변화가 일어나기 어렵다.

평소 변화가 필요하거나 어려움을 극복하고자 할 때마다 항상 노트를 사는 습관이 있다. 영업환경이 어렵고 실적이 저조한 지점에 처음 지점장으로 발령받아 갔을 때는 노트를 3권(업무 파악용, 전략 수립용, Target list 관리용)을 샀고, 30년 다닌 직장을 그

만들 때도 노트 한 권을 샀다. 중간중간 어려움을 극복해야 하는 경우나, 새로운 아이디어가 필요할 때는 항상 그랬다. 90년 초부터 386, 486, 펜티엄 등 다양한 컴퓨터를 활용해 왔지만, 난관을 극복해 나갈 때는 항상 아날로그 방식을 좋아한다. 하얀 백지에 처음으로 무엇을 적는다는 것은 항상 마음을 들뜨게 하고, 무엇을 해야 할지 몰라 막연하고 힘들 때 백지에 무엇인가 끄적거리다 보면 마음이 편안해지고, 한 줄 한 줄 적다가 전혀 예상하지 못한 아이디어를 얻을 때가 많았다.

호기심을 종이 노트에 적으면 어떤 장점이 있을까? 노트에 천천히 적는 순간에도 나를 뒤돌아보게 되고, 가끔 나중에 읽어 보면 재미도 있지만 스쳐 지나간 기억들이 중요한 역할을 할 때도 있다. 또한 백지에 생각날 때마다 한 글자씩 채우면 마음가짐을 새로이 하는 데도 도움이 된다. 누구에게나 자신만의 능력을 최대한 끌어올리는 환경이 있기 마련이다. 그런 자신만의 환경을 잘 이용하면 더 멋진 삶을 살아갈 수 있는 좋은 계획을 세우고 어려움을 극복할 수 있다. 하지만 미리 할 수 없다고 예단하여 처음부터 기록하지 못하는 일은 없어야 한다. 기록할 때는 실행할 수 있는지 없는지는 나중에 고민해도 충분하고, 일단 적으면 언젠가 기회가 올 수 있다.

그렇다고 노트를 매번 지니고 다닐 수는 없다. 순간 스쳐 가는 호기심을 생각날 때마다 바로 메모하기에는 항상 휴대하고 다니는 스마트폰보다 좋은 게 없다. 중요한 것은 생각을 빠르게 메모하는 것이므로 스마트폰의 메모나 노트 기능을 활용해도 되고, 이것조차도 귀찮으면 카톡이나 문자메시지를 자신에게 보내 놓으면 된다. 그리고 가능하면 당일 저녁때 한 번 확인해서 호기심 노트에 기록하고, 내가 할 수 있는 일들을 생각하면 좋다. 너무 시간이 지나면 어떤 때는 무엇을 메모했는지 읽어도 알 수 없을 때도 있으니, 주의해야 한다. 메모한 후에는 인터넷 검색도 좋고, 책을 봐도 좋고, 관심을 더 증대시킬 수 있는 방법을 찾으면 된다. 일반적으로 지식 공백이 25% 정도일 때 지적 호기심이 극대화되므로 일정한 정보를 쌓을 때까지가 매우 중요하다.

호기심 노트에 적은 후에 관심 가는 호기심이 생기면 구체화해야 한다. 노트에 적어 놓고 계속 지나치면 아무런 의미가 없다. 조금씩 검색하고 찾아보고 구체화하는 습관을 만들어야 한다. 그러다가 '이건 한번 해 봐야겠다'라는 항목이 생기면 목표로 설정하고 실행하면 된다. 이때는 한 페이지에 한 호기심만 적는 게 좋다. 적은 노트에 조금씩 해볼 수 있는 것들을 채워 나가면 된다. 뭔가를 구체화해서 기록으로 남기면 다른 어떤 생각보다도 우선하는 힘이 있다. 모든 생각은 긍정적이든, 부정적이든 종이에 적어 놓았을 때 머릿속에서 가장 중요한 위치를 차지한다. 실제 뇌과학자들의 연구에 따르면, 손 글씨를 쓸 때 두뇌의 활성도가 더 높아진다고 한다.

호기심 노트의 다른 장점은 집중하여 상상력을 가지고 자신만의 생각 정리가 가능하다는 것이다. 고민만 하고 기록하지 않으면 다시 고민할 때 처음으로 돌아가 똑같은 고민을 한 경험이 있을 것이다. 하지만 호기심 노트에 한 주제로 이어서 적으면 내가 고민한 흔적을 알 수 있고, 나중에 다시 볼 때 이어서 고민할 수 있어 더욱 구체화 되고 실질적인 해결 방법도 모색할 수 있는 계기가 된다.

호기심 노트에 무엇을 적고 실행하느냐에 따라 인생이 달라진다. 어떤 간편하고 쉬운 일은 쉽게 채울 수 있지만 의미가 적을 수 있고, 어렵고 힘든 일은 채우기가 어렵지만, 중요한 의미를 부여되는 것들이 많다. 일단 노트에 적고 목표를 설정했다면 실행하면서 점검하고 수정하는 과정을 거쳐야 한다. 우선 노트를 자주 살펴본다. 'Out of sight out of mind'란 말이 있다. 노트에 기록한 목표를 잊지 않기 위해서 자주 살펴보면 실행 가능성은 점점 커지게 된다.

내 목표는 다른 사람이 대신해 줄 수 없다는 사실을 명심해야 한다. 오늘 내가 한 행동이 내일의 내가 된다는 사실을 알고 하루라도 빨리 실행하고 실천하는 게 중요하다. 목표는 조금 더 멀리 보아야 한다. 너무 단기라면 실행이 어려운 것도 있지만, 큰 성과를 이루기도 어렵다. 가능하면 멀리 보고 차근차근 준비하는 게 좋다. 그렇다고 단기목표가 필요 없다고 말하는 것이 아니라 장, 단기가 균형이 맞아야 한다는 의미이다. 너무 가깝고 쉽거나 편협된 것보다 더 멀리 보는 목표가 성취감이나 만족도가 높다.

목표 중에 지금 할 수 있는 것과 나중에 할 수 있는 것을 구분하여 바로 시작할 수 있는 것들은 작은 단위로 쪼개보는 것이 중요하다. 매일 무엇인가 하려면 오늘 해야 하는 일이 구체적으로 있어야 가능하다. 실행할 수 있는 작은 단위가 무엇인지 고민하고 실행하면서 보완하면 된다. 오랫동안 고민했음에도 해답이 없는 것처럼 보이더라도 실천하다 보면 자신도 모르게 다음 단계를 알게 되고 실행에 대한 믿음도 생긴다.

9년의 본부 생활을 마치고 초임지점장으로 응봉삼거리지점에 처음 갔을 때 외부 영업이 막막했다. 그도 그럴 것이 9년의 본부 생활은 기존의 개인적인 영업 네트워크가 전혀 없다는 것을 말한다. 처음에는 기존 거래처를 방문했지만, 얼마 지나지 않아 더 이상 방문할 곳도 없었다. 그때 영업을 위해 고민하다가 매일 단순하지만 실천할 수 있는 목표를 세웠다. 하루에 딱 2장만 새로운 명함을 모아보자는 거였는데, 일 년이 지나자 500명에 가까운 사람을 알게 되었다. 그렇게 시작된 명함 모으기는 스마트폰에 5천 명을 넘는 고객을 저장하는 원동력이 되었다. 시작은 단순히 명함을 모으는 거였지만, 점점 인적 네트워크가 넓어지고 영업 기반이 마련되어 나중에는 영업과 재테크에 많은 도움이 되었다.

지나친 호기심도 다시 보면 유익하고 재미있다. 그때는 특별히 관심이 없었지만, 다시 보면 상황도 바뀌고 환경도 바뀌어 지금 상황에 꼭 필요한 것이 있다. 한마디로 그때는 틀리고 지금은 맞는 경우가 종종 있으므로 꺼진 호기심도 다시 보면 좋은 결과를 얻을 수 있다. 돈 되는 호기심들도 너무 성급하면 빛을 못 보는 것들이 있다. 금융과 부동산도 계속하여 상황이 바뀌니, 다시 보면 좋은 결과를 얻을 수 있으므로 지나간 호기심도 소중히 여겨야 한다.

　호기심 노트에서 생성된 목표는 기록하고 외우고 반드시 이루어진다는 사실을 굳게 믿는 상상력을 가져야 한다. 매일 읽거나 보면서 자신의 미래 모습을 상상해 본다. '읽는다는 것만으로 목표를 달성할 수 있을까?'라는 의문이 들 수 있지만, 중요한 것은 믿고 따라 해보는 것이다. 아마 의지가 없는 사람이라면 적는 것조차도 하지 않을 수도 있고, 설령 적어 놓았더라도 3일도 읽지 못할 것이다. 시간과 돈이 들지 않는 행동조차 의지가 부족하다면, 부자가 되는 꿈은 이루기가 참 어렵다. 목표를 소리 내어 읽을 때 중요한 것은 말이 아니고 반복함으로써 생겨나는 마음의 변화다. 아무런 감정 없는 말로는 가슴 깊은 곳의 잠재의식을 깨우지 못하므로 진정으로 바라는 신념으로 말하고 외워야 한다. 즉 목표를 달성할 수 있다는, 부자가 될 수 있다는, 노후에 경제적 자유를 달성할 수 있다는 자기 자신에 대한 믿음이 중요하다. 목표를 자주 보는 것만으로도 목표 달성에 가까워지게 된다. 가능하다면 내가 원하는 것을 항상 볼 수 있는 자리에 붙여 놓거나, 시각화하는 테크닉도 아주 좋은 방법이 될 수 있다.

돈 안 잃는 호기심에
관심을 가져라

돈 되는 호기심을 이야기하다가 갑자기 '돈 안 잃는 호기심' 이야기를 시작하니, '너무 뜬금없는 거 아니야!'라고 생각할 수도 있다. 하지만 돈을 모은다는 것은 두 가지 중 한 가지다. 하나는 돈을 열심히 모아 투자해서 돈을 버는 것이고, 다른 하나는 번 돈을 잃지 않아야 한다는 것이다. 건강관리, 돈 관리, 자산 관리 등은 후자에 해당하며, 돈 안 잃는 호기심을 가져야하는 대상이다.

건강의 중요성은 아무리 강조해도 지나치지 않는다. 결정적으로 체력은 금융자산처럼 은행에 저축해 놓고 필요할 때마다 꺼내 쓰거나, 노후를 위하여 모아놨다가 나중에 사용할 수 없다는 것이다. 즉, 체력은 저축할 수가 없다. 지금의 피부와 모습을 조금이라도 더 유지하고 싶다면, 당장 건강관리를 결심하고 실행에 옮겨야 한다. 지금 내 앞 거울 속의 내 모습이 가장 젊은 나의 모습이다.

신체 및 정신, 사회적 건강 등 이른바 건강자산 가치가 높을수록 웰빙 지수는 높고, 우울증은 줄어든다는 연구 결과가 있다. 서울대병원 가정의학과 윤영호 교수팀은 2021년 3월부터 4월까지 대한민국 20세 이상 국민 1천 명을 대상으로 건강자산이 생활에 미치는 영향을 분석해 국제학술지 사이언티픽 리포트에 게재되었다. 연구에 따르면 건강자산 가치가 높으면 운동, 식단, 삶의 균형, 능동적 생활 등의 다양한 건강 습관이 더 긍정적으로 유지됐다. 연구팀은 대상자에게 신체적(정상 체력) 및 정신적 건강(스트레스 대처 및 기분 안정성), 사회적 건강(사회 기능 및 대인관계), 영적 건강(자원봉사 및 종교활동) 4가지를 질문했다. 질문 사항별 가중치 점수와 연간 소득으로 개인별 건강자산 가치를 산출했다. 그 결과, 건강자산 가치가 높으면 주관적 웰빙 지수는 약 4.3배 높고, 우울증 정도는 32% 낮았다. 또한 건강관리 역량은 1.7배, 건강 습관 유지는 최대 3.2배 높았다. 연구팀은 이번 연구에 대해 "건강자산 가치를 과학적으로 검증했다는 점에서 의미가 있다."라고 말했다.

건강자산은 삶의 균형과 능동적 생활 등 다양한 건강 습관에 영향을 주게 되어 자산을 모으고 증식하는 데도 중요한 역할을 하게 된다. 지금 당장은 관심이 없지만, '나중에 아프면' 알게 된다. '그때 건강을 위해 노력했더라면' 하고 후회하게 된다. 건강만큼 중요한 게 없지만 너무나 많은 사람이 등한시하고, 자기 몸을 소중히 여기는 것을 별로 좋아하지 않는다. 다른 것은 몰라도 체력만은 자신 있었지만, 이제는 계단만 올라가도 숨차서 놀라거나, 체력이 약해져 아이들과 놀아 주는 데도 힘에 부치거나, 팔에 근력이 부족해 턱걸이를 한 번도 올라가지 못하거나, 지하철에서 내린 후 계단으로 올라가는 것조차 힘들어서 꼭 에스컬레이터나 엘리베이터를 타거나, 일할 때도 금세 피곤해지면 몸은 이미 적신호를 보내고 있는 거다.

그런 작은 신호에 귀 기울이지 않고 조금 지나면 괜찮을 거라고, 원래 조금 아팠었다고 스스로 위로하면서 그냥 쉬면 낳을 거라고, 몸이 전하는 변화와 고충의 피드백을 무시한다. 건강이란 지금 당장은 알 수 없지만, 몸이 보내는 많은 신호를 건강을 증대하는 계기로 삼아야 시간이 흘러 "그때 그렇게 할걸!" 하면서 후회하지 않을 수 있다. 주변에 건강관리를 제대로 못 해서 나중에 고생하는 사람을 찾아보면 어렵지 않을 것이다.

건강자산은 아무리 예방하려 노력해도 유전력이나, 짜고 달게 먹는 생활 습관에서 발생하는 예상하지 못한 위험이 있을 수 있다. 이런 상황에 아무런 대비 없이 사고, 질병 같은 불가항력적 상황을 맞게 되면 그동안 열심히 저축한 목돈이 허무하게 사라질 수 있다. 보험이란 말만 들어도 '거부반응'을 보이거나, '건강하고 젊은데 그런 대비가 왜 필요해!'라는 생각이 들더라도 안전장치는 꼭 필요하다. 질병 및 재해에 대비한 '실손의료보험'이나, 우리 국민 3명 중 1명은 평생 한 번쯤 겪는다는 암은 젊고 건강할 때 가입해야 보험료가 저렴하고 보장 금액이 커진다. 예를 들면 ○○ 손해보험사의 경우 34세(남) 암 진단비 3천만 원(유사암 제외), 유사암 6백만 원, 20년 납기, 90세 보장의 경우 갱신형은 7천 원 중반, 비갱신형(해약 환급금 미지급형)은 3만 원이 조금 안 된다. 한 달에 커피 몇 잔 아끼면 적은 비용으로 위험을 전가할 수 있다. 위험을 대비하는 마인드 전환이 필요하다. 〈2023년 12월 기준〉

건강을 관리하는 습관과 별도로 자산 관리하는 좋은 습관이 필요하다. 첫째는 매월 예산 계획을 세워본다. 가능하면 매월 월별 수입과 지출 내역을 정리하고 다음 달 계획도 세워보면 효과적인 예산 관리를 할 수 있다. 급여가 통장으로 들어오는 날 기분도 한껏 내면서 계획을 세워도 좋고, 다른 날짜를 정해서 꾸준하게 계획을 세우고 실행해도 된다.

둘째는 매월 지출 내용을 확인하고 점검한다. 은행에 입행했을 때만 해도 가계부에 매일 꼼꼼히 기록하고 관리하는 사람들이 많았다. 그래서 연말이면 달력과 함께 가계부를 열심히 챙기던 손님들이 기억에 남는다. 매일 가계부를 쓰던 이유는 매일 내용을 기록하면 돈의 흐름과 통제력이 좋아지기 때문이다. 지금은 종이 가계부를 잘 활용하지 않는다고 하여 중요도가 떨어진 것은 아니다. 매일 지출된 내용을 확인해 보는 것은 돈 관리 또는 재무관리 습관에서 매우 중요한 역할을 한다.

셋째는 적정한 부채를 유지해야 한다. 부동산, 특히 주택구입 등 불가피한 경우를 제외하고는 부채와 멀리 떨어져야 한다. 또한 자신이 감당할 수 있고 통제가 가능한 부채를 유지해야 한다. 그동안 무리한 부채로 어려움을 겪는 사람들을 많이 보아왔는데, 두 가지 유형이 있었다. 한 유형은 고급 자동차, 사치품 등 소비성향과 관련이 있고, 대출이 점점 커지는 경향이 많았다. 다른 유형은 무리한 투자를 위한 과다한 대출을 받은 유형이었다. 자기 자금이 거의 없이 여기저기서 대출을 일으켜 부동산에 투자한 유형으로, 의외로 상당히 많다. 금리가 낮을 때는 견딜만하지만, 부동산 침체기나 금리 상승기에는 어려움과 고통을 많이 겪게 된다. 심지어는 대출이자를 내기 위해 추가 대출을 받는 사람도 있으므로 가능하면 감당할 수 있는 범위 내에서 적정한 대출을 유지해야 한다.

넷째는 세부적인 저축 계획을 수립하고 실행한다. 급여의 몇 ○%를 저축할 것인지, 재무설계에 따른 장·단기 상품 가입 등 저축 계획을 세워보고 점검해 보는 것도 매우 좋은 습관이다.

다섯째는 구체적인 투자 계획을 세운다. 시드머니로 모은 돈을 어디에, 어떻게 투자할 것인지 계획을 세우되 구체적이면서 실천이 가능한 목표여야 한다. 이때 자신의 투자성향과 이에 따른 투자 계획을 점검해야 한다.

여섯째는 소비성향을 점검하고 개선한다. 생활비 등 평소 소비성향을 파악하여 소비를 줄일 수 있는 가능한 부분을 찾아 개선한다. 특히 유의해야 할 것은 비용을 줄인 것에 만족하지 말고 줄어든 금액을 다시 저축으로 계획하는 것이 가장 좋다.

마지막으로 주기적으로 자산을 점검한다. 자산 관리에서 투자할 때는 수많은 체크와 확인을 하고, 막상 투자하고 나면 별 관심 없이 방치하는 행위를 가장 경계해야 한다. 자산은 가입하고 구매할 때와 마찬가지로 지속적인 관리를 통하여 자산 상황을 수시로 점검해야 한다.

2022년 한국은행, 금융감독원이 실시한 '전 국민 금융이해력 조사'에서 장기 재무 목표 설정(48점), 장기목표(37.7점) 등 재무관리 활동은 매우 취약한 것으로 나타나고 있다. 좋은 돈 관리 습관과 재무관리를 위한 원칙을 정하고 재무 상황을 점검하면서 장기 재무 목표를 설정 및 수정하는 습관을 들여야 한다.

인맥을 어떻게
잘 만들 수 있을까?

사람들과 인연을 잘 만들면 더 수월하게 경제적 자유나 부자가 되기 위한 기회를 만들 수 있다. 또한 투자한 이후에 발생하는 문제들에 대해서도 더욱 꼼꼼하고 탄탄하게 일 처리를 할 수 있는 인적 네트워크를 만들 수 있다. 서로 비슷한 생각과 함께 부자로 향하는 동료들이 있다면 중간중간 포기하고 싶을 때 서로 격려하면서 목표 달성에 한 걸음씩 더 나아 가는 힘이 되기도 한다.

'돈 되는 인맥을 만들기 위해서 가장 중요한 것은 뭘까?'
'도움이 될 것 같은 사람을 처음부터 선별적으로 관리하는

게 좋을까?'

아니면 '만나는 모든 사람을 소중히 여기는 인간관계가 중요할까?'

처음부터 나에게 귀인이 될 사람을 알아보는 것도 불가능하고, 얼마나 도움을 받을 수 있을지 알 수도 없다. 직장 생활 중에 하루에도 여러 명을 만나 명함을 주고받을 일도 있고, 그 중에는 여러 번 만나게 되는 사람도 있다. 처음부터 이 사람은 '나에게 도움이 될 거야!' 혹은 '도움이 안 될 거야!'라는 선입견을 버리고 인간관계를 돈독히 하는 것이 중요하다.

예전에 개인 서비스업에 종사하는 후배의 사무실을 방문한 적이 있었다. 책상 위에 언뜻 보아도 몇백 장은 되어 보이는 명함이 쌓여있었다. 그때 갑자기 궁금증이 발동되어 왜 명함을 책상 위에 쌓아 놓았냐고 물어보았다. 그랬더니 대답이 꼭 필요하다고 생각한 사람은 핸드폰에 저장해 놓고, 나머지는 혹시 필요하지 않을까 해서 책상 위에 모아 논다고 하였다. 정말 아날로그 방식이 아닐 수 없다. 인맥을 잘 관리하는 처음은 소중한 명함을 잘 관리하는 데서 시작되는 것이다. 나에게는 하찮게 느껴지는 명함이라도 명함의 주인에게는 아주 소중하다는 사실을 꼭 알아야 한다.

명함관리를 잘하려면 '리멤버' 앱을 추천한다. '리멤버' 앱이 나온 초창기부터 명함관리를 위해 사용해 왔는데, 매우 유용하게 잘 사용하고 있다. 일반적으로 명함을 받고 핸드폰에 직접 저장하는 사람은 기껏해야 이름과 핸드폰 번호 입력이 고작이고 주소, 이메일, 팩스 등은 나중에 찾아보려고 지나치는 경우가 많다. 명함관리 앱을 이용하여 관리하면 핸드폰과 팩스 번호, 직장 전화번호, 주소, 직급, 회사명 등 명함 그대로의 내용을 보관할 수 있다. 나중에 이름을 잊어버리더라도 회사, 주소 등 다양한 방식으로 검색해 찾을 수 있고, 방문할 일이 있으면 내비게이션도 바로 연결할 수도 있다. 또한 스마트폰에 연락처를 자동 저장하는 기능도 있다.

누군가의 이름을 기억하고 쉽게 불러준다면 매우 효과적인 인간관계를 만들고 유지할 수 있다. 이름은 상대방에게 모든 말 중에서 가장 달콤하고 중요한 말이며, 최고의 칭찬이기도 하다. 가끔 전화를 걸고 상대가 받는 태도를 보았을 때 내 핸드폰 저장 여부를 금방 알아차릴 수 있다. 상대방의 핸드폰이 저장되어 있으면 '대표님! 안녕하세요?', 'OOO 과장님! 안녕하세요?' 등 이름 또는 직책에 따른 친근감을 바로 표현한다. 하지만 상대방의 전화번호가 저장되어 있지 않으면 '여보세요?'라든가, 내가 누구라고 소개해도 '아 네, 안녕하세요?'라는 형식적이고 사무적인 대답임을 쉽게 느낄 수 있다. 심지어는 잠시 상대가 누구인지 확인하는 버퍼링 상태가 잠깐 이어지기도 한다. 이런 통화는 살짝 기분이 상할 때도 있고, 좋은 이미지가 생기지 않는다. 명함관리 '리멤버' 앱은 이런 문제를 한 번에 해결할 수 있고, 그 사람과의 인연을 더 소중하게 만들어 준다.

사람을 소중히 여기고 인연을 금맥으로 만드는 나만의 인맥 만들기를 해야 한다. 만약 재테크에 성공하기를 바란다면 관련된 많은 분야의 전문가들과 관계를 형성해야 한다. 그런 인맥의 시작은 전문가 한 명으로부터 시작되는 것이다. 처음부터 수많은 전문가를 한 번에 자신의 인맥으로 만들 수는 없다. 우선 한 명의 전문가를 알게 되고 친숙해지면 그 주변에 많은 전문가를 MGM 방식으로 소개받을 수 있다. MGM은 '멤버스 겟 멤버스(Members Get Members)'의 머리글자로 고객이 고객을 끌어온다는 뜻이다. 그렇게 조금씩 인맥을 넓힐 수 있다. 인맥의 확장은 상대를 소중히 여기는 마음과 진심으로 상대를 칭찬할 줄 알아야 한다. 상대에게 마음에서 우러나오는 진심이 담긴

솔직한 칭찬은 그 사람의 마음을 움직일 수 있는 매우 유용한 방법이다. 한 사람을 잘 대하면 그를 통해 또 다른 전문가와 만날 확률이 높아지게 된다.

금융기관의 전문가들에게 적극적으로 찾아가 다양한 재테크 방법을 배워야 한다. 처음부터 주위에 은행, 증권 등 금융과 관련된 인맥이 있는 것은 아니므로 스쳐 지나가는 사람을 소중히 여기면서 인맥이 될 수 있도록 노력해야 한다. 어떤 때는 한두 번 업무상 만나는 금융기관 직원이라 하더라도 단순히 아는 사람으로 끝날 수도 있지만, 금융상품에 해박한 지식을 갖고 있어서 도움을 받을 수도 있고, 그들 주변에는 항상 전문가가 있다는 사실을 잊지 않아야 한다. 인연은 커피 쿠폰 같은 작은 선물에서도 쉽게 만들어지는 때가 있다. 특히 주변 사람으로부터 이미 검증된 사람을 소개받게 되면 행운이다.

함께 투자에 관해 공부하는 동료들로부터 이미 검증된 금융 전문가를 소개받을 수도 있다. 이때는 투자가 부동산인 경우가 많으므로 대출전문가일 가능성이 높다. 누가 되었건 한 명의 전문가 주변에는 또 다른 전문가가 많아서 필요하면 소개받을 수 있다. 혼자서 모든 금융상품을 알기도 어렵지만, 최신의 트렌드나 변화를 따라가기는 더 어렵다. 금융기관 직원 중에서 친한 사람이 생기면 수시로 금융상품에 대한 조언을 들어보면 된다. 투자에 있어서는 추천 금융상품을 아는 것만으로도 선택에 있어서 상당한 도움이 된다.

부동산에 투자하려면 공인중개사를 잘 만나야 좋은 물건을 소개받을 수 있다. 부동산에 투자하려면 세무도 필요하고, 법률도 필요하고, 인테리어, 대출 등 다양한 인맥이 있어야 한다. 이런 네트워크가 없다면 부동산 중개업소나 부동산 커뮤니티에서 소개받을 수도 있다. 한 번 맺어진 인연은 잘 관리해야 한다. 누가 인연이 될지 몰라 만나는 사람을 소중히 해야 하지만, 인맥은 수가 아니라 질이 더 중요하다. 함께 일을 해보면 그 사람의 능력을 금방 알 수가 있다.

돈 되는 인맥에는 직장동료, 친구 등 투자 경험이 많은 사람이 도움이 된다. 투자는 경험에서 나오는 경우가 많다. 먼저 투자해 본 사람의 성공 이야기나 실패한 사례를 소중히 여길 줄 알아야 한다. 내가 실패할 수 있는 확률을 조금이라도 사전에 막아 줄 수 있고, 간접경험을 통해 실력을 향상시키는 아주 좋은 기회가 될 수 있다. 하지만 유의할 것은 친구나 동료는 과대 포장해서 말하는 경우가 있으므로 상대방의 말만 믿고 투자를 결정해서는 안 된다.

최근에는 오프라인 인맥도 소중하고 중요하지만, 온라인 인맥도 중요한 시대다. 유명한 전문가들은 SNS 등 온라인 소통을 하는 경우가 많다. 그들이 운영하는 유튜브, 블로그, 페이스북, 인스타그램 등에 적극 참여하여 소통할 수 있다. 정기 구독이나 이웃을 추가하면 좋은 정보를 빠르게 받아 볼 수도 있다. 온라인에서 소통하려면 댓글 등 적극적인 소통이 필요하다. 가끔 보면 눈팅, 즉, 인터넷상에서 게시판에 글을 쓰거나 다른 사람의 글에 댓글을 다는 행동은 하지 않고, 그냥 지켜보기만 하는 사람들이 있는데 인맥 관리에는 아무런 도움이 되지 않는다.

마지막으로 투자 모임 등 커뮤니티에 참여하여 인맥을 키울 수 있다. 수없이 많은 커뮤니티 중 자신의 투자 방향과 운영 방식 등을 확인한 이후에 가입해서 활동하면 좋다. 이미 오래된 커뮤니티에는 나름 전문가와 관련된 많은 정보가 있다. 하지만 친해지고 도움을 받을 수 있을지는 오로지 자신의 몫이다. 호기심이 많은 사람이 새로운 커뮤니티도 잘 찾아내고, 상대에게 호감을 느끼게도 해서 인맥도 잘 쌓게 된다.

항상 현장 전문가들의 최신 정보에 귀를 기울여야 한다. 전문가들은 나름대로 자신의 인맥과 인사이트를 가지고 있어서 새로운 정보나 트렌드를 읽고 받아들이는 습득력이 좋은 편이다. 또한 전문가로부터 배우기도 하지만, 스스로가 전문가가 되려고 노력해야 한다. 우리 사회는 서로 협력하는 시스템이 도움이 되고 더 오래 유지된다. 즉, 인맥 관리에서도 윈윈전략이 매우 소중하다.

매일 작은 실천을
성공으로 만들어라

새롭게 시작한 일을 중도 포기 없이 꾸준하게 진행하기는 매우 어렵다. '돈 되는 호기심'도 마찬가지다. 꾸준한 실천을 위해서 '목표를 가지고 있느냐 없느냐'는 매우 중요한 역할을 한다. 하지만 목표가 있다고 하더라도 너무 크고 멀게만 느껴진다면 이 역시 지속적인 실행을 유지하기는 쉽지 않다. 많은 일들이 처음에는 강력한 호기심을 끌어내는 데 성공했더라도 시간이 지나면서 관심은 점차 수그러들기 마련이다. 가장 큰 이유는 목표를 달성하고자 하는 동기와 동력이 점점 떨어지기 때문이다. 목표 달성이 가까워졌다고 느껴지면 강력한 동기가 생기고, 멀리 있다고 생각되면 동력이 약해지는 원리이다. 목표는 당연히 크고 원대하게 가져야 하겠지만, 중간중간 달성이 가능한 작은 목표들이 반드시 있어야 한다.

우선은 내가 달성하고자 하는 최종 목표가 있어야 한다. 작은 목표를 아무리 달성한다고 해도 가고자 하는 최종 목표가 없으면 결국 길을 잃게 된다. 즉, 우리가 어디로 갈지 명확한 방향만 있으면 그 길이 조금 어렵고 힘들더라도, 조금은 돌아서 가더라도, 때로는 잠시 길을 잃고 헤매더라도 다시 목표로 나아가기가 쉽다. 하지만 목표가 불명확하면 작은 흔들림에도 영향을 받게 된다.

다음은 이를 달성하기 위한 중간 목표들로 세분화하는 과정이 필요하다. 즉, 목표에 맞는 중, 단기적 전략이 필요하고, 세부적인 내용들이 정해지면 한 걸음 나아가기가 쉬워진다. 매일 무엇을 해야 할지, 뭘 해야 할지 모를 때가 가장 황당한 때다. 하지만 목표를 일, 월, 반기 목표 등으로 구분하면 해야 할 일이 명확해져서 쉽게 행동으로 나아갈 수 있다. 이를 점검하기 위해 'To do list'를 작성하면 스스로 점검하고 피드백을 할 수 있어 많은 도움이 된다. 매일 작더라도 달성하는 세부 목표는 '돈 되는 호기심'을 오랫동안 유지하고, 꾸준한 성공을 이룰 때마다 느끼는 뿌듯함으로 자신감도 증가하고 지치지 않는 원동력이 된다.

돈 되는 매일 작은 실천을 성공으로 붙드는 가장 좋은 기술에는 돈과 관련된 무엇인가를 만나려는 노력이 필요하다. 예를 들면 아침에 일어나 뉴스를 듣는 것을 즐겨한다면 30분 이상은 경제 뉴스를 들어야 한다. 경제 뉴스는 사람에 따라서 처음에 들을 때 무슨 내용인지 잘 모를 수도 있지만, 매일 듣다 보면 이해가 쉬워진다. 요즘 유선 TV에서는 경제 뉴스 등을 집중하여 보도하는 채널이 상당히 많다. 한 채널을 정해 놓고 매일 들으면 세계 경제가 돌아가는 분위기도 알게 되고, 미국 주식 시황 등 외국 시장의 흐름도 알게 된다. 그러다 보면 점점 다양한 경제 뉴스를 접하게 되고 다양한 지식과 능력이 쌓이게 된다.

이왕이면 컴퓨터나 스마트폰 인터넷 검색을 할 때도 반드시 경제나 금융 또는 부동산 뉴스는 반드시 체크하고 확인하는 습관이 필요하다. 네이버 포탈만 검색하더라도 네이버 부동산, 증권, 경제 뉴스를 모아서 볼 수 있다. 이처럼 의도적으로 많은 경제 뉴스를 접하다 보면 어느 순간 자신도 모르게 상당히 많은 경제 지식으로 무장하게 된다. 매일 보고 확인하는 습관이 생각보다 투자하는 시간은 적지만 경제의 흐름을 파악하여 자신만의 인사이트가 생기는 데 결정적 역할을 하게 된다. 그동안은 자신의 관심사와 흥미 위주로 인터넷 기사를 검색해서 보았더라도, 이제는 하루에 10분이라도 의도적으로 경제 뉴스를 살피는 시간을 가져야 한다,

경제 뉴스와는 별도로 매일 10분 이상 유튜브의 금융 상식이나 투자와 관련된 방송을 듣는 것도 많은 도움이 된다. 산책이나 출, 퇴근 시간 등을 활용하여 금융상품이나 부동산, 자기계발 등 궁금한 내용을 찾아서 반복적으로 듣는다. 이런 유튜브를 들을 때 몇 가지 주의 사항을 점검해야 한다. 우선 너무 오래된 정보인지 확인하여야 한다. 많은 정보는 시간이 지나면 가치가 떨어지거나 오히려 잘못된 정보일 수도 있고, 잘못된 정보를 활용하여 투자한다면 예상치 못한 낭패를 볼 수 있으므로 현시점에 맞는 정보인지 반드시 확인해야 한다. 유튜브에 올린 날짜를 확인하여 최근에 올린 정보를 중심으로 시청하면 좋다. 또한 검색한 내용 중 비슷한 내용의 여러 유튜브를 함께 들어보면 좋다. 듣다 보면 내용이 서로 다른 게 있는 것을 알게 되는데, 이때 그런 내용은 별도로 확인해야 한다. 유튜브는 대부분 1인 방송 채널로, 운영하는 사람에 따라서 편견이나 잘못

된 정보가 일반 책이나 전문화된 방송보다 많을 수 있다는 사실을 기억해야 한다.

매일 10분 이상 재테크 책을 보는 습관을 만드는 것도 중요하다. 투자의 기초를 튼튼히 만드는 데 책만큼이나 도움이 되는 것도 없다. 평소 책을 읽지 않던 사람이 처음 책을 읽으려 하면 5분도 집중하기가 쉽지 않다. 처음에는 한 번에 너무 집중하려 하지 말고 5분 읽고 쉬었다가 다시 5분을 읽어도 된다. 중요한 것은 책을 읽는다는 그 자체이다. 매일 5분만 책을 읽어도 한 달 정도 지나면 30분 이상은 읽을 수 있는 충분한 능력이 생긴다.

투자에 관심이 있거나 성공한 사람들과 매일 이야기를 할 수 있다면 그것 또한 돈 되는 작은 실천이다. 종잣돈 모으기, 재투자 강의, 금융상품 알아가기, 세제적격 상품 등 많은 돈 되는 호기심이 생길 때마다 그냥 지나치지 말고 유튜브, 네이버 검색, 독서 등 관심을 두고 찾아보고, 듣고, 읽는 등의 지식을 배우는 것만으로도 작은 성공을 하고 있고, 자신만의 투자의 근력을 성장시키게 된다.

2016년 블로그에 '작은 변화가 큰 변화를 만든다.'라는 Small Big이란 말을 처음 사용했다. 또한 일상생활에서 Small big의 효과를 무척 많이 경험했다. 처음 근력운동을 시작할 때 팔굽혀펴기를 20개 정도 했었지만, 매일 꾸준하게 20개를 하다 보니, 한 달이 지나서는 30개, 3개월이 지나서는 60개 그리고 1년이 지나서는 100개를 할 수 있었다. 꾸준함과 Small big의 효과이다. 경제 뉴스를 보는 것도, 재테크의 책을 보는 것도, 부동산의 흐름을 파악하는 것도 반복하면 습관이 된다.

경제와 부동산 뉴스를 보고 듣는 것을 넘어 투자를 위한 종잣돈 모으기는 부자가 되기 위한 첫걸음이다. 종잣돈을 모으는 기간이라도 열심히 금융이나 부동산의 흐름을 파악해야 나중에 투자하기 수월해진다. 목돈을 모으고 나서 그때 투자 방법을 고민하면 자신만의 투자처를 찾지 못하고 다른 사람의 귀동냥 또는 남들이 부동산에 투자할 때 따라 하는 미투(Me too) 투자를 하기 쉬운데, 그러면 최악의 투자가 될 수 있다. 작은 종잣돈도 소중하게 잘 굴리는 전략이 매우 중요하다.

'스노우볼 효과(Snowball Effect)'는 투자의 귀재 워렌 버핏이 초기 투자금은 적더라도 발생한 배당금과 수익을 재투자해서 더 큰 수익을 올린다는 복리 효과를 설명하면서 경제용어로 많이 사용되고 있다. 즉 처음에 작은 눈 뭉치라도 오랜 시간 굴리면 가속도가 붙어 어느새 엄청나게 큰 스노우볼이 되는 과정을 투자의 성공 비법으로 설명한 것이다. 이런 스노우볼 효과를 보려면 당연히 금융 및 투자에 대한 지식이 상당히 중요함을 알아야 한다.

사소하고 적지만 경제, 금융, 부동산 등 뉴스를 접하고 습득하여 지식을 확장하는 데 성공해야 한다. 돈 되는 매일 작은 성공을 한 자신에게 선물을 주고 칭찬을 아끼지 말아야 한다. 비싼 것은 아니더라도 선물을 주는 습관은 또 다른 좋은 습관을 만들게 되고, 더 큰 성공을 위한 밑거름이 된다. 우리가 매일 투자 공부를 하는 가장 큰 이유는 자신만의 투자 원칙을 만들기 위해서다. 돈 되는 호기심도 자기한테 잘 맞는 재테크를 찾아가는 과정이다. 재테크는 꾸준함이 필요할 뿐 일확천금은 없다. 매일의 돈 되는 작은 실천이 부자가 되거나, 경제적 자유를 갖게 되는 성공하는 습관을 만드는 지름길이다.

명확한 목표가
돈 되는 호기심을 강하게 한다

우리가 무엇인가 실행해서 달성하려면 가장 큰 원동력이 되는 것은 무엇일까? 새해가 되면 많은 사람이 산이나 바다로 가서 떠오르는 태양을 보며 새해 목표도 정하고 소원도 빌며 실천을 다짐한다. 한때 새해 첫날 블로그에 '버킷리스트'를 작성하고, 열 가지 정도는 제목을 오픈한 적이 있었다. 평상시보다 방문자 수가 항상 많았는데, 그 키워드는 '버킷리스트'였다. 새해 새로운 목표 설정에 관심이 많은 것을 명확하게 느끼는 순간이었다.

일단 목표가 생기면 행동하려는 의지가 강해진다. 내가 무엇을 해야 할지 모르는 것과 아는 것은 엄청난 차이가 있다. 매일 일어나 오늘 해야 할 일을 알고 있다면 바로 실행하거나, '어떻게 하면 더 잘할까?'를 고민하지만, 목표가 없다면 지금 해야 하는 급한 일에만 집중하게 된다. 김수현 작가의 《기분이 태도가 되지 말자》라는 책 내용 중에 다음과 같은 글을 읽은 적이 있는데, 항상 마음속에 담아 두고 일상이 지루해지면 한 번씩 떠올려 보고 있다.

'사람이 꿈이 생기고 목표가 생기다 보면 그 자체만으로도 얼굴에 생기가 돌고, 목표 의식이 뚜렷할수록 의욕이 상승해 적극적으로 노력하기 때문에 일상이 지루함에서 오는 우울감을 방지할 수 있으며, 하나하나 이루어 낼수록 성취감을 느껴 삶에 활력을 얻게 된다.'

목표가 생기고 뚜렷해질수록 마음을 한곳으로 집중하는 능력이 키워진다. 어설픈 목표는 잠시 마음의 위로는 될지 몰라도 행동으로 나가기 어렵고 꾸준한 진행은 더 힘들다. 돈 되는 호기심도 명확한 목표를 가지고 있다면 그동안 그냥 스치고 지나갔던 일에 강한 호기심을 느끼게 된다. 꿈이나 목표는 정답이 없다. 지금까지 알고 있는 지식의 한계 때문에 어떤 목표를 가질까 고민해도 명확한 답이 떠오르지 않는 경우도 많다. 그럴 때는 책이라는 도구를 활용하면 많은 도움이 된다. 지식이 쌓일수록 무엇인가 새로운 관심을 많이 갖게 되는 호기심을 통해서 새로운 목표가 만들어지기도 한다.

'명확한 목표는 어떤 것일까?'
'어떻게 하면 구체적인 목표를 가질 수 있을까?'

명확한 목표는 꾸준한 실천의 원동력이므로 흔들림 없는 목표가 중요하다. 우선 목표는 구체적이어야 한다. 추상적인 목표는 쉽게 추진력이 사라질 뿐만 아니라 지금의 나를 힘들게도 한다. '돈을 모아야 한다.'라는 강박관념에 적은 돈을 사용하는 일에도 망설이고, 어떤 일을 해도 즐겁지 못한 경우가 발생한다. 즉. 미래를 위해서 돈을 모아야겠다는 생각에 오늘 외식하러 나가거나, 배달시켜 먹고 싶어도 마음속의 부담감이 자신을 힘들게 한다. 먹어도 먹는 둥 마는 둥 오직 돈을 모아야 한다는 집념으로 현재의 즐거움을 느끼지 못하는 사람들을 간혹 보게 된다. 종잣돈을 모은다는 것은 모든 수입을 저축한다는 의미가 아니라 저축할 돈과 사용할 돈을 구분하는 데서 출발하는 것이다.

단계별 목표가 있어야 한다. 장기적인 목표만 있으면 막연함에 자신과 가족만 힘들다. 일단 궁극적인 목표가 설정되면 그 목표를 달성하기 위한 세부적인 단기와 중기 목표를 세워야 한다. 목표를 쪼개고 구체적일수록 실행 가능성은 높고, 성공 가능성도 커진다. 목표는 긴장감을 주는 수준이 적당하고 일상생활에 커다란 스트레스로 작용하면 수정 보완하면서 진행한다. 전체 목표가 설정되었다면 1년 후, 3년 후, 5년 후, 10년 후의 단계별 목표를 설정하고 실행하면서 자신의 상황에 맞게 조정할 수 있어야 한다.

목표는 실현 가능해야 한다. 아무리 원대하고 멋진 목표라 하더라도 이루지 못할 목표는 아무런 의미가 없다. 실현 불가능한 목표는 쉽게 포기하고 좌절감을 안겨줘서 자기 효능감을 상실시킨다. 자기 효능감이란 '자신이 어떤 일을 성공적으로 수행할 수 있는 능력이 있다고 믿는 기대와 신념'이다. 자기 효능감이 상실되면 오히려 지금의 일이나 업무에도 영향을 주고 스트레스로 연결된다. 목표는 매일 머릿속에 상상만 하지 말고 쉽게 접근할 수 있는 것부터 하나씩 실천하면 된다. 목표란 하루아침에 만들어지지도, 이루지도 못한다. 좋아하는 일을 찾아 공부하고 노력하면 관련된 하고 싶은 일들이 점점 많아지듯이,

목표는 생활의 활력소가 된다. 목표 하나가 생겼을 뿐인데 자신의 생활에 변화가 일어나고, 미래를 내다보는 능력도 생기고. 직장에서도 일과 목표가 연결되어 즐겁게 업무를 할 수 있다.

세부 목표는 달성 시간이 정해져야 한다. 달성 시간이 너무 멀면 사람들의 마음가짐은 여유 있고, 긴장감이 없으며, 쉽게 흐트러지기 마련이다. 개인적 성격에 따라서는 마감 시간이 다 되어서야 움직이는 사람들도 주변에서 꽤 많이 보았다. 목표를 수립할 때 달성되는 시간이 정해져 있으면 빠른 행동으로 이어지고, 작은 목표들이 달성되는 행복감, 즉 성취 만족을 느낄 수 있다. 이런 만족을 위해서 목표는 가능한 측정이 가능한 숫자이어야 한다. 즉, 매월 30만 원씩 3년간 저축하기, 2026년 12월 31일까지 종잣돈 5천만 원 모으기 등 결과를 명확히 알 수 있으면 좋다.

목표는 글이나 이미지로 갖고 있으면 현실이 될 가능성이 높다. 한 번 정해진 목표를 글로 적어 보면 상당한 도움이 된다. 단순히 '목표는 ○○이다.'라고 적기보다는 '목표는 얼마이고, 나는 이런 방법으로 달성해서, 이런 꿈을 달성하겠다.'라고 적으면 더 효과적이다. 마음속에 싹튼 목표가 말을 통해 명확한 형태를 갖추면 그것은 반드시 현실이 되어서 돌아온다. 글과 함께 목표를 달성한 내 모습 또는 부자가 된 모습을 이미지로 상상하는 것만으로도 목표 달성에 많은 도움이 된다.

명확한 목표가 생기면 '돈 되는 호기심'을 강하게 만든다. 우리의 마음속에는 성공할 수 있는 잠재력을 가지고 있다. 명확한 목표가 있으면 그동안 주변에서 일어난 많은 일에 '나는 아니야!'라고 말해왔더라도, 이제는 '나는 할 수 있어!'라고 말할 수 있게 된다. 내 인생은 내가 만들고 이루어 내는 것이다. 목표를 꿈꾸기만 해서는 안 되며, 타오르는 열망을 가져야 하고, 이룰 수 있다는 간절함이 있어야 한다. 내가 무엇을 원하는지를 결정하는 일이 성공의 첫걸음이 된다.

마음속에 미래를 바꾸려는 의지와 꿈꾸는 목표를 가지고 있는 한 누구라도 새롭게 자기 인생을 변화시킬 수 있다. 노력의 방향이 잘못되지 않도록 중간중간 점검해서 올바른 방향으로 나아가면 언젠가는 반드시 노력의 대가를 얻을 수 있다. 성공을 눈앞에 두고 중도에서 포기하지 않도록 페이스와 컨디션을 잘 조절하면서 가야 한다. 특히 서두르면 그르칠 확률이 높으므로 천천히 꾸준히 가야 한다. 원하는 목표 달성은 100m

달리기가 아니라 지구력이 요구되는 마라톤 경기와 같다.

자신의 참모습과 마주할 용기만 있으면 더 좋은 방향으로 목표를 조정하고 수정하면서 나아갈 수 있다. 어려운 일이 생기면 핑곗거리를 찾아 헤매거나, 변명으로 일관한다면 자신의 성장과 목표 달성에 이보다 더 큰 장애가 없다. 자신에 대한 단점이나 취약점과 마주할 용기가 필요하다. 성공은 믿는 사람에게만 찾아온다. 마음 한구석에 작게라도 실패를 생각한다면 그 사람에게는 틀림없이 '실패'가 찾아올 것이므로 '성공'한다는 믿음이 그 무엇보다 중요하다. 목표 달성 과정에서 부딪히는 어려움과 난관을 기회로 전환해야 성공에 두 발짝 다가갈 수 있다.

[포인트 2] 호기심 노트 (작성 예시)

⇨ 노트의 한 페이지를 반 접어서 왼쪽에는 호기심 내용, 오른쪽에는 실행 계획을 작성해도 됨.

호기심 내용	실행 계획
(일자) 2023. 11. 30.	궁금한 내용
(내용) ■ 경제 TV에서 채권에 관심을 가질 시기라는 뉴스 시청	▶ 채권과 금리는 관계는 어떠한가? ▶ 안전한 채권 투자가 가능할까? ▶ 소액 투자는 가능할까? ▶ 단기 투자는?
호기심 사유	**구체적 실천 내용**
■ 그동안 채권은 거액으로만 투자 가능하다고 생각하고 있었음. ■ 재테크 가능할지 여부 판단 필요 ■ ■	▶ 유튜브를 활용하여 전문지식 습득 ▶ 안전 채권에 대한 투자 경험 (국채 등) ▶ 우량 채권 판단 기준 탐색 ▶ 채권 투자하는 ○○○에게 노하우 확인하기 ▶

호기심 내용	실행 계획
(일자)	궁금한 내용
(내용) ■ ■ ■ ■	▶ ▶ ▶ ▶
호기심 사유	**구체적 실천 내용**
■ ■ ■ ■	▶ ▶ ▶ ▶

1. 나의 목표 설정하기
- ▶ 서울 ○○에 32평 아파트 소유하기
- ▶ 월세 300만 원 만들기
- ▶ 연금 부자 되기 (월 400만 원 이상)

2. 목표 실행 다짐 글
- ▶ 내 인생은 내가 만든다.
- ▶ 나는 반드시 해낼 것이다.
- ▶ 나는 환경에 지배당하지 않고 지배할 것이다.

3. 목표를 이룬 내 모습을 글로 써보기
- ▶ ex: 목표를 달성한 행복한 내 모습 상상하며 글로 써보기

4. 목표를 이룬 내 모습 이미지화하기(그림 또는 사진 등)

※ 목표를 달성하고 누리고 싶은 것들 (ex: 멋진 집, 스포츠카, ○○ 한 달 살기, 요트, 여행지 등)

제3장

돈 되는 호기심은
실행으로
완성된다

스마트폰 금융 시대,
의지가 중요한 시대다

스마트폰 하나면 요즘 하지 못하는 금융이 거의 없는 시대이다. 94년 은행에 처음 입행했을 때만 해도 은행 내 온라인 전산화가 실현된 지 10년도 안 되었고, 처음 발령받은 안암동지점은 55명의 직원이 근무하고 있었다. 지금은 IT기술 발전에 따라 한 영업점의 직원이 10명 조금 넘는 수준이다. 90년 중반, 처음 산 컴퓨터가 인텔에서 만든 제5세대 마이크로프로세서라는 의미의 펜티엄이었고, 90년 후반 초고속 인터넷서비스가 시작되었으며, 이제는 스마트폰으로 거의 모든 업무를 처리하는 시대를 넘어 AI폰 시대로 가고 있다.

스마트폰 금융의 시대는 은행에 갈 일이 없고 스스로 선택과 결정을 하는 시대로의 변화를 의미한다. 또한 케이뱅크, 카카오뱅크, 토스뱅크 등 인터넷 은행의 출현은 급속하게 비대면 금융을 활성화했을 뿐만 아니라 팬데믹 코로나19는 금융 외 다른 모든 부문에서도 온라인 시장을 뜨겁게 만들고 가속화로 모든 일상생활에 영향을 주었다.

언제부터인가 은행에 근무하면서도 은행 창구를 이용해 본적이 없다. 본부에 10년 이상 근무하면서도 업무를 보기 위해 은행 창구를 방문한 기억이 거의 없다. 그만큼 모바일 시대가 발전했기 때문에 스스로 알아서 처리한 결과이다. 이런 스마트폰 금융 시대에는 아무도 옥죄어 주지 않으며 가입도 쉽고, 해약도 쉬운 시대가 되었다. 뚜렷한 목표가 없는 사람은 상품에 가입할 확률이 낮으며, 의지가 약한 사람은 중도 해약하거나, 포기하기가 너무 쉬운 환경이 되었다. 이제는 가까이 있는 누군가가 옆에서 격려하고 칭찬하여 더 잘할 수 있도록 서로 격려하는 문화와 의지가 중요한 때이다.

스마트폰 금융의 시대는 다양한 금융상품이 넘쳐나고 선택의 폭이 넓어졌다. 예전에는 예·적금 금융상품에 신규 가입하려면 반드시 은행 창구를 방문해야 하는 때도 있었고, 예·적금은 온라인에서 가입하더라도 펀드 등 투자상품 가입을 위해서는 방문이 필요했다. 이때는 직원이 권유하는 금융상품 중 하나를 선택하기는 했지만, 정보의 비대칭성으로 인해 타 금융기관의 상품과 비교하기는 어려웠다. 하지만 스마트폰 금융의 발전은 한 번에 금리, 상품의 비교가 쉬워지고, 특별한 몇 가지 상품을 제외하고는 대부분 온라인으로 상품에 가입할 수 있다. 예전에는 인터넷과 모바일 뱅킹보다 은행에 방문하려는 사람이 70~80% 이상 되었지만, 지금은 20~30% 수준도 안 된다.

금융에 대한 지식과 지혜가 어느 때보다 중요한 시대이다. 스마트폰 금융의 발전은 누군가와 상담을 주고받기보다는 스스로 검색해서 선택하고 결정하는 시대로 바꾸었다. 금융상품에 대한 정보 접근도 쉽고, 정보의 양이 넘쳐나더라도 자신에게 맞는 금융상품을 선택하는 능력이 있어야 한다. 때로는 정보의 홍수가 오히려 선택을 어렵게 할 때도 있다. 많은 사람이 어려워하는 것 중 하나는 스스로 알아서 선택하고 결정하는 것이다. 선택이 어려워 상품 가입 결정을 못 하면 시간만 흘러가 착실하게 돈을 모을 수 있는 타이밍마저 잃어버릴 수 있다.

어떤 금융 지식이 필요할까? 단순히 통장에 입출금하거나, 신용카드를 사용하고 결제하는 수준으로는 상당히 부족하다. 물론 예금자 보호 상품과 은행 예·적금만을 고집하여 거래한다면 이자와 복리이자 개념만 명확히 알아도 부족함이 없을 수 있다. 하지만 이제는 단순히 이자나 복리이자의 구분은 기본이고, 손실과 리스크에 대한 개념을 정확히 이해하고 상품을 선택할 수 있어야 한다. 지금은 미국 금리와 국내 금리 모두 과거 몇 년 전보다는 높은 편이지만, 금리는 언제 변할지 모른다. 다시 저금리 상태가 된다면 예금이자로는 인플레이션조차 감당하기 어려울 수도 있다. 시대의 변화에 따라 다양한 상품에 대한 이해도가 점점 더 중요하다.

금융에 대한 지식은 이자 외에도 스스로 얼마나 손실을 감내할 수 있는지 알아야 한다. 또한 예금자 보호 상품 및 금액, 원금과 이자가 확정된 상품, 원금 보존 추구형 상품, 간접투자 상품 등 차이점을 알고 가입을 결정할 수 있어야 한다. 모든 상품은 가입 시 자신의 성향과 상품을 정확하고 꼼꼼하게 하는 습관이 중요하다. 스마트폰 금융의 시대는 막연히 '어떻게 되겠지.'라는 생각은 매우 위험하므로, 어떤 상품이 좋은지 검색하고 선택할 수 있는 능력을 키워서 선택의 폭을 넓혀야 한다. 원리금이 보장되지 않는 상품 등은 은행, 증권 등 방문 시 직원의 권유로 가입하는 경우가 많다. 직원의 권유 또는 추천 상품을 듣고, 위험 요인 등을 충분히 이해한 후 자신에게 적합한 의사결정을 하고 행동으로 옮겨야 한다.

어떤 상품에 가입했느냐에 따라 그 성과도 다른 결과를 낳는다. 예전에는 단순히 금리만을 비교하여 예·적금에 가입하는 경우가 대부분이었지만, 지금은 상품을 선택해야 하는 폭이 상당히 넓어졌다. 은행의 예·적금 외에도 채권, 주식, 펀드, ETF, ELS, ELF, ELT 등 투자 상품도 다양하고 직접 투자하는 방식도 가능하여, 재테크를 위해서는 예전의 상품과는 비교하기 어려울 정도로 복잡하고 다양하다. 이런 다양한 투자 상품을 알려면 계속해서 새로운 금융상품에 대해 배우는 것을 게을리하지 않아야 한다.

아쉽게도 다른 일에는 관심을 두고 열심히 배우지만, 금융은 등한시하고 체계적으로 배우지도 못한다. 하지만 인생에서 돈을 잘 모으고 부풀려 나가는 것은 매우 중요한 일이다. 돈을 잘 모으기 위해서는 금융상품 공부에 노력과 시간 투자가 필요하다. 누구도 강제로 저축이 필요하다고 권하지 않고, 좋은 상품이라고 말해 주는 일도 드물고, 스스로 알아서 해결해야 하는 시대에 살고 있다.

스마트폰 금융의 시대는 시간과 공간에 구애받지 않는다. 예전에는 일부러 시간을 내서 은행을 방문해야 업무처리가 가능한 일이 많았다. 하지만 지금은 언제 어디서든지 마음만 먹으면 금융 업무를 할 수 있다. 예금, 적금, 펀드(업무시간 외에는 예약) 등 원하는 많은 상품에 가입할 수 있다. 원하기만 하면 은행 간 예금 및 대출 금리 비교도 가능하고, 특히 모바일이 가능한 대출의 경우 신청, 접수, 대출 약정까지 모두 온라인으로 가능하다. 하지만 스마트폰 금융의 시대는 금융권 직원과 친해지기 힘든 환경으로 바뀌어서 자신만의 금융 노하우가 절대적으로 필요하다. 즉, 돈 되는 부분에 더 많은 관심을 가져야 하는 시대이고, 의지가 편리함을 이겨야 하는 시대이다.

이런 다양한 금융상품의 비교를 위해서 금융감독원은 금융상품을 통합 비교하는 '금융상품 한눈에' 통합 시스템을 운영하고 있다. 네이버, 구글 등 검색창에 '금융상품 한눈에'를 입력하고 검색하면 클릭 한 번으로 통합 사이트에 접속할 수 있다. 조건에 맞는 금융상품을 조회할 수 있는데, 저축 상품과 대출 상품 검색이 모두 가능하다. 또한 8개 카드사가 직접 주력 상품으로 선정한 알짜 상품(신용카드 3개, 체크카드 3개)이 게시되어 있으며, 연금·보험 상품 검색도 가능하다. 상품 내용을 간단히 알고 비교하고 싶으면 이를 적극 활용해도 된다.

　　최근에는 '내돈내관', 즉 '내 돈은 내가 관리하는' 10대가 점점 늘고 있다. 스마트폰과 금융사 앱 또는 '핀테크'를 활용해 많은 어린이와 청소년들이 성인처럼 돈을 받고, 모으고, 쓰고, 부친다. 스마트폰의 출현으로 어릴 때부터 앱을 장난감처럼 갖고 놀고 활용할 수 있는 시대로 바뀌었다. 황금돼지 또는 붉은 돼지 저금통에 지폐와 동전을 모으고, 종이 용돈 기입장에 수입과 지출을 꼼꼼히 기록하는 시대는 이제 추억의 길로 사라졌다. 또한 어릴 때는 현금으로 용돈을 사용하지만, 체크카드를 만들 수 있는 나이가 되면 카드 사용을 더 선호한다. 돈을 모으고 사용하는 새로운 금융 습관이 만들어지고 있다.

　　스마트폰에 집중된 금융거래는 개인 정보 유출을 조심해야 한다. 평소 '나는 괜찮겠지.'라는 생각을 버리고 항상 조심해서 나쁠 게 없다. 주기적인 비밀번호 변경, 비밀번호 자동 저장 금지, 신뢰할 수 없는 사이트와 악성 스팸메일을 호기심으로 열어보지 않도록 하여 정보의 누출을 사전에 차단해야 한다. 한 번 정보가 누출되면 피해도 커질 뿐만 아니라 회복하기 힘든 상처를 받을 수도 있다.

요즘에는 보이스피싱이 점점 기상천외한 방법과 수단으로 금전 사기를 치고 있다. 순간의 실수로 스마트폰에 악성 앱이 설치되고 전혀 눈치채지도 못한 사이에 개인 정보가 유출되는 경우를 종종 보게 된다. 스마트폰마다 조금씩 다르지만, 개인 정보 보호나 안심 통화 등 여러 종류의 개인 보호 장치가 있으니 이를 활용해도 된다. 내 정보가 소중하게, 귀하게 다루어지도록 항상 유의해야 한다.

스마트폰 금융의 시대는 지혜와 의지만 있다면 금융을 관리하기에 더할 나위 없이 편한 세상이다. 금융을 아는 것이 경제적 자유를 위한 시작이므로, 다양한 정보와 새로운 금융상품을 익혀 새로운 금융 시대에 알맞은 초석을 만들어야 한다.

돈 되는 호기심도
가꾸어야 성장한다

　돈 되는 호기심이 생기면 관심을 두고, 지식을 넓히고, 작은 성공이라는 실행을 거치며 성장시켜야 한다. 이런 성장 과정은 가정에서 기르는 반려 식물의 성장 과정과도 비슷하다. 집에서 흔히 기르는 반려 식물들은 작은 화분이나 씨앗을 가져와 물을 주고, 적당한 햇빛에 노출되고, 공기가 잘 통하는 환경에 영향을 받으면서 자란다. 특히 어린 식물은 초기의 낯선 환경에 익숙하지 않아 더욱 세밀한 관심을 두어야 한다. 돈과 관련된 호기심을 크게 성장시키려면, 처음에 생긴 작은 관심을 진심으로 아끼고 소중히 다루어 자신의 낯선 환경에서 잘 자라고 성장해서 습관이 되도록 하는 노력이 필요하다.

식물이 성장하는 데 가장 중요한 요소는 물, 햇빛, 통풍이지만, 돈 되는 호기심이 성장하려면 관심, 목표, 실행의 3박자가 꼭 필요하다. 호기심으로 촉발된 관심은 목표가 분명해야 행동이 쉬워지며, 행동의 결과가 좋으면 목표 달성뿐만 아니라 또 다른 돈 되는 호기심이 촉발된다. 작은 나무에 새싹이 돋고 큰 나무로 성장하여 무리를 이루면 숲이 되듯이, 돈 되는 호기심도 새로운 관심, 지식 습득, 작은 성공이라는 순환 사이클이 잘 유지되면서 튼튼한 내공을 쌓아야 중도에 포기하지 않고 끝까지 추진할 수 있는 인내력이 생겨서 목표를 달성할 수 있게 된다.

돈 되는 호기심은 한두 번의 관심으로 부자가 되거나 경제적 자유를 얻는 것은 불가능하다. 호기심이 꾸준히 성장하려면 가장 먼저 목표가 명확해야 한다. 목표가 있으면 더 큰 비전으로 방향성을 찾을 수 있으며, 더 많은 동기부여를 얻게 된다. 목표를 이룬 내 모습 이미지화하기(포인트 3)에서 기록한 목표를 가끔 되새겨서 조정하고 수정하며 목표 달성을 위해 나가야 한다. 목표가 분명하면 가끔은 돌아서 갈 수도 있겠지만, 결국 목적지까지 갈 수 있는 인생의 내비게이션이 된다. 하지만 명확한 목표가 없으면 성장시켜야 할 호기심도 없고, 쉽게 포기하거나 중도에 그만두게 될 확률이 점점 높아진다.

목표 달성을 위한 세부 계획을 잘 준비해서 실행으로 성장시켜야 한다. 막연한 생각보다는 구체적이고 세부적인 액션플랜이 행동을 한결 가볍게 한다. 만약 실행하지 않는다면 목표는 아무런 의미가 없다. 실행하면서 시행착오도 경험하게 되고, 예상하지 못한 어려움도 발생하게 된다. '어려움과 실패'의 경험 자산도 축적되면 더 큰 성장의 기반이 된다. 처음부터 완벽한 계획은 없으므로 세부 계획들은 실행하면서 수시로 조정하는 절차를 거쳐야 한다. 시간이 바뀌고, 상황과 환경이 변하면 처음 세운 계획대로 진행하기 어려운 경우가 많이 발생한다.

작더라도 하나씩 실행하다 보면 평범한 소망을 점점 큰 소망으로 바꾸어 주기도 한다. 예를 들어, 5백만 원 모으기에 성공했다면 천만 원 모으기도 쉽다는 생각이 들고, 5천만 원도 모을 수 있다는 자신감이 든다. 돈 되는 호기심이란 새싹을 어떻게 가꾸는지에 따라 성장하는 속도나 크기가 달라진다. 목표가 분명하고 노력하는 사람은 자신이 원하는 미래를 만들 수 있다. 미래의 변화된 내가 되기 위해서는 지금의 내가 무엇을 해야 하는지가 가장 중요하다.

어려움이 생길 때마다 목표를 이룬 자신의 이미지화된 모습을 떠올리면 많은 도움이 된다. 사람은 망각의 동물이자, 처음으로 돌아가려는 회복 탄력성이 높아 결심한 마음이 작심삼일에 그칠 확률도 높다. 의지가 충만하고 완벽한 계획을 세웠더라도 꾸준함은 쉽지 않다. 처음에 너무 강한 변화는 오히려 독이 될 때가 있으므로 작게 시작해서 점점 크게 가는 방향이 더 도움이 된다. 처음 투자 공부를 하는 사람이나, 투자에 나서는 사람들은 조급함이 상당히 많다. '왜 이제 알았을까?', '너무 늦은 것은 아닐까?' 하는 이런 마음이 자신이 할 수 있는 역량을 초과한 목표 설정을 하게 만든다. 무리한 목표와 조급함이 쉽게 포기하거나 잘못된 투자로 연결되어 회복 불가능한 마음의 상처가 되기도 한다. 종잣돈을 모으고 부자가 되려면 상당한 준비기간과 실행기간이 필요하다. 투자의 열기가 금방 불타올랐다가 꺼지면 오래가지 못하므로 꾸준한 인내가 생명이다.

서두르면 일을 그르친다. 부동산에 투자하며 1년 안에 투자를 마치고 편히 살고 싶다고 서두르는 사람들을 가끔 보아왔다. 심지어는 한 달에 1건 이상의 부동산을 계약하면서 단기에 집중적 매입을 하는 사람들도 가끔 보았다. 이런 투자자는 대부분 초기자금이 10%, 많아야 20% 정도로 들어가는 분양권(지식산업센터, 오피스텔 등) 투자가 많다. 처음에는 등기 전에 가격이 많이 오르면 프리미엄만 받고 넘길 생각으로 여기저기 단기 투자를 많이 한다. 하지만 큰 이익을 얻을 수 있는 부동산 투자를 1년에 몇 개씩 한다는 게 쉬운 일이 아니다. 서두르다 보면 놓치는 부분이 있거나, 판단이 흐려져서 잘못된 투자를 할 확률도 같이 높아진다. 어린 새싹에 무리하여 상처가 생기면 성장하기도 전에 병들거나 죽는다. 단기 투자도 예상하지 못한 환경 변화에 힘들어하고 후회하는 모습을 많이 보아왔다.

초심을 잃지 않고 꾸준한 노력이 필요하다. 처음일수록 아끼고 소중하게 다루어서 성장시켜야 한다. 초심을 유지하고 목표를 달성하려면 새로운 지식을 습득하고 배우면서 함께 성장해야 한다. 이미지화된 목표가 자신의 마음에 자리 잡고 있으면 꾸준함이 생기고 금방 지치지도 않는다. 또한 가끔 영양분을 주듯, 작은 성공에도 자신에게 작은 선물을 주며 격려와 용기를 북돋아 주는 것이 많은 도움이 된다. 목표나 자신의 꿈을 적은 노트는 어려운 순간마다 최선을 다할 수 있도록 이끌어 주는 이정표가 된다.

돈 되는 호기심을 성장시키려면 실패를 받아들이는 태도가 중요하다. 실패는 새로운 배움의 기회가 될 수 있으며, 실패를 통해 더 나은 방향으로 나아갈 수 있다. 하지만 같은 실수를 반복해서는 안 되고, 특히 다른 사람의 실패 사례를 살펴보는 것도 잊지 않아야 한다. 타인의 실패 사례가 자신의 실패 사례가 되지 않도록 항상 유념해서 투자 분석 시 활용해야 한다. 모든 일을 직접 경험할 수도 없고, 투자에서 한 번 실패는 상황에 따라 최악의 상황으로 발전되기도 한다.

요즘은 링크의 시대다. 어떤 돈과 관련된 작은 성공이나 관심이 넘쳐난다면 주변에 있는 또 다른 관심 가는 부분이 저절로 생겨나기 마련이다. 주변의 링크를 타고 투자에 성공하려면 작은 성공이 필수 조건이다. 작더라도 성공을 맛보아야 그다음으로 나가는 디딤돌 역할을 할 수 있기 때문이다. 주변에 목표나 꿈이 비슷한 사람과 어울리면 공통된 주제로 함께 이야기하고, 격려하고 칭찬하는 사람으로부터 용기를 받을 수 있으므로 함께하면 좋다.

자신의 목표와 관련된 다른 사람의 성공 사례를 분석하고 응용해야 목표에 한 걸음 더 가까이 갈 수 있다. 그들은 어떻게 목표를 달성했는지 과정을 참고하여 자신의 목표 달성 계획을 보완하거나 수정하여야 한다. 또한 목표 달성 과정에서 부딪히는 어려움이나 실패를 격려와 동기부여로 받아들여 성장을 도모하는 태도를 가지는 것이 중요하다.

이왕 돈을 모을 거면 즐기면서 모으는 게 최선이다. 미래를 위해, 노후를 위해 어차피 하기로 마음먹었으면서도 불평불만을 갖고 투덜대는 사람들을 간혹 보게 된다. 부정적 태도는 결코 좋은 결과를 만들지 못한다. 입 밖으로 나오는 부정적인 기운이 긍정에너지를 압도하면 쉽게 될 일도 어려움을 겪게 된다. '벌써 백만 원 모았네!', '벌써 오백만 원 모았어!', '충분히 할 수 있겠어!'라는 긍정의 힘을 가지려고 노력해야 한다. 목표를 성장시키고 키우기 위해서는 긍정적인 태도와 생각을 가지고, 자신의 가능성을 믿으며, 자신에게 도전할 용기를 주어야 한다.

누구나 처음 부동산 투자는
어렵고 힘들다

누구나 부동산에 투자한다는 것은 쉬운 일이 아니다. 그것도 처음에는 더욱 그렇다. 부동산에 관심을 두고 열심히 투자 공부를 하다가도 결국 포기하는 사람들이 많다. 그만큼 부동산 투자는 마지막 결심하기가 어렵다. 첫 부동산 투자를 할 경우, 거주하기 위해 아파트를 분양받거나 매매하는 것은 돈만 있다면 다른 부동산에 비해서는 선택하기 쉬운 편이다. 또한 무주택자는 당연히 첫 번째 부동산은 아파트가 되어야 한다고 생각한다. 하지만 수익형 부동산 등 기타 부동산에 대한 투자는 아파트 투자와 달리 많은 고민이 생기고, 아파트 투자에서 다른 부동산 투자로 옮겨 갈 때도 마찬가지다. 각기 다른 부동산에 똑같은 방식으로 투자하다 보면 실패할 확률도 높아진다.

부동산의 종류 중에는 주거와 관련이 있는 아파트, 빌라, 단독주택, 주거용 오피스텔 등이 있다. 또한 일반적으로 말하는 수익형 부동산의 대표 부동산은 상가이다. 상가 외에도 사무실, 지식산업센터, 사무실용 오피스텔 등이 있다. 이렇게 부동산의 종류에 따라 투자할 때는 공통점도 있지만 다른 점이 더 많다. 그동안 투자하기 위해서 공부한 부동산과 다른 부동산 투자를 하는 사람들을 보았는데, 그 끝이 좋은 편은 아니었다. 예를 들면 지식산업센터에 투자하다가 준비 없이 상가에 투자하는 경우이다.

2018년 2월 초, 오랜 본부 생활을 끝으로 성동구에 소재한 지점에 지점장으로 발령받아 가게 되었다. 본부에서 9년 이상 근무하다가 새로운 영업환경을 맞으니 익숙하지 않았다. 또한 발령받은 지점은 아파트 단지 내에 있었고, 영업은 원거리가 많았다. 그때 처음으로 지식산업센터를 접하게 되었다. 지식산업센터는 2008년까지는 '아파트형 공장'으로 불리다가 2009년 법률 개정으로 지식산업센터라는 이름으로 바뀌었다. 쉬운 의미로 도심지역에서 중소기업이나 중견기업 공장과 사무실이 입주해 있는 아파트형 건물을 말한다. 오피스(사무실) 빌딩은 내부에 생산시설을 설치할 수 없지만, 지식산업센터는 생산시설을 설치할 수 있다는 기본적인 차이가 있다.

안양의 평촌에도 거래처 부동산 중개업소가 있어 자주 가게 되었고, 인근 부동산 중개업소에도 들러 영업을 많이 했다. 안양은 지식산업센터가 밀집된 곳이면서 예전부터 탄탄한 배후가 있는 곳이다. 한 부동산 중개업소로부터 괜찮은 물건이 매물로 나왔다며 물건 하나를 추천받았다. 평소 같으면 그냥 '돈 없어요!'하고 지나쳤을 텐데, 이번에는 관심이 가기 시작했다. 이유는 간단했다. 직장 퇴사 후 은퇴에 대해 고민하던 시기였기 때문이다. 이대로 은퇴한다면 퇴직금과 강북의 집 한 채뿐인데, 노후 설계가 엉망이 되는 것은 분명한 사실임을 알고 있었다.

권유 물건을 소개하고 나서 매매 의사가 없으면 계속 새로운 매수자를 찾기 때문에, 마냥 시간을 끌지는 못하므로 바로 구매에 대한 고민이 시작되었다. 이 지식산업센터는 안양의 평촌에 대장주(인근 지식산업센터 중 으뜸)이기도 하고, 35층 중 34층 코너이면서 해 뜨는 날은 서울 강남의 롯데타워도 보인다고 하니 충분한 매력이 있었다. 매물 예정인 사무실을 방문해 보니 코너이고 높아서 그런지 시원시원하고, 부동산 인근 주변을 살펴보아도 괜찮아 보였다. 은행에 다니면서 대출 심사를 위해 많은 감정을 해보았어도 막상 내 부동산을 구입하려고 할 때면 적절한 투자인지 고민이 시작되어 쉽게 결정하지 못했다. 주말에 배우자와 함께 다시 한번 현장을 방문하고 나서야 구입을 확정했다.

이렇듯 부동산 투자는 결정하기부터가 힘이 든다. 부동산에 대한 안목이 있고, 확신이 있으면 결정이 빠르겠지만 쉬운일은 아니다. 막상 사려고 하면 긍정적 요인보다 부정적 요인이더 강하게 떠오른다. '혹시 투자하다가 잘못되면 어쩌나?', '부동산 시세가 떨어져 원금 손해를 보면 어쩌나?', '나중에 팔려고 하면 잘 팔릴까?' 하는 걱정이 계속 마음속을 맴돈다. 그러나 처음이 없으면 두 번째, 세 번째 경험도 없으므로, 투자의첫 경험은 자신에게 엄청난 경험 자산이 된다.

투자 결정을 하고 나니, 투입되어야 하는 돈에 대한 걱정이시작되었다. 부동산 투자는 목돈이 들어가야 하지만, 지식산업센터의 최대 장점은 80% 이상의 대출이 가능하다는 것이다. 하지만 대출을 이용하더라도 매매 금액에 따라서 목돈이 상당히 들어가게 되는데, 그동안 종잣돈으로 모았던 돈들이 많은 도움이 되었다. 우선 조금씩 쪼개서 들었던 적금과 아이들의 용돈을 모아 두었던 것, 그리고 장기적으로 저축했던 10년 이상 저축성 보험들이 부동산을 구입할 때 결정적 역할을 했다.

일반적으로 부동산을 매매할 때는 매매 금액 외에도 많은 돈이 필요하다. 세금(취득세, 등록세 등), 부동산 소개비, 법무사 비용, 건물 부가세(나중에 환급받음) 등 초보 부동산 투자자에게는 예상하지 않았던 돈들이 많이 들어간다. 가끔 이런 부분을 고려하지 않아 힘들어하는 투자자를 보기도 한다.

■ 첫 부동산 투자 자금 조달 내용(안양시 오비즈타워)

(단위 : 백만 원)

총비용			총조달		
구분	금액	비고	구분	금액	비고
매매 금액	440.0		대출	350	80%
건물 부가세	33.2	1개월 후 환급	보증금	21	본건 임차 금액
취, 등록세	19.4		예금	25	
중개수수료	4.4	부가세 포함	적금	18	종잣돈
기타	5.0	법무사/채권할인 등	저축성 보험	48	종잣돈(3계좌)
			용돈 등	29	종잣돈
			마이너스 통장	11	부가가치세 환급정산
소계	502		소계	502	

※ 현재 : 대출은 모두 상환

부동산을 매매하다 보면 여러 우여곡절이 생긴다. 본건의 부동산을 매수하기로 하고 부동산 중개업소 소개로 X 은행 부지점장을 소개받았다. 최초 대출 상담을 진행했었는데, 잔금일 10일 전까지 전혀 연락이 없었다. 어떻게 된 것인지 부동산 중개업소를 통해서 확인하니 이런저런 이야기를 전해주는데, 은행 직원의 책임회피에 급급한 말뿐이었다. 그때 화가 나서 운전하다가 차를 세우고 은행직원과 30분 이상 통화했던 기억이 난다. 다행히도 부동산 중개업소에서 매도자, 매수자, 그리고 은행 직원을 모두 알고 있어 잔금일을 며칠 뒤로 미룰 수 있었다. 결국 2년 후 J 은행으로 대출을 이전했고, 지금은 대출을 모두 상환했다. 이런 경험들도 나중에 대출을 상담할 때 많은 도움을 준다.

이렇게 첫 번째 수익형 부동산을 사게 되었고 처음으로 월급 외 월세 수입이 생겼다. 그 당시 대출이자를 제외하더라도 월 1백만 원의 수익이 발생했고 사업자등록증을 내고 세금계산서를 발행하는 방법도 알게 되었다. 또 반기마다 부가가치세는 어떻게 신고하는지 알게 되었고, 이러한 경험은 은행 마케팅에서도 많은 도움이 되면서 지식산업센터 전반에 관한 전문가로서 성장할 수 있는 계기가 되었다. 다행히 부동산 가격도 많이 상승했다. 수익형 부동산이었지만 가치는 2배 가까이 상승했다가 지금은 약간 떨어지기는 했어도 금리가 내려가면 다시 회복할 수 있을 것이다.

첫 부동산을 계약하고 나면 자신감이 상승하는데, 이때를 주의해야 한다. 매매계약을 하면서 알게 된 사실이지만 "매도하는 분은 부동산 투자 경험이 많은 분이었다. 어느 정도 자신감이 충만하던 중 제주도로 여행을 갔다고 한다. 그곳에서 자신감이 넘쳐서 잘 모르는 분양형 호텔에 다른 사람의 의견 참조도 없이 단독으로 투자 결정을 하게 되었다. 하지만 예상과 다른 결과를 초래했다. 결국 어려움을 겪게 되었고, 뒷수습을 위한 자금을 마련하려고 알짜배기 부동산을 처분하기에 되었다."라고 했다.

초보운전일 경우 처음에는 매우 조심스럽게 운전하지만, 점차 운전에 자신감이 생길 때 사고가 나는 경우가 많은데, 부동산도 이와 다르지 않다. 자신감이 있건 없건 항상 신중하고 유의해야 한다. 한순간 잘못된 판단으로 입은 타격은 회복하기 어렵고, 경제적 타격은 물론 정신적 스트레스로 인해 정말 많이 힘들다. 부동산 투자도 다른 투자와 마찬가지로 초심을 잃어버리지 않는 게 중요하다. 초심을 잃고 투자하는 사람들을 간혹 보아왔는데, 거의 다 결과는 좋지 않은 편이었다.

돈은 인풋과 아웃풋이
명확해야 잘 모인다

만약 다음과 같은 일이 발생한다면 어떤 선택을 하실 것인지 생각해 보았으면 한다.

'사회생활 하다 보면 여러 모임에 가입하고 모임의 활성화를 위해 회비도 내게 된다. 그러다가 때로는 모임의 비활성화로 해산하거나, 모임 활동은 적지만 회비가 많이 적립되었을 때 적립금을 돌려받는 경우가 있다. 오늘 내 통장에 모임회비 백만 원을 돌려받았다면 어떻게 하실 건가요?'

마음속으로 평소 생각을 간단히 답해 보면 좋을 것이다. 최근 몇 년 사이에 이런 일이 두 번 있었다. 한 번은 적립금이 과다하게 적립되어 일부를 돌려받는 경우였고, 다른 한 번은 모임이 해체되면서 돌려받았다. 전자의 경우에는 은을 샀고, 두 번째는 배우자와 함께 금반지를 맞추었다. 공짜처럼 느껴지는 돈이 들어오면 생활비로 쓰거나, 친구와 술 한잔하거나, 맛난 외식을 즐길 수도 있지만, 소비성으로 사용하면 남는 게 없다. 원래 없었던 돈이므로 가치나 이익이 발생하는 곳에 투자하는 마인드가 있으면 돈에 대한 접근이 쉬워진다.

돈을 잘 저축하여 목적에 맞게 사용하려면 돈을 모으는 단계부터 저축하는 목적을 명확히 할 때 꾸준하게 모을 수 있다. 예를 들어, 5천만 원의 목돈을 모을 계획을 세울 때 종잣돈을 모아 부동산 경매를 이용해 아파트를 매입할 계획, 아니면 1천만 원을 모아서 주식투자의 밑천으로 사용할 계획 등 돈을 모으는 목적을 분명히 해야 한다는 뜻이다. 돈을 모으는 목적이 분명하다면 저축하는 과정에서 오는 수많은 유혹에서 벗어날 수 있고, 종잣돈을 모은 후에 이를 어떻게 사용할지 불분명하여, 중요하지 않지만 가장 급한 일에 사용하거나 사치성 물건 구매를 위해 사용하는 등 한순간에 사라지는 일은 없을 것이다.

종잣돈을 잘 모아 용도에 맞게 사용하려면 인풋과 아웃풋의 원칙을 잘 지켜야 한다. 간단한 원칙이지만 쉽게 지켜지지 않는 경우가 많다. 인풋(Input)이란 뇌 안에 정보를 '입력'하는 것을 말하고, 아웃풋(Output)이란 뇌 안에 들어온 정보를 처리하여 바깥으로 내보내는 '출력'을 의미한다. 즉 '읽기와 듣기'가 인풋이고 '말하기와 쓰기', '행동'은 아웃풋이다.

인풋이 많다고 무조건 좋은 결과를 만들어 내는 것은 아니다. 중요한 것은 인풋의 양이 아니라 아웃풋의 크기이다. 예를 들어, 책을 한 달에 1-2권 읽더라도 읽은 후 열심히 실행하는 사람과 한 달에 10권을 읽더라도 실행이 전혀 뒤따르지 않는 사람이 있다면 누가 더 빠르고, 크게 성장하여, 긍정적 결과를 만들어 낼 수 있을까? 아마 당연히 적게 읽더라도 실천하는 사람이라 대답할 것이다. 우리가 인풋을 하는 목적은 그 인풋을 통해 더 좋고 큰 결실을 얻고자 하기 때문이다. 돈 되는 호기심에 인풋과 아웃풋의 원칙을 적용한다면 돈을 모으는 과정은 인풋이고, 모은 돈을 투자하는 과정은 아웃풋이다. 즉, 열심히 종잣돈을 모아서 그 목적에 맞게 사용해야 좋은 결실을 얻을 수 있다는 의미이다.

그렇다고 인풋이 의미가 없거나 중요하지 않은 것은 아니다. 인풋이 없으면 아웃풋도 없고, 인풋의 내용에 따라서 아웃풋의 결과도 달라지는 매우 중요한 역할을 한다. 자신의 성장에 도움이 되는 책을 읽고 실천해야 지금과 다른 나를 만들 수 있기 때문이다. 인풋은 새로운 정보와 지식을 습득하여 '행동'이란 과정을 통해 '지금의 나'에게 변화를 꾀하려고 하는 것이다. 만약 인풋 후에도 아무런 변화가 일어나지 않는다면, 자기만족만 될 수 있을 뿐이므로 '새로운 나', '변화된 나'를 위해 다시 한 번 더 자신을 되돌아보는 계기로 삼는 게 좋다. 돈을 모으는 과정도 책을 읽는 경우와 유사하다. 종잣돈을 모으기 시작할 때부터 올바른 사용 목적을 명확히 한다면 목돈이 만들어진 후에도 흔들림 없이 다음 단계 재테크를 진행하여 자산 부분에서도 더 크고, 성장한 나를 만날 수 있다.

'인풋과 아웃풋'이 명확하지 않으면 작은 유혹에도 쉽게 흔들리기 마련이다.

'M이라는 지인이 있었다. 갑자기 돈 쓸 일이 생겨서 고민하다 매월 불입하고 있는 보험이 떠올라 바로 해약했다. 몇 년간 꾸준히 납입했지만, 원금도 다 받지 못하고 손실을 초래했다.

여러 가지 대안 중에서 가장 손쉬운 결정을 한 것이다.'

　이런 일들은 종종 있다. 어떤 때는 개인의 피치 못할 사정에 따라 피할 수 없는 선택일 때도 있지만, 중도에 해약할 때는 신중해야 한다. 보험 해약금으로 직면한 어려움을 해결해서 이익이 되는 듯 보이지만, 본래의 목적 외에 사용된다면 또 한 번의 목표가 실패라는 좌절을 경험하게 된다. 실패도 습관이 될 수 있으며, 습관이 되면 목표 자체가 흔들릴 수 있으므로 조심해야 한다. 보험은 환경이나 보장 조건 등의 변화로 리모델링이 필요한 경우가 아니라면 해약을 염두에 둘 필요가 없다. 특히 저축성 보험은 중, 장기 전략으로 목돈마련이 주요 목적이므로 중도에 해약을 고민할 일은 전혀 없어야 한다. 중도 포기는 가장 쉬운 결정이지만, 그 속에는 그동안의 시간과 처음 시작하며 세웠던 목표나 꿈이 있음을 잊지 말아야 한다.

　부자가 되거나 경제적 자유를 가지려면 단기간에는 불가능하므로 부자가 되기 위한 자신만의 로드맵을 그려보는 것이 중요하다. 이 로드맵에 따라 중간 목표가 설정되고 최종 목적지로 가는 나침반이 되는 것이다. 만약 노후를 준비한다면 퇴직했을 때 매월 얼마의 생활비가 필요한지 기록해 본 다음 국민

연금, 퇴직연금, 개인연금, 임대수익 등 각각의 계획을 수립하고 성실히 잘 수행하며 조정하고 수정하여 미래를 향해 나아가는 것이 중요하다.

돈을 모으는 '인풋과 아웃풋'의 원칙은 처음 가입할 때 목적을 명확히 하고, 만기 후에 최초 의도한 목적으로 사용하면 최선이다. 하지만 목표라는 게 한 번 정해졌다고 해서 불변이 될 수는 없다. 처음 의도했던 때와 달리 상황도 바뀌고 시대도 변화하므로 수정되는 것은 당연하다. 하지만 목표를 수정할 때는 더 좋고 더 나은 방향으로 설정해야 한다. 목표를 버리거나 후퇴하는 계획 변경은 자신의 인생 목표 달성에 방해되는 장애요인이 될 가능성이 높다. 지금도 시간은 내가 어떤 일을 하느냐와 상관없이 계속 흘러가고 있기 때문이다.

처음부터 목적이 명확하면 어려움에 직면하더라도 쉽게 해약하지 않는다. 또한 갑작스럽게 닥치는 어려운 상황에 대비하여서 긴급자금이나 비상금을 만드는 준비성이 필요하다. 인풋과 아웃풋의 의도가 분명하면 시간이 흘러도 중간중간에 점검하고 수정하기 쉽지만, 불명확한 계획은 시간이 지날수록 의욕도 저하되고 관심도 사라지게 된다.

많은 수입이 있다고 해서 반드시 목돈으로 연결되지 않는 것처럼, 인풋과 아웃풋이 분명하지 않으면 경제적 자유를 얻기는 더욱더 요원해질 수 있다. 어떻게 인생이 정해 놓은 길로만 갈 수 있을까? 똑바른 길도 있고, 굽은 길도 있기 마련이다. 방향성이 없으면 어디로 갈지 몰라 헤맬 수 있지만, 방향성이 있다면 방황하고 힘들더라도 결국은 목표로 한 발짝 다가가게 된다.

'인풋과 아웃풋'의 원칙을 이용하여 돈을 모을 때 목표는 반드시 기록하는 습관이 절실하다. 우리의 기억은 한계가 있어서 시간이 지나면 잊기 쉽고, 나중에 한 번씩 보면 용기와 희망을 주기 때문이다.

급여가 있을 때
투자하라

매월 들어오는 급여 등 현금흐름이 있을 때 투자하는 것이 리스크 관리가 가능한 안전하고 좋은 투자 방법이다. 월급이 있을 때 투자하면 대출 금리 상승, 임대 공실 리스크 등 어렵고 곤란한 상황이 발생하더라도 충분히 이겨 낼 수 있다. 부동산을 구입할 때는 대부분 대출을 받기 때문에 대출 금리 상승 위험에 항상 노출되어 있고, 수익형 부동산의 경우에는 임차인을 구할 때까지 상당한 기간이 소요될 수도 있다. 이때 매월 다른 수입이 있으면 쪼들리고 힘들 수는 있어도 아껴서라도 잘 견뎌 낼 수가 있다.

그동안 상담한 투자자 중에는 직장을 다니면서 부동산 투자를 하다가 전업투자자로 변신하는 사람이 간혹 있다. 부동산 호황기에는 부동산을 사면 아직 팔지도 않았는데 주변시세나 호가 등에 매료되어 돈을 많이 번 것 같은 느낌이 든다. 그러면 부동산 투자로 금방 부자가 될 것 같은 착각에 빠지기 쉽고, 현재의 내 수입이 하찮게 보이거나 작게 보여, 직장을 그만두고 투자에 전념하면 더 큰돈을 벌 수 있을 것 같다는 유혹에 빠지기 쉽다.

직장을 그만두고 전업투자자가 되는 선택은 투자자의 몫이지만, 매우 신중해야 한다. 분명한 사실은 전업투자는 생각보다 어렵고, 매년 수익을 내기도 힘들며, 경기 변동에 매우 취약한 상태에 놓일 수도 있다는 것이다. 대출 상담을 하면서 두 명의 전업투자자가 기억에 남는다. 둘 다 신설법인으로 부동산에 투자하고 나서 기존 직장을 그만두고 전업투자자로 전향했다. S는 자택 내에 사무실도 차리고 꾸준한 투자 준비를 했으며 상당한 자신감이 있었다. 1년 후에 다시 상담할 일이 있어서 만났는데, 그동안 월세 등으로 연간 40~50백만 원 이상의 수익을 올리고 있었고, 부동산 매매로 특별 수익도 얻고 있었다. 나름 잘된 사례라 할 수 있다. 반면에 비슷한 시기에 직장을 그만두고 전업투자를 시작한 J를 만났다. 처음에는 상당한 자신감이 있었는데, 지속적으로 금리가 상승하고, 장기간 공실 등으로 월세 수입도 많지 않아 어려움을 겪고 있었고, 다시 직장 생활을 하고 있었다.

전업투자는 쉽지 않을 뿐만 아니라 전업투자자로 돌아선 사람 중에 성공하지 못하는 사람이 더 많다는 사실을 알아야 한다. 자신이 노력하는 것 외에도 주변 환경이 도와주지 않는 경우가 많다. 가장 큰 변수가 경제 사이클의 변화이고, 부동산 경기가 하락기에 접어들면 초보 투자자는 그동안 경험하지 못한 새로운 변수를 만나게 된다. 전업투자의 고민은 보수적인 관점에서 어려운 환경에 놓이더라도 이겨 낼 수 있는 상황인가 충분히 고민해야 한다. 가장 중요한 흐름은 월급처럼 매월 일정한 현금흐름이 가능한가이다. 사람은 스스로 부풀리거나 너무 좋은 쪽으로 긍정적으로 생각하는 경우가 많아 더욱 조심해야 한다. 만약 월세가 있다면 단순히 현재 월세 금액과 대출이자를 차감한 내용을 수입으로 생각하지 말고, 대출 금리가 충분히 상승했을 때를 가정하면서 재산세 등 기타 비용을 충분히 검토해야 한다. 이 중에서 대출 금리 예상 시나리오가 가장 중요하다.

직장인이라면 다들 전업 부동산 투자를 한 번쯤 생각한다. 전업투자로 어떤 때는 잘 벌어도 꾸준하게 잘 벌 수 없다는 사실을 알아야 한다. 결국 반드시 어렵고 힘든 시기가 오고 이를 어떻게 극복해 낼 건인가가 핵심이다. 또한 전업투자로 성공하는 길은 직장을 다닐 때보다 더 치열한 삶을 살려는 각오가 반드시 있어야 한다. 대충 설렁설렁 일하고 여유 있는 삶을 원한다면 그런 현실은 오지 않는다. 누구나 시작할 때는 멋진 청사진을 원하지만, 모든 일이 다 그러하듯이 부동산 투자도 내가 생각하는 대로 절대로 흘러가지 않고 항상 변수가 넘쳐난다. 수많은 변수를 충분한 고민 없이 시작하면 1~2년도 버티기가 힘들다. 지금 회사 일이 힘들다고 해서 당장 때려치우고 부동산 투자를 해서 성공할 가능성은 정말 희박하다. 부동산 투자는 직장을 다니면서 해도 충분하고, 시간도 부족하지 않으니 조급해하지 말고 길게 보고 잘 생각해 판단해야 한다. 초기에는 열정 하나만 있으면 전업으로 금방 성공할 것처럼 느껴지지만, 2~3년을 버티지 못하고 다시 회사로 돌아가는 경우를 간혹 보았다. 다행히 과거보다 좋은 직장을 구할 수 있다면 모르지만, 그렇지 못하면 잃는 게 너무 많다. 부동산 전업투자 외에도 주식 전업투자로 전환한 사람도 있었다. 처음에는 의기양양하고 돈 번 이야기를 자랑삼아 술 한잔하기도 했는데, 시간이 흐르면서 점차 연락이 없다가 결국 연락이 끊어졌다. 시간이 지난 후 많은 금액을 투자했다가 크게 손실을 봤다는 씁쓸한 이야기만 전해 들었다.

월급이 있을 때 대출은 가장 좋은 저축이 될 수도 있다. '대출이 저축이 된다고?' 이상하게 들릴 수 있지만, 생각만 잘하면 돈을 모으는 좋은 비결이 된다. 많은 사람이 부동산에 투자하면서 부족한 자금을 대출로 충당하게 된다. 거주하는 주택 외의 부동산 투자는 대부분 월세를 받게 되는데, 비결의 핵심은 여기에 있다. 대부분 월세를 받았을 때 대출이자를 차감하고 나머지를 모으거나 사용하지만, 그렇게 하면 '대출이 저축이' 될 수는 없다. 급여가 있을 때는 가능하면 월급에서 이자를 지급하고, 월세는 없는 셈 치고 그대로 모두 모아야 한다. 내용의 차이가 없는 것 같지만 결과는 무척 다르다. 우선 월세에서 대출이자를 제외하고 모으면 생각보다 목돈이 되지 않지만, 월세를 모두 모으면 큰 시드머니가 된다. 급여에서 대출이자를 지급하려면 생활비도 아끼고, 없던 절약 정신도 생기고, 생활 습관도 바뀌면서 돈 되는 새로운 습관이 만들어진다.

대부분 사람은 대출이 생기면 마음가짐부터 달라진다. 특히 대출을 처음 이용하는 사람일수록 더욱 그렇다. 처음 부채가 생겼으니 빠르게 부채를 상환해야 한다는 마음이 생기면 성공이다. 돈을 모은다는 것은 저축을 해서 현금을 키워도 되지만, 부채를 줄이는 것도 아주 좋은 투자 전략이 된다. 대출 금리가 예금금리보다 낮은 경우와 같은 특수한 상황을 제외하고는 돈이 생기면 무조건 부채를 상환해야 한다.

은행에 다닐 때 가장 많이 들었던 이야기 중 하나가 여윳돈이 생겨 대출을 상환하고 싶은데 중도상환 수수료 때문에 고민하고 있는 사람들의 이야기였다. 당연히 대출을 상환해야 한다. 중도상환 수수료가 1.0%이고 대출이율이 4.5%라고 가정해보면, 천만 원을 상환하면 중도상환 수수료는 10만 원이고, 대출금 천만 원의 평균 월 이자는 37,500원이다. 3개월이면 중도상환 수수료 부담보다 상환되는 대출이자가 더 많아진다. 물론 천만 원을 다른 예금 등에 예치하여 이자를 받는다면 중도상환 수수료가 회복되는 기간이 늘어날 수는 있지만, 그래도 상환하는 게 맞다. 일반적으로 5대 시중은행의 대출 중도상환수수료는 대부분 1.4% 이하이고, 매일 조금씩 내려가서 3년이면 없어진다. 그러나 저축은행, 캐피탈 등은 더 높다. 예전에 처음 거주하는 주택을 살 때 67백만 원의 대출을 받은 적이 있었는

데, 돈이 조금이라도 생기고, 예금이 만기 될 때마다 상환하다
보니 3년도 되지 않아 모두 상환했다.

의외로 많은 사람이 주택 이외의 부동산 투자를 퇴직 이후
에 고민해 보겠다고 한다. 퇴직금 등 목돈이 생겨서 그럴 수 있
다고 생각하지만 가장 위험한 생각이다. 투자도 젊을 때 하면
여러 상황에 충분한 대응능력이 생긴다. 하지만 월급 없는 퇴
직 이후의 투자는 너무 많은 리스크와 상황에 따른 대처가 힘
들다. 한 번의 잘못된 투자는 재기를 불가능하게 만들 뿐만 아
니라 더 고달픈 미래가 기다리고 있게 된다.

적금 등에 가입하고 나서 자동이체로 관리해도 좋은 투자
이지만, 더 좋은 투자는 급여가 통장에 들어오기 전에 투자하
는 것이다. 물론 다니는 직장마다 다를 수 있지만, 월급을 IRP
등 금융상품에 먼저 입금하고 나서 나머지를 급여통장에 입금
하는 시스템이 있는 회사도 상당히 많다. 심지어는 중간에 특
별한 사유가 아니면 해약을 제한하는 회사도 있다. 아주 유용
한 투자 방식의 하나로 자신도 모르는 사이에 상당한 목돈이
만들어진다. 은행에 다닐 때는 신협 출자금이나 우리사주가 이
런 종류였는데, 퇴직할 때 보니 너무나 큰 종잣돈이 되어 있었

다. 해약 등이 자유롭지 않으면 가입할 때 고민도 많이 되지만 일단 가입하면 자신의 의지와 상관없이 계속해서 돈이 모이게 된다. 종잣돈이건, 노후 자금이건 필요한 것을 몰라서 못 모으는 사람은 없다. 오랫동안 유지하려는 의지가 부족할 뿐이다. 자신의 의지가 굳건하지 못해 스스로 해결할 수 없다면 이런 시스템을 활용하는 게 좋다. 그런 시스템이 없는 회사라도 실망하거나 포기하지 말고 금융상품에 가입하고 나서 자동이체로 관리하면 된다. 의지만 조금 더 굳건히 다져야 할 뿐이다.

월세를 모아
두 번째 부동산을 구입하다

　첫 번째 수익형 부동산을 구입하고 나서 월세가 또 다른 시드머니가 된다는 사실을 알게 되었다. 또한 다른 종잣돈 모으는 방법에 비해 훨씬 빠른 속도로 가능하다는 것도 그때 깨달았다. 돈을 모으는 다양한 방법은 생각하기 나름이지만, 경험에서 오는 노련미가 정말 중요하다고 느끼는 순간이었다. 처음 부동산을 구입하고 나서 월세를 어떻게 해야 하나 고민하다 통장에 모두 모아 두기로 마음먹었다. 부동산을 보유하고 임대사업을 하면 재산세, 교통유발 부담금, 종합소득세, 세무 관련 비용, 대출이자 등 비용이 상당히 발생한다. 이런 비용은 가능하면 최대한 월급 내에서 모두 처리했다.

2018년 10월쯤 부동산 중개업소에서 금정역 근처에 지식산업센터 분양 예정인데 위치도 좋고, 분양받아 놓으면 나중에 도움이 될 것이라 하면서 하나 해보면 어떻겠냐는 권유를 받았다. 지난번에 구매한 부동산은 매매라서 이미 지어진 건물과 자주 방문하던 곳이었어도 결정할 때는 쉽지 않았었다. 이번에는 처음 구입했던 부동산의 위치와도 많이 떨어져 있고, 바로 옆 SK V1 안양 1차 외에는 다른 건물도 거의 없어 무척 낙후되어 있다는 생각이 들 정도였다. 하지만 투자란 겉으로 보이는 것이 전부가 아니고, 외형상의 모습만 보고 투자하면 잘못된 결정을 하게 될 확률이 높아진다.

부동산 중개업소에서 이런저런 이야기를 들었지만 정확한 감이 오지 않았고, 아마 초보 투자자들에게는 모두 비슷한 상황일 것이다. 아무리 부동산의 위치와 향후 발전 가능성을 분석하고 파악하려 해도 나 자신에 대한 믿음이 부족하고 확신이 없었다. 이런 때는 자신의 판단보다는 분양하는 사람, 부동산 중개업소, 지인 투자자들의 이야기에 집중하게 되고, 이런 주변 사람들의 의견이 투자의 결정적 역할을 할 때가 많이 있다.

부동산 투자를 결정할 때마다 각자마다 중요하게 여기는

포인트가 다를 수 있다. 초보 투자자일수록 주변의 건물이나 환경에 너무 치우친 결정이 나올 수 있다. 하지만 주변 환경 외에도 교통인프라, 공급 상황, 그리고 배후 수요에 중점을 두어야 한다. 투자란 항상 예상과 다른 결과를 가져오기 마련이며, 투자할 때 경계 대상 1호는 장밋빛 전망이다. 너무 낙관적인 생각이 냉철한 분석을 방해하기 때문이다.

'지금부터 2~3년 전 고양시 내 지식산업센터가 투자 인기가 많았고, 분양 후 프리미엄도 상당히 높게 형성되었던 기억이 있다. 여러 카페와 분양업자에게 추천받아서 투자를 검토해 보려고 몇 차례 향동지구와 덕은지구를 방문해 주변 환경을 살펴보았다. 여기저기 공사가 진행되는 현장이 눈에 많이 띄었다. 그 당시는 나름 주목받는 투자처였지만, 몇 가지가 마음에 걸려 더 이상 마음에 두지 않기로 했다. 경기 남부에 비해 교통인프라가 부족한 점, 공급량이 일시에 너무 많은 점, 확실한 배후 수요가 부족한 점, 실입주보다 투자자가 많은 점 등이었다.'

23년 11월 말 한국산업단지공단 자료에 의하면 고양시 지식산업센터 총 31곳 중 9곳을 제외하면 모두 지난 20년 이후 설립 승인을 받아 최근 완공됐거나 완공 예정이다. 대부분 신규 지식산업센터는 향동지구, 원흥 삼송지구와 덕은지구 등 덕양구 신규 택지지구에 집중되어 있다. 최근 상황은 공급 과잉, 수요 감소, 고금리 등으로 공실은 쌓이고 매물은 늘면서 입주율이 30% 수준이다. 또한 계약금도 포기하면서 부동산을 매각하려 하지만 이마저도 쉽지 않다. 기존 투자자는 아쉬움이 있겠지만, 어떤 사람에게는 좋은 물건을 저렴하게 사들이는 기회로 활용할 수 있다. 위기와 기회는 항상 공존하고, 시간이 지나면 공실률 등 문제는 해결될 것이기 때문이다.

고양시의 덕양구 신규 택지지구는 단기간 공급량은 무척 많지만, 수요는 새로 창출해야 하는 곳이다. 새로운 택지지구로 유입되어 정상적인 산업단지의 역할을 할 때까지 생각보다 오랜 시간이 걸릴 수 있다. 이럴 때 초기 투자자는 장시간이 요구되는 산업단지에 단기 투자로 접근하면 작은 외부 변수에도 쉽게 무너지게 된다.

반면에 안양은 예전부터 공업도시로 성장했기 때문에 배후가 탄탄한 편이고 성숙한 지역이다. 수요가 뒷받침됨에도 불구하고 향후 대량 공급은 불가능한 상황이다. 큰 줄기에서는 인덕원, 평촌 등에서 시작하여 금정역 인근이 마지막 대규모 공급 지역이라 수요와 공급에서 균형을 갖고 있는 지역이라 생각했다.

그다음 생각한 것은 교통인프라다. 안양의 경우는 서울 인근에 있으면서 강남도 가깝고 외부 교통망도 좋은 편이다. 금정역은 1호선과 4호선의 환승역으로 지하철 교통도 좋고, GTX C노선 정차역이라 향후 발전 가능성을 높게 판단했다. 지하철, GTX 등 교통은 절대적 요인은 아니지만, 향후 성장 가능성에서는 매우 중요한 역할을 하게 될 것이므로 결국 분양을 하나 받기로 결심했다.

시간은 참 빠르게 흘러간다는 생각이 들었다. 분양을 받고 정식계약을 체결한 후 얼마 되지 않은 것 같은데 벌써 입주 시장이 다가왔다. 그동안 금정역 근처는 거의 가보지 못했는데, 입주 시장이 되어 다시 현장을 찾아가면서 보니 2년 전과는 확연히 달라져 있었다. 예전에 안양 1차 SK V1 외에 금정역 SK V1 1차, 2차가 준공되고 있었고, 주변 환경도 예전과 비교하면 몰라보게 달라져 있었다. 도시의 개발은 이렇게 한순간에 변하는 것이다. 나중에 금정역 일대를 임장해 본 적이 있는데, 분양가에 비해 상당한 가격 상승이 있었다. 지금 부동산 경기가 안 좋음에도 불구하고 18년에 분양받은 가격보다는 상당히 올랐다.

사전 점검 기간에는 하자 사항을 꼼꼼히 잘 살펴보아야 한다. 공사 마무리가 제대로 되지 않는 경우도 많이 있고, 중요한 하자를 모르고 임대를 놓으면 곤란한 경우가 많이 발생한다. 결국 첫 번째 월세로 두 번째 부동산 소유권 이전 등기를 마쳤다.

■ 두 번째 부동산 투자 자금 조달 내용(안양시 안양 SK V1 2차) (단위 : 백만 원)

총비용			총조달		
구분	금액	비고	구분	금액	비고
매매 금액	304.7		대출	240.0	80%
건물 부가세	21.1		월세	60.0	첫 번째 부동산 월세 2백만 원 × 30개월
취, 등록세	7.0		마이 너스	33.5	① 부가세 21.1 (1개월 내 환급) ② 등기 후 월세로 상환 : 12.4
기타	0.7	법무사/ 채권할인 등			
소계	333.5		소계	333.5	

※ 계약금 및 중도금의 부가세 환급 : 중도금 또는 잔금 납부 후 조기 환급신청

입주 시장에서는 실입주, 즉 직접 사업을 하기 위해 입주하는 비율이 중요하다. 실입주 비율이 낮으면 한 번에 임대 물건이 쏟아져 나오므로, 잔금을 납부하고 소유권을 이전한 후에 공실이 오래 유지될 가능성이 높다. 특히 경기가 안 좋거나 휴

가철, 명절 등이 겹치면 공실 기간은 더 길어지는 경우가 일반적이다.

임차인을 구하는 다양한 방법이 있다. 이때 가장 좋은 것은 분양업자가 부동산 중개업소이고 현장에 있는 경우에는 많은 도움이 된다. 팔이 안으로 당겨지듯, 자신이 분양한 물건에 대하여 최대한 임대를 맞추려고 노력하기 때문이다. 단순 분양만 한 분양업자는 입주 시점에 관심을 두지 않는 경우가 대부분이다. 지식산업센터 내에 부동산 중개업소가 가장 임차를 잘 맞추고, 그다음 인근에 있는 부동산 중개업소 순이다. 또한 일반 분양업자에게 분양받았다면 여러 부동산 중개업소에 물건을 내놓고 자주 연락을 취해야 한다. 입주 초기에는 임대 요청 물건이 너무 많아 시간이 지나면 내 임대 물건에 관심이 없어지거나, 여러 부동산 중개업소에 동시에 내놓으면 처음에는 관심을 두다가 이미 임대가 완료되었다고 생각하고 더 이상 연락이 없는 경우도 종종 보았다. 또한 비용을 들여 사무실 인테리어를 해놓으면 조금 더 빨리 임대될 가능성이 높다.

다행히도 6개월 정도 지나 외국계 회사와 5년을 계약하게 되었다. 인덕원 쪽에 있던 국내 본점을 모두 옮겨 한 층을 거의

다 사용하게 되어 향후 이동 가능성도 작아 오랫동안 안정적인 수입을 가져올 수도 있게 되었다. 임대 시 임차인의 여러 호실 임차로 편의상 벽을 트게 되었는데, 2년이 흘렀을 때쯤 은행에서 벽이 없다는 연락이 왔다. 일반적으로는 대출 기간 내에 이런 문제는 거의 발생하지 않는데 놀라기는 했다. 임대 시 벽을 트면 대출을 제한받을 수 있고, 3년이 지나 타 은행으로 이동하고 싶을 때 어려움이 발생할 수 있으므로 유의해야 한다. 다행히도 인덕원 쪽 부동산 대출을 상환할 예정이어서 담보 교체로 가볍게 문제를 정리했다.

자신만의 인사이트가
생겨야 한다

투자에 있어서 가장 중요한 것은 무엇일까? '어떤 투자를 하느냐'와 상관없이 자신만의 통찰력이 있어야 한다. 이러한 통찰력은 고정관념과 편협된 생각에서 벗어난 유연한 사고방식에서 만들어진다. 통찰력에 의해서 만들어진 투자 원칙은 너무 주관적 판단에만 의존하면 안 되고, 합리적이고 타당한 자신만의 인사이트가 형성되어야 한다. 즉, 나무와 숲 중에서 무엇을 보고 투자할 것인가? 흔히들 '나무만 보지 말고 숲을 보라'고 한다. 즉, 근시안적 시야를 갖지 말고 멀리 미래를 보라는 뜻으로, 숲과 나무 모두 중요하다는 의미이다. 투자에서는 편견이 있으면 성공하기 어렵고, 투자 능력은 '경험'과 '안목'만으로 길러지는 것이다.

　이처럼 자신만의 투자 기준, 즉 통찰력을 만들기 위해서는 상당한 노력과 오랜 시간의 경험이 필요하다. 항상 투자에서 핵심, 즉 팩트를 보려고 노력해야 한다. 이런 투자 원칙을 합리적이고 빠르게 자신만의 노하우로 정착시키기 위해서는 공부 외에도 다른 사람의 성공 사례에 대한 분석도 필요하다. 투자 성공의 핵심은 호기심을 가지고 환경의 변화를 관찰하고, 이에 대한 꼼꼼한 시장 연구를 해야 한다. 즉, 부동산의 경우에는 시세 흐름, 임대 수익률, 개발계획, 인프라, 인구변화, 경제 상황 등 다양한 요소를 분석한다. 주식, ETF 등 투자에서는 국내뿐만 아니라 국제적인 시장 흐름과 경제 상황, 기업정보에 대한 면밀한 검토가 선행되어야 투자자산에 대한 잠재적인 위험을 미리 인식하고 대비할 수 있다.

　모든 투자에서 가장 중요한 투자 원칙 중 하나는 매매를 통한 환금성이 중요한 지표이다. 우선 주식 등 투자에서는 주식을 매수한 후 매도하는 시점이 중요하다. 주식을 팔아서 현금화하기 전에는 아무런 의미가 없고, 주식시장은 실시간으로 가격이 변하므로 한 번 늪에 빠지면 헤쳐 나오기 어렵다. 간혹 강의 시간, 업무시간에 스마트폰을 자주 들여다보는 사람 중에는 주식시황을 보거나, 자신이 보유한 주식가격을 확인하는 사람들이 있다. 올라가면 올라가는 대로, 내려가면 내려가는 대로 고민이 생긴다. 다른 투자에 비해서 주식투자는 의외로 일상생활에 많은 영향을 주고, 잘못된 투자는 정상적인 생활조차도 힘들게 한다.

주식 등의 투자에서 가장 중요한 것은 자신만의 손절매 원칙이 있어야 한다는 것이다. 상승했을 때 매도 시점과 떨어졌을 때 매수 시점을 명확히 할 수 있는 능력이 있어야 자신만의 통찰력이 있다고 말할 수 있다. 또한 펀드 등의 간접투자에서도 반드시 지켜져야 하는 원칙이기도 하다. 예전에 중국, 차이나 열풍이 불어 펀드가 2배의 수익률을 얻은 적도 있었고, 나중에 막차 타고 들어온 사람은 반토막이 난 적도 있었다. 또한 저팬 리츠도 유사한 경험이 있었다. 처음 펀드에 가입하고 막연하게 상승에 대한 기대감으로 방치하고 있다가 원금 20% 손실이 나서 환매하려 했으나, 조금 더 기다려 보라는 말에 머뭇거리다 추가 20%의 손실을 더 입었다. 결국 손실을 안고 환매한 후 다른 펀드에서 복구해서 다행이었지만, 끝까지 기다린 사람들은 추가 손실을 크게 입었다. 손절매할 수 있는 시점이 지나면 이러지도 저러지도 못하는 악순환에 빠진다. 혹여 '오랫동안 소유하면 상승하지 않을까?' 하는 막연한 기대를 하지만, 그런 현실은 오지 않는다. 투자에서는 확고하고 바람직한 매매 원칙을 가지는 자신만의 인사이트가 꼭 필요한 이유다.

자신만의 인사이트로 만들어진 투자 원칙은 시작과 끝이고, 계속하여 관리하고 실천되어야 할 기본 원칙이다. 어떤 시장이건 100% 예측은 불가능하다. 자신만의 투자 원칙은 항상 욕심이 생기면 깨지기 마련이다. '이번 한 번만!', '딱 한 번은 괜찮을 거야!'라고 하면서 스스로 정한 원칙을 무너뜨리게 된다. 오르면 더 오를 것 같고, 떨어지면 바닥이 안 보일 것 같은 게 투자심리이다. 누구나 아는 '바닥에서 사서 허리에서 판다.'라는 원칙을 정하지만, 현실에서 지키는 사람은 그리 많지 않다. 이번 한 번만이란 다짐을 하면서 무너진 경우를 너무 많이 보았기 때문이다. 그러므로 편견 없는 자기 원칙을 갖고 투자하려는 마음을 가질 수 있도록 끝없이 노력해야 한다. 하지만 우리의 귀는 참 얇아서 주변 사람의 말에 현혹이 잘된다. 그것이 사실인지 아닌지도 모르면서 자신에게 유리한 부분만 받아들이려는 습관이 있기 때문이다.

부동산 시장에서도 마찬가지이다. 이곳은 수요와 공급의 법칙이 특히 중요한 투자시장이다. 누구나 가치 상승과 임대 수익률 모두 좋은 곳을 원하지만, 그런 곳을 찾기란 불가능할 정도로 어렵다. 부동산 종류마다 속성이 다르기 때문이다. 부동산이란 다른 투자 상품과 달리 환금성이 매우 중요한 시장이므로 자신만의 인사이트가 더욱 필요한 곳이기도 하다. 투자의 목적이 수익률 투자, 매매 차익 등 명확히 하는 것도 필요하고, 투자 기간도 중요하다. 부동산 투자를 하면서 '언젠가는 오르겠지!'란 막연한 생각으로 투자하는 사람들을 가끔 보게 되지만, 절대 그런 생각으로 투자해서는 안 된다.

부동산 투자의 경우 가장 먼저 고려해야 할 것은 어느 지역에 투자할 것인가가 핵심이며, 가장 중요한 원칙이다. 좋은 위치는 임대수익과 부동산 가치 상승, 더 빠른 매매 가능성을 의미한다. 그러나 이미 많이 오른 지역은 매수 가격 대비 임대수익이 적고, 추격매수인지, 아니면 추가 상승 가능성이 높아 투자하는지 구분하려고 노력해야 한다. 투자할 부동산의 위치를 신중하게 선정하고, 다음으로 선정된 위치의 인구변화, 교통 편리성, 학군, 주변 시설, 향후 개발 및 성장 가능성 등을 고려하여 투자할 부동산을 선택해야 한다. 부동산에 투자하면서 자신의 투자 금액에 맞춰서 장소를 자주 옮기는 사람들을 보았다. 급한 마음에 투자를 결정하지만, 나중에 보면 큰 수익률이 없기도 하고, 실제 매매하려고 하면 환금성이 쉽지 않아 고민하는 경우를 많이 보았다.

모든 투자는 매매가 되었을 때 돈을 벌 수 있는 것이다. 즉, 부동산 투자는 매수하기 전부터 매도를 생각하고 검토하면서 매수해야 한다. 만약 매도를 생각하지 않고 매수에 임하면 위기가 왔을 때 환금성이 뒷받침되지 않아 한 번에 무너질 수 있다. 투자금이 조금 더 들어도 환금성이 좋은 매물을 고르는 게 현명한 선택이다. 또한 호재에 기댄 투자보다는 수요와 공급에 근거한 투자를 해야 한다. 호재는 언제든지 바뀔 수 있고, 경제환경이나 시장 상황이 나빠지면 아무리 호재라도 소용이 없다. 호재가 뉴스에 오르내리기 시작하면 이미 가격에 충분히 반영되었을 수 있으므로 구입할 때는 유의해야 한다. 반면에 가격이 오르고 있다면 이때가 매도를 고려해 볼 만한 기회일 수도 있다.

자신만의 인사이트가 중요한 이유는 언론에 상승 기사가 매일 보도되면 매도를 준비할 때가 된 것인지, 하락 기사가 쏟아져 나오면 매수가 적당한 타이밍이 될 수도 있기 때문이다. 반대로 부동산에 부정적인 사람이 매수할 때와 여기저기서 부동산 이야기가 넘쳐날 때는 매도 시기가 다가온 것이다.

부동산 투자에서는 공급량을 잘 확인해야 자신만의 통찰력을 만들 수 있다. 공급량은 시장에 나온 매매 물량과 신규 입주 물량이다. 신규 입주 물량은 착공에서 입주까지 약 2년 이상 소요되기 때문에 충분한 예측이 가능하다. 항상 공급량을 확인해서 입주가 집중되는 시기의 투자는 신중해야 한다. 특히 실입주가 아니고 투자 물량이 많은 경우 더욱 조심해야 한다. 하남시의 지식산업센터가 처음 입주 시장이 시작되었을 때 가보니, 첫 입주를 시작으로 거의 매달 입주 물량이 쏟아지고 있었다. 주변 사람들로부터 여러 번 투자 권유를 받았지만 결국 투자하지 않았다. 이런 시장에서 임대가 잘 맞춰지거나, 정상적인 임대료를 받으려면 5년 이상은 기다려야 한다는 나만의 인사이트가 있었기 때문이다. 매년 시간이 지나면서 눈여겨 확인해 볼 때마다 스스로 잘했다는 생각이 들기도 했다. 입주 시장은 위기와 기회가 공존하는 시장이다. 여유 있는 사람에게는 기회가 될 확률이 높지만, 부족하거나 빠듯한 돈으로 단기 투자를 하려는 사람에게는 초조해지고 원하는 때에 팔지 못하는 어려움이 생길 수 있다.

익숙하지 않고 잘 모르는 낯선 장소에 투자할 때는 충분한 현장 경험을 하고 도전해야 한다. 이때는 자신의 인사이트보다 분양사, 또는 부동산 공인중개사 등의 이야기에 의존하여 판단이 흐려질 수 있기 때문이다.

투자에서 전문가의 의견은 충분히 참조하면 그뿐이다. 또한 가능하면 잘 아는 부동산에 투자하는 것이 좋다. 하나의 기준을 모든 부동산 투자의 원칙으로 삼기에는 무리가 있다. 남들이 잘하거나 추천해 주는 것이 아닌, 자신이 잘할 수 있는 부동산에 투자해야 한다. 위와 같은 여러 판단의 기준과 별도로 나만의 기준 하나는 GTX 노선이 들어오는 곳을 중심으로 투자했다. 예전에는 지하철 역세권이 중요했다면, 미래에는 GTX 노선 역세권이 더 중요한 역할을 할 거라는 판단 때문이다.

내가 상투의 주인공이 되지 않으려면 단톡방이나 블로그 또는 주변 사람의 입에 오르내리기 시작할 때 유의해야 한다. 특히 이미 많이 알려진 부동산에 투자할 때는 실수하지 않도록 더 조심해야 한다. 투자자가 많다면 나중에 동시에 매물이 나와 내가 매도해야 하는 시점과 맞물려 어려움을 겪을 수도 있다. 또한 내가 사려는 부동산이 많은 사람의 입에 오르내릴 때는 내가 최고 높은 가격에 살 수도 있다는 사실을 기억해야 한다. 이런 위험에서 벗어나려면 자신만의 통찰력을 가질 수 있도록 부단히 노력해야 한다. 그리고 어떤 시기의 시장이라도 내가 감당할 수 있는 투자의 범위를 정하고, 투자자산에 대해서는 항상 시장의 상황을 관찰하고 분석하는 습관이 필요하다.

돈 되는 호기심이
기회를 만든다

부동산을 구입할 때 시간적 여유를 가지고 충분히 고민할 때도 있지만, 때로는 빠른 결정이 필요할 때가 있다. 모든 정보가 내가 원하는 시간에 나에게 딱 맞게 제공된다면 좋겠지만 아쉽게도 그런 정보는 없다. 22년 3월 중순 부동산 투자에 호기심이 발동하는 계기가 있었다.

'평소 시간이 날 때마다 지식산업센터 인근 부동산 중개업소를 자주 방문했었다. 영업도 할 수 있고, 서로 관심 있는 부동산 상황에 대해 정보도 주고받을 수 있기 때문에 일하면서도 즐거움이 있었다. 또한 필요한 정보가 서로 달라 보완적 역할을 하면서 상호 신뢰도 증가하게 된다. 한 부동산 중개업소에서 인천에 소재한 인천테크노밸리 U1센터에 관한 정보를 듣고 흥미와 관심이 생겨 다음 날 현장을 방문했다가 계약까지 성사되었다.'

아무리 좋은 정보가 있더라도 평소 자신만의 인사이트, 즉 통찰력이 있어야 기회가 왔을 때 돈 되는 호기심을 현실로 만들 수 있다. 인천테크노밸리 U1센터를 방문해 보니 입주 마감일을 일주일 남겨놓고 있었다. 지식산업센터 입주 시장에서는 예상하지 못한 여러 상황이 발생한다. 입주 마감일이 다가올수록 등기를 원하지 않는 분양받은 사람들이 반드시 있기 마련이다. 일단 부동산 등기를 하면 취득세 등 비용이 발생하고, 임차인을 구할 때까지 관리비 등을 부담해야 하며, 필요에 따라서는 임대를 위한 기본적인 인테리어 등에서 비용이 발생할 수 있기 때문이다.

인천테크노밸리 U1센터 지식산업센터 업무형 사무실은 불과 2개월 전만 해도 프리미엄이 10백만 원 이상 붙어서 전매가 있었다. 하지만 입주 지정기간이 끝나가니, 프리미엄이 없거나 드라이브인 공장의 경우에는 마이너스 프리미엄까지 있었다. 인근 부동산 중개업소를 여러 곳 다니면서 탐문한 결과, 공장보다는 오피스가 임대가 잘된다고 했는데, 일반적으로 지식산업센터는 기숙사, 사무실, 공장의 순으로 임대되는 것과 같았다.

인천테크노밸리 U1센터는 연 면적 8만 5천 평의 초대형 규모와 인근 산업단지의 배후 수요가 풍부하고 제조형, 업무형, 섹션오피스, 상가, 기숙사 등 총 2,300개에 가까운 호실이라, 향후 랜드마크가 될 가능성 높다고 생각했다. 또한 인천테크노밸리 U1센터는 하남시에 소재한 테크노밸리 U1센터와 규모도 비슷하고, 서로 닮은 꼴을 하고 있었다. 하남시의 수많은 지식산업센터 중 하남테크노밸리 U1센터는 규모나 인기 면에서 핵심적인 역할과 랜드마크로 자리매김하고 있었다. 여러 투자자로부터 전해 듣기도 했고, 직접 해당 현장을 방문해 얻은 경험이 이번 의사결정에 도움이 되었다.

대출 심사를 위한 감정이나, 매매를 위한 시세 파악이 어려운 부동산 중 하나는 상가다. 그래서인지 항상 상가에 관심을 두고 유심히 살피는 습관이 있다. '여기는 상가가 어렵겠구나.', '임차인이 너무 자주 바뀌네.', '워킹 손님은 힘들겠는데.' 등 혼자서 다양하게 분석하고 상상해 본다. 일반적으로 지식산업센터의 상가는 가장 먼저 공인중개사 사무실이 들어오고, 24시 편의점은 잘 되는 편이고, 다음으로 커피숍이 입점하고, 뒤를 이어 음식점이 들어오는데, 음식점은 편차가 크고 손바뀜이 있다. 이렇게 입점이 되고 난 후 나머지는 공실인 상가를 너무 많이 보았다. 그러나 인천테크노밸리 U1센터는 입주 초기임에도 불구하고 롯데시네마가 입점 예정이고, 부동산 중개업소와 음식점 외 안경원, 문구점, 다양한 커피숍(스타벅스 포함) 등 여러 종류의 상가 입점이 이루어지고 있었다. 또한 여기저기 공사 현장이 많이 보여 다른 지식산업센터와는 별도로 상가 활성화가 기대되었다. 인천테크노밸리 U1센터 주변을 살펴봐도 배후 수요나 식당가의 많은 유동 인구를 흡수해서 활성화가 될 수 있는 조건을 갖추고 있었다.

또한 인천 지하철 1호선 갈산역이 500m 이내에 있고, 갈산역에서 세 정거장 타고 가면 부평역 7호선 환승과 향후 GTX B 노선 정차역이 되므로 초역세권은 아니지만, 기본적인 역세권과 서울외곽순환도로 등 부평IC, 중동IC가 차량 3분 내로 교통인프라도 괜찮은 편이었다.

이 정도라면 투자할 가치가 있다고 생각했지만, 인천지역
은 투자가 처음이고 향후 금리 인상, 물가 상승 등을 감안하여
공장처럼 분양 가격이 높고 임대가 늦어지는 제조형보다는 업
무형 오피스 작은 평형을 구입하기로 했다. 총 23층 중 15층이
가장 저렴한 분양가이고, 17층부터 위로 올라갈수록 분양가가
점점 상승하지만, 15층만 되어도 외부 경관에는 전혀 문제없
고, 23층을 제외한 임대료도 같아 15층을 선택했다. 이런 선택
에는 호실에서 엘리베이터가 가깝고, 화물형 엘리베이터도 바
로 이용할 수 있다는 점도 영향을 줬다. 기존에 매매와 분양을
통해 부동산을 구입했는데 이번에는 전매였다. 전매는 시행사
에서 전매 절차가 오래 걸릴 때는 2주, 3~4일 등 다양한데, 이
곳은 당일 즉시 처리되어 편안하게 업무를 처리할 수 있었다.
또한 대출 은행도 소개해 줘서 저렴한 금리에 빠르고 신속하게
잔금까지 4영업일 만에 소유권 이전을 완료했다.

■ 세 번째 부동산 투자 자금 조달 내용(인천테크노밸리 U1센터) (단위 : 백만 원)

총비용			총조달		
구분	금액	비고	구분	금액	비고
매매 금액	176,4		대출	153	86.7%
건물 부가세	14.8		월세	20	타 부동산 월세 수입
취, 등록세	4.0		마이너스	26.2	① 부가세 14.8 (1개월 내 환급) ② 등기 후 월세로 상환 : 11.4
기타	4.0	법무사/채권할인 에어컨 설치 등			
소계	199.2		소계	199.2	

※ 최초 대출금 153백만 원 중 113백만 원 상환(현 대출 잔액 40백만 원)

소유권 이전 등기를 하고 4개월 정도 되었을 때 첫 번째 임대를 했다. 2,300개의 호실이 있음에도 불구하고 예상한 대로 빠르게 임대는 했지만, 장기 임대는 쉽지 않았다. 임차인 조건이 맞아야 하는데, 소형평수에 업무형 사무실은 이동이 많은 편이라 어려웠다. 임대는 잘되는 편이지만, 자주 임차인을 구하려면 피곤한 것은 사실이다. 또한 임대 물건이 거주하는 곳에서 가까우면 가장 좋은데, 인천은 조금 먼 편이다. 이럴 때는 믿을 만한 부동산 중개업소를 사귀어 두는 게 중요하다. 임대차 계약할 때, 호실 점검이 필요할 때 등 현장에 갈 일이 생기면 친해진 부동산 중개업소에 부탁하여 시간과 노력을 덜 수 있다. 두 번 임대차 계약을 했는데, 같은 부동산 중개업소에서 하게 되었다. 가끔 '인연이 있는 부동산 중개업소가 있지 않을까?'라는 그런 생각을 한다. 첫 번째 부동산 매수, 두 번째 부동산 분양도 한 부동산 중개업소에서 계약했으니, 그런 생각이 더 든다.

이처럼 부동한 입주 시장 끝부분에서는 마지막 물량을 해소하면서 가격이 한 번 출렁거리는 일도 발생한다. 이런 때는 생각보다 빠른 결단이 필요할 때가 많다. 그렇게 하려면 평상시 관심 있는 부동산에 대한 자신만의 통찰력을 가지고 빠른 결단이 필요할 때는 판단을 내릴 수 있는 준비가 되어 있어야 한다.

누군가가 이야기하는 것에 호기심을 느낄 수 있어야 한다. 어떤 때는 천천히, 어떤 때는 빠르게 실행과 행동으로 옮겨야 할 때도 있고, 빠른 의사결정이 필요할 수 있으므로 항상 준비하여야 한다. 부동산 경기가 좋아지면 관심을 두고, 경기가 안 좋다고 관심을 멀리하지 말고 항상 공부하여 흐름을 알아야 한다. 부동산이 상승장이든, 하락장이든 기회는 있다. 단 위기와 기회가 공존하므로 기회가 될 수 있도록 평상시 시장과 흐름에 대한 관찰이 필요하다.

특히 직장을 다니면서 투자하려는 경우에는 더 큰 노력이 필요하다. 근무 시간에는 업무에 충실하고, 나머지 시간에는 투자에 대한 경험과 능력을 키워야 한다. 호기심을 잃지 않도록 노력하되 욕심을 부리면 화를 부를 수 있다는 사실을 기억했으면 한다.

누구나
위기는 있다

누구나 '탄탄대로의 인생을 살아간다면 얼마나 좋을까?'라고 생각하지만, 크고 작은 예상치 못한 어려움을 겪을 때가 상당히 많다. 부동산 투자를 위해서 종잣돈을 열심히 모으다 보면 집안에 무슨 일이 생겨서 목돈을 사용할 일이 발생할 수도 있고, 시드머니로 투자한 재테크가 원하는 방향으로 흘러가지 않아 손실을 볼 수도 있다. 이런 일들이 발생하면 '머피의 법칙'처럼 일이 잘 풀리지 않고 오히려 꼬이기만 하는 일이 겹쳐서 오기도 한다.

누구든지 예상하지 못하고 원하지 않는 결과가 나와서 곤란한 상황이 발생하거나 위기에 봉착할 수 있다. 아무리 나름대로 준비를 철저히 하고 자신감 있게 행동으로 옮기더라도 예상치 못한 너무나 많은 변수가 있을 수 있다. 이런 위기는 재테크 상황뿐만 아니라 평상시의 삶 속에서 더 많이 경험하게 된다.

극복하기 어려운 위기가 없었으면 좋겠지만, 불행히도 원하지 않는 위기 상황에 놓였을 때 어떻게 대처하느냐의 태도에 따라 인생은 180도 달라질 수 있다. 어떤 사람은 한 번의 위기에도 지레 겁을 먹고 자포자기하여 다시는 시도조차 못 할 수도 있고, 또 어떤 사람은 꿋꿋하게 위기에 맞서서 극복한다. 이런 위기가 왔을 때 대응하는 방법 중 가장 중요한 것은 무엇일까? 바로 마음가짐이다. 즉, 어떤 마음가짐을 가지고 있느냐에 따라 결과는 확연히 달라지게 된다.

투자는 아니지만, 인생에서 어려움을 겪은 일이 여러 번 있다. 그중 한 가지는 은행 지점장을 하면서 1Q 1인 지점장으로 발령받아 일할 때였다. 1인 지점장은 직원이 없고, 혼자서 마케팅, 상담, 서류접수, 승인 신청 준비 등 모든 작업을 스스로 해야 한다. 더 어려운 점은 기존에 은행 거래가 없는 고객을 중심으로 새로운 신규 고객을 유치해야 한다는 것이다. 오로지 자신만의 인맥을 만들어 즉시 성과를 창출해야 한다. 그 당시 10명 이상이 1인 지점장으로 발령받았는데, 극명하게 두 부류로 갈렸다. 한 부류는 새로운 마음을 먹고 열심히 해보겠다는 긍정적인 생각과 의지가 강한 사람들이었고, 다른 부류는 낙담하고 실망하여 불만과 부정적인 생각을 갖고 기존에 알고 있는 사람들만 찾아가는 사람들이었다.

1Q 1인 지점장으로 발령받았을 때 나는 괜찮은데 다른 사람들이 보는 시선은 무척 달랐다. 마케팅하는 방법에 대해 며칠을 고민하던 중에 '위기와 기회는 동시에 온다.'라는 말을 되새기게 되었다. 그때 위기라는 부정적인 생각보다는 기회를 잡아야 한다는 생각에 집중하게 되었고, 빈 노트에 내가 할 수 있는 일들과 마케팅 방법을 적어 내려갔다. 혼자 일하니 남는 게 시간밖에 없었기에, 이런 좋은 기회를 살려서 인천 검단신도시부터 경기 북부 포천까지 영업을 해보기로 마음먹었다. 인천 검단신도시에서 부동산 영업을 하다가 비가 와서 차에서 대기하던 중 내가 가장 잘 아는 지식산업센터 분야로 마케팅 범위를 좁히고, 기존에 알고 있던 투자자들에게 대출 상담이나 지인 소개의 문자 메시지를 보냈다. 그것이 계기가 되어 이후 쉽게 마케팅과 고객 소개를 받았고, 6개월 만에 좋은 성적을 달성하

여 다시 별내 신도시 지점장으로 발령받아 가게 되었다. 이때 새로운 마케팅 역량도 갖추게 되었고, 위기는 곧 기회가 될 수 있다는 사실을 몸소 체감하게 되었다. 어려운 상황일수록 안된 다는 생각이 강하면 계속 부정적 결과가 나올 가능성이 높다. 하지만 생각을 긍정적으로 전환하니, 계속해서 일이 잘 풀려 6 개월 동안 즐겁게 일하고 성과도 내면서 다양한 사람들 만나 인적 네트워크도 확장되고 결과도 좋았다. 이런 것이 '샐리의 법칙이 아닐까?'라는 생각이 든다.

위기를 초래하는 여러 상황이 있지만, 가장 많은 유형에는 초기 계약금까지 대출받아 투자하는 사람들이다. 이런 사람들은 조그마한 변수가 발생해도 유동성이 부족하여 어려움에 봉착하는 경우가 너무나 많이 있다. 자본금이 부족한 모래성 같은 투자는 한 번의 바람에도 무너질 만큼 기초가 약한 투자이다. 부동산 투자는 내가 생각하는 대로 흘러가는 경우가 거의 없고 처음에는 단기투자로 시작했더라도 어쩔 수 없이 장기투자로 전환해야 하는 경우가 빈번히 발생한다. 무리하게 투자하지 말고 적당한 종잣돈을 모아 적절한 투자에 나서야 한다.

부동산 투자나 주식투자를 미 투(Me too)나 귀동냥 투자로

하면 위기에 봉착할 수 있다. 예나 지금이나 꼭 피해야 할 투자이며, 이런 투자는 결국 독이 된다. 누가 투자해서 성공했다고 하면 충분한 검토와 분석으로 판단하는 게 아니라 누군가의 '괜찮을 것 같은데!' '좋아!'라는 말 한마디에 매료되어 단순히 따라 하는 투자 방식이다. 별로 없을 것 같지만 가끔 있으며, 항상 어려움을 토로하게 된다.

투자자 A는 지식산업센터 투자에 대해 열심히 공부하다가 같이 현장을 방문하는 사람 중에 부동산에 관한 지식과 투자한 경험이 있는 한 사람으로부터 오피스텔 투자가 괜찮다는 이야기를 듣고 투자했다. 하지만 입주 시장이 되어서야 오피스텔과 지식산업센터가 많이 다르다는 것을 알고 매우 어려운 상황에 놓이게 되었다. 다른 투자자 P는 잘 아는 사람이 K 지역에 있는 생활형 숙박시설이 미래 전망도 좋아 자신도 투자했다는 이야기를 듣고 함께 투자했다. 입주 시점이 다가왔을 때 고민을 상담하게 되었는데, 결국 일부 손실을 보고 정리하게 되었다. 이처럼 전문가(?)의 추천도 아니고, 주변 사람의 말 한마디에 특별한 고민이나 분석 없이 투자를 결정했다가 낭패를 보고 위기에 봉착하는 사람들이 꽤 있다. 다른 사람에게 의지한 투자는 오래가지 못할 뿐만 아니라 성공하기는 더 어렵다. 투자는 개인의 상황과 자산에 맞는 전략을 세우고 스스로 결정한 원칙에 따라 투자하는 것이 중요하다.

급한 투자로 자신을 어려운 상황에 몰리게 해서 위기를 초래하는 사람들도 있다. 평소 투자에 관심이 없는 사람도 재테크 공부를 하다 보면 갑자기 조급한 마음이 생기는 경우가 의외로 많다. '내가 조금만 일찍 알았더라면 더 좋았을 텐데.', '왜 이리 늦게 알았을까?' 하는 생각이 드는 순간 마음이 급해진다. 그런 사람들은 투자의 속도가 빨라지기 시작한다. 급히 먹는 밥이 체할 수 있듯이, 부동산이나 주식 등 다른 재테크도 마찬가지다. 급한 마음에 투자해서 성공한 사람을 별로 보지 못했다. 서두르다 보면 신중한 투자보다 허점이 더 많게 되기 때문이다.

급한 것에 더하여 폭식하는 투자도 간혹 있다. 처음 부동산 투자를 할 때는 판별하기가 쉽지 않아 이것도 좋고, 저것도 좋고 모두가 좋아 보인다. 특히 분양 투자에서는 초기자금이 적게 들어가기 때문에 폭식 투자를 하게 될 확률이 높아진다. 내가 아는 투자자 O는 6개월 동안 부동산 투자를 6~7개 정도 했다. 처음에는 분양 투자가 주여서 문제가 없는 듯 보였으나,

입주 시장이 다가오는 동안 금리는 오르고 전매는 어려워지면서 잔금을 치르다 보니 어느새 감당하기 어려운 상황에 놓이게 되었다.

이런 위기들 속에 우리는 무엇을 배워야 할까? 가장 중요한 것은 현명한 현실 대처방안이다. 위기가 정말 최악의 위기가 되지 않으려면 잘 극복하는 지혜가 필요하다. 이미 엎질러진 물이지만, 유연하게 대처해서 문제를 해결해야 위기를 극복하고 기회를 만들 수 있다. 위기 상황에서는 부정적인 감정과 생각에 사로잡히기가 쉬운데, 그러면 탈출로가 보이지 않는다. 긍정의 마인드 셋을 통해 위기를 극복하고, 성장의 기회로 만들어야 한다. 관심을 가지고 기회를 엿보면 반드시 투자의 좋은 타이밍이 온다. 그런 타이밍을 위해 항상 철저한 준비 전략을 갖고 있어야 한다.

다음은 왜 위기 상황에 놓이게 되었는지 철저한 분석을 통해서 비슷한 위기를 두 번은 만들지 말아야 한다. 위기를 극복한 능력은 나중에 투자의 자산이 되며, 어떤 결정을 내릴 때 좋은 밑거름이 된다. 즉, 긍정의 마음으로 위기를 극복한 사람은 어려움에서 배우는 것도 많고, 위기 뒤에 더 단단해진다. 또한 실패에도 가치 있는 성공의 씨앗이 감추어져 있다는 사실을 기억해야 한다. 실패했더라도 자신의 결정을 냉철하게 바라볼 용기만 있으면 자신의 문제점을 알고 개선하여 성공하는 기회가 된다. 과거의 실패 중에서 성공의 씨앗을 발견할 수도 있다. 하지만 한 번의 실패로 포기해 버리거나, 실패의 원인을 철저히 분석하지 않고 얼렁뚱땅 넘어가거나, 핑곗거리만 생각한다면 성공의 기회를 다시 잡기 어렵다.

항상 어려움이 있을 때마다 '일체유심조', 즉 '모든 일은 마음먹기에 달렸다.'라는 의미를 떠 올리고 실행하려 노력한다. 긍정적인 마음을 먹으면 아무리 곤란한 상황도 헤쳐나갈 수 있는 용기와 지혜가 생기기 때문이다. 위기와 기회는 종이 한 장 차이로 어떤 마음을 먹느냐에 따라 결과는 분명히 달라지므로, 일시적인 작은 패배에 너무나 간단히 포기해 버리지 말아야 한다.

[포인트 4] 목표 달성을 위한 To do list (작성 예시)

1. 가장 중요한 세 가지 목표

- 경기도 ○○ 임장하여 현황 파악하기
- ○○월 ○○일 자산 부채 파악 후 개선 방향 파악하기
- 노후 준비를 위한 개인 IRP 및 ISA 공부하기

2. 지난주 리뷰

- ○○ 성공 사례 분석
- ELS, ELF 공부(유튜브 강의)
- 경매 물건 분석 : 2023 타경 ○○○○

3. To do list

중요도	해야 할 주요 내용	기일	완료
■상□중□하	■ 00월 00일 자산 부채 파악 후 개선 방향 파악하기	24.01.31	
□상□중■하	■ H 은행 일 달러 적금 가입하기 (일 5달러)	24.01.30	
□상■중□하	■ 세제적격 상품 중 개인 IRP 상품 내용 확인	24.02.02	
□상□중□하			
□상□중□하			
□상□중□하			
□상□중□하			
□상□중□하			
□상□중□하			
□상□중□하			
□상□중□하			

※ 주간 단위로 점검한다.

제4장

종잣돈은
금융 습관으로
만든다

왜 돈의 흐름을
파악하는 게 중요할까?

돈을 잘 모으려면 어떻게 해야 할까? 우선 돈의 흐름을 파악하는 게 중요하다. 요즘은 대부분 자동이체로 돈이 이동한다. 월급이 통장으로 들어오면 적금, 카드, 통신비, 보험료 등이 자동이체 되고, 현금을 사용할 일도 거의 없으므로 돈을 현금으로 찾는 경우도 무척 드물다. 즉, 월급이 통장으로 입금되면 비용은 내 손을 거치지 않고 모든 게 자동으로 빠져나간다. 자동이체의 힘이다. 자동이체는 두 가지 마법이 있는데, 하나는 돈을 모을 때는 의지력이 약한 나에게 힘이 되어 주지만, 다른 하나는 돈이 빠져나갈 때는 나의 통제력을 약하게 만든다는 것이다.

돈에 대한 통제력이 약화 되면 어떻게 해야 될까? 돈이 언제 어디로 빠져나가는지 알 수 없다. 월급을 받아 사용한 내용도 없는 것 같은데, 통장에 잔액이 없는 경우를 한 번씩은 경험해 보았을 것이다. 지금처럼 편리한 세상에 자동이체는 필수이지만, 가끔 자동이체 되는 내용을 정확하게 파악하고 확인하여야 한다. 그러면 돈의 흐름을 정확히 알 수 있기 때문이다. '돈을 잘 모으려면 어떻게 해야 하지?'라는 고민이 생긴다면, 통장의 흐름을 파악해 보는 것이 좋다. 급여가 통장에 입금된 후 그대로 방치하고 있지는 않은지 말이다.

돈의 흐름을 파악하면 과연 무엇이 좋을까? 자신도 모르는 사이에 새는 돈을 파악할 수 있다. 점점 많은 사람이 자신의 자동이체 내용을 파악해 보거나, 통장에서 이체되는 내용들을 정리해 보지 않는다. 하지만 한 번만 정리해 보면 보험료가 얼마인지, 신용카드는 월 얼마나 되는지 등 월 고정비와 변동비를 정확하게 알게 된다. 그러면 돈의 포트폴리오를 짤 때도 도움이 된다. 예를 들면 소득 대비 보험료 비중도 파악할 수 있고, 예, 적금의 비중도 알 수 있고, 부채의 현황도 명확히 파악할 수 있다. 예전에 비해서 특이한 점도 금방 알 수 있다. 결국 총수입과 고정비, 변동비, 적금, 보험료, 투자 금액 등이 얼마인지 확인해 보면 좋다.

돈의 흐름을 파악하기 싫은 이유는 무엇일까? 게으름과 두려움 때문이다. 게으름은 '그게 뭐 도움이 되겠어.', '다 알아.' 하고 체념하는 경우이다. 물론 '얼마나 도움이 되겠어.'란 말이 마음에 위로가 될 수는 있겠지만, 금융 습관을 만드는 데는 도움이 되지 않는다. 두려움은 자신의 금융을 처절하게 아는 것이 두렵기 때문이다. 어떤 때는 무엇인가를 줄여야 한다는 강박관념이 두려움이 될 수도 있다. 하지만 자신의 현재 모습을 그대로 파악해 보는 것은 매우 의미 있는 일이다.

통장의 흐름을 어떻게 파악해 보는 게 좋을까? 엑셀도 좋고 워드, 노트여도 좋다. 우선 이체되는 은행과 항목별로 잘 찾아보고 같은 항목끼리 한곳으로 작성하면 좋다. 만약 여러 은행을 거래하고 있거나, 통장이 여러 개이더라도 빠짐없이 정리하면 되고, 한 번 정리해 보는 행동이 중요하다. 자신의 상황에 맞게 더 유익하고 편리한 방법으로 하는 게 좋다. 엑셀은 시트를 복사해서 월별로 관리하기도 편하고, 한 시트에 월을 추가하여 비교하기도 쉽다. 하지만 아날로그 방식으로 노트에 적어가며 기록하고 확인해 보는 것도 좋다. 손으로 적다 보면 훨씬 더 느낌이 올 때도 있기 때문이다. 중요한 것은 꼭 해 봐야 한다는 것이고, 3개월쯤 되면 이체되어 나가는 내용도 외울 수 있게 된다. 그러면 줄어든 금액이나 늘어나는 유형들에 대해서도 알게 되어 돈의 흐름을 통제할 수 있다.

단순히 정리하는 데 그치지 말고 무엇을 찾아야 할까? 항목별로 정리된 내용이 있으면 항목에 세부 항목이 있는지 확인한다. 예를 들면 1개의 보험료를 이체하면 한 항목으로 종결된다. 다수의 보험이 있으면 보장이 한쪽으로 치우치는 경우나, 수입에 비해 과도하게 많은 경우도 발견하게 되는데, 이런 내용을 메모해 놓으면 나중에 자신의 자산을 포트폴리오할 때 도움이 된다. 신용카드, 인터넷 요금, 아파트 관리비 등은 세부 항목이 있는데, 이때는 세부 항목의 상세 내용을 잘 살펴보아야 한다. 우리 집 인터넷 요금을 정리한 내용을 예로 들어 보겠다.

■ 인터넷 요금
(2023년 6월 기준, 단위 : 원)

구분	3월	5월	3월 대비	6월	5월 대비
휴대폰 2대	88,140	88,140	-	88,140	
TV 1	27,260	13,650	△13,610	10,650	△ 3,000
TV 2	21,670	8,580	△13,090	8,580	
인터넷	21,670	21,670	-	18,670	△ 3,000
소계	158,740	132,040	△26,700	126,040	△ 6,000

① TV 1(5월) : 오션 월정액에 가입하고 활용한 적이 없지만 자동이체로 인출되고 있었다.
② TV 2(5월) : 습관을 바꾸려고 오션 월정액을 해지하고, 채널 수를 감소함. (2천 원 절약)

최근 6월 말에 다시 인터넷 이동통신사를 변경하여 TV와 인터넷 요금 중 추가 6천 원을 절약하게 되었다. 반면에 TV 채널 수는 대폭 증가하였고, 증폭 와이파이도 설치하게 되었다. 월 약 3만 2천 원, 연간 38만 원 정도 절약할 수 있었다.

아파트에 사는 사람이라면 아파트 관리비도 유심히 살펴볼 필요가 있는데, 그냥 총액만 보고 지나가면 남는 게 없다. 최근 전기료 등이 인상되어 아파트 관리비도 계속 증가하고 있다. '왜 많이 나왔을까?' 하는 생각만 하고 어쩔 수 없다는 생각으로 지나치면 안 된다. 자세히 살피다 보면, 공용과 상관없이 내가 직접 사용해서 부담하는 부분이 눈에 들어온다. 그중 많은 것이 전기료, 온수, 난방 등이다. 그러면 생활 습관을 바꾸어서 절약할 수 있는 곳을 찾아보게 된다. 그리고 다음 달 줄어드는 모습을 보게 되면 점차 확신을 갖게 된다. 사용하지 않는 불도 끄게 되고, 출·퇴근 시 전원 스위치도 끄게 되고, 물도 아껴 쓰게 된다. 그런 결과 3월 48만 원에서 4월 40만 원, 5월 35만 원으로 감소되었다. 이 중 계절적 요인인 난방을 제외하고 전기료와 물 사용 등 월 5만 원 이상 줄어들었다.

대출 부분도 빼먹지 말고 확인해야 한다. 가계대출의 경우에는 기준 금리(금리=기준 금리 + 가산금리로 구성)가 같을 때 최초 금리가 가장 저렴한 경우가 많다. 2018년 이후 가계대출은 금리 조건 충족과 상관없이 우선 금리를 감면해 주고 일정한 기간이 지난 후(보통 3개월) 금리 조건을 못 맞춘 항목이 있다면 가산금리가 상승하게 된다. 대출금액에 따라 금액도 커질 수 있으므로 잘 살펴보아야 한다. 대출받을 때는 관심이 많다가도 어느 순간 자동이체로 나가고 있으면 눈에 보이지 않아 관심이 사라지게 된다.

새는 돈은 분명히 있다. 다만 금액이 적어서 무시하려는 습관이 있지만, 이런 새는 돈을 찾아 새로운 흐름을 만드는 게 필요하다. 이렇게 종잣돈을 모으는 방법은 돈의 흐름을 파악하면서 시작되는 것이다. 종잣돈이란 천 원이 모여 만 원이 되고, 만 원이 모여 십만 원이 되고. 백만 원이 모여 천만 원, 일억 원이 되는 것이다. 한 술에 배부르진 않겠지만, 낭비되는 돈을 확인했으면 다른 곳에 사용하지 말고 바로 저축해서 모아야 한다. 그러면 처음보다 2배의 효과가 있게 된다. 그냥 사라질 돈과 저축에서 불어 난 금액의 차액이 두 배가 된다는 의미이다. 무조건 돈을 아끼려 하지 말고 새는 돈을 잘 찾아 관리해 보는 것도 중요하다.

종잣돈을 모은다는 것은 미래의 나에게 희망과 가능성에 투자를 시작하는 것이다. 특히 금융자산은 습관이 중요한데, 그냥 지나치기 쉬운 자동이체에 관심을 두는 것 자체가 새로운 습관의 출발점이다. 우리의 뇌는 통장에 남은 돈에는 관심이 있어도 자동 이체된 내용에는 별로 관심이 없다. 뇌가 잊을 만 하면 한 번씩 확인하는 습관을 발휘하면 새는 돈을 막는 데 많은 도움이 된다.

저축은 왜
'수입 × ○%' 해야 할까?

다음의 질문에 답해 보세요. 누구나 알고 있는 정답이 아니라 그동안의 습관을 스스로 생각해 보고 대답해 보세요.

'당신은 쓰고 남은 돈을 저축하나요? 아니면 저축하고 남은 돈을 사용하나요?'

월급 받는 직장인, 사업하는 자영업자 등 소득이 발생하는 모든 사람에게 돈을 모으는 습관에 대한 중요한 질문이다. 아주 오래전 이야기지만, 처음 직장생활을 할 때 '얼마나 저축해야 할까?' 하고 고민을 한 적이 있었다. 몇 년 동안 매월 저축 비율과 연말정산 후 총급여에 대한 저축 비율을 계산해 보는 습관이 있었다. 총급여의 35%, 통장 입금액의 50%가 조금 넘었던 기억이 있다. 그때 급여에서 월급통장에 입금되기 전 저축하는 금액은 제외했으니, 이를 고려한다면 총급여의 저축 비율은 올라갈 것이다. 의아하게 생각할 수도 있으나 총급여와 실제 통장에 입금되는 액수는 생각보다 많은 차이가 있을 수 있다. 세금 등 공과금 외에도 우리사주, 개인연금 등 회사마다 급여 이체 전 공제금액이 다르기 때문이다.

인터넷 등 검색을 해보면 전문가는 저축 60%, 보험 10%, 지출 30%를 추천한다고 하지만, 60%의 저축은 생각보다 쉽지 않다. 저축의 목표를 정할 때 지출 내용에 대한 정확한 분석을 기반으로 불필요한 지출을 먼저 확인하고 나서 월급 중 얼마를 저축할 것인가를 결정해야 한다. 실현 불가능한 목표도 안 되지만, 너무 쉬운 목표는 자기만족에 불과하다.

모든 사람이 일률적으로 월급의 몇 프로를 저축해야 한다고 결정하기가 어렵다. 혼자인 경우도 있지만, 부양가족 수, 대출 등 부채가 있을 수도 있다. 주기적으로 자신이 얼마나 저축하는지를 점검하고 확인하는 습관은 매우 중요하다. 또한 자신의 자산에 대한 정확한 진단은 매우 의미 있는 일이며, 현실을 직시하고 대응책을 세우기도 쉽다. 혼자 또는 아이들이 없는 부부의 경우 저축의 목표는 50% 정도는 되어야 하고, 맞벌이 부부는 더 많아야 한다. 만약 50%가 안 되면 그 원인을 세부적으로 점검하여 문제점을 분석하고 해결해야 한다. 저축하는데 가장 큰 영향을 미치는 것 중 하나가 차량의 소유 여부이므로, 차를 사는 시기에 대해 충분한 고민을 해야 하는 이유이다. 또한 자녀가 성장할수록 교육비, 결혼 비용 등 예상보다 큰 금액의 지출이 기다리고 있으므로 모을 수 있을 때 최대한 모으는 것이 가장 좋은 대책이다.

최근에는 파이어족을 꿈꾸는 사람이 늘어나고 있다. 파이어(FIRE)란 '경제적 자립(Financial Independence)과 조기 퇴직'(Retire Early)의 첫 글자를 따서 만들어진 말이다. 또한 파이어족이란 젊었을 때 소비를 극단적으로 줄여 조기 은퇴를 꿈꾸는 사람들을 말한다. 이들은 '4%의 법칙', '연 생활비의 25배'를 모으면 경제적 독립 또는 경제적 자유가 가능하다고 믿고 소비를 극단적으로 줄여 소득의 70~80%까지 저축한다. 열심히 돈을 모아 은퇴를 준비한다면 은퇴 후에는 어떤 일을 할지 명확하게 설정하고 이에 대한 준비도 미리 철저히 대비해야 한다. 돈에 대한 애착이 강할 때는 다른 곳에 신경을 쓰지 못하지만, 돈이 있다고 해서 모든 문제를 해결해 주지는 못함을 명심해야 한다.

10년 전 처음 노후 설계를 하면서도 은퇴가 꿈이 아니라 경제적 자유를 달성하여 하고 싶은 일을 하면서 소소하게 수입도 갖는 것이었다. 사람마다 삶에 대한 가치가 다르더라도 하고 싶은 일에 돈을 완전히 배제하기는 어려울 뿐만 아니라 쌓아 놓은 곳간에서 헐어 쓰기만 한다면 한 번의 위기 상황에도 모든 계획이 차질을 가져올 수 있다.

급여의 일정 비율을 저축하려면 어려움이 있더라도 선저축 후지출의 원칙을 잘 지켜야 한다. 적금 등 주기적으로 월부금은 자동이체를 통해 먼저 빠져나간 후에 남는 금액을 생활비 등 지출할 수 있는 자동이체 시스템을 믿고 적극적으로 활용해야 한다. 또한 지출 금액이 부족한 상황이 발생할 수 있으므로 사전에 고정지출에 대해 정확하게 계산을 한 후 저축 금액을 설정하고, 비상시 사용할 수 있는 비상금 통장도 마련해야 여러 유혹에서 쉽게 벗어날 수 있는 좋은 방법이다.

통계청의 '23년 상반기 지역별 고용 조사'에서 임금 수준별

임금근로자의 특성을 살펴보면, 300백만 원 미만이 54.7%, 2백만 원 미만은 21%나 된다. 직장인의 월급 저축 비율이 모두에게 절대적일 수 없고, 비율이 다르게 적용해야 하는 이유이다. 또한 예전과 달라 평생직장은 없고 8번 이상 직장을 옮겨야 하는 원인이기도 하다. 월급이 너무 적으면 월세, 생활비, 통신비 등 고정비 지출이 큰 영향을 주기 때문에 저축을 많이 하기가 어렵다. 현재 월급이 적더라도 20~30%라도 저축하는 습관을 만들어야 한다. 저축을 해보지 않으면 저축하는 습관을 만들 수 없고, 그런 습관은 하루아침에 만들지도 못한다. 아무리 적은 금액이라도 꾸준히 모으다 보면 금융에 눈을 뜨게 되고 돈을 모으는 방법도 알게 되는데, 이것 또한 매우 큰 자산이 될 수 있다. 또한 저축 비율을 높이기 위해서는 반드시 포기해야 하는 것이 있는데, 그것이 소비나 다른 것일 수도 있다.

'22년 말 S라는 사람이 목돈을 빨리 모으는 방법을 알고 싶어 했다. 지금까지 나름대로 열심히 절약하며 꼼꼼히 돈을 모으고 있었다. 이런저런 이야기를 통해 가장 많은 지출이 월세라고 판단되었다. 부모님 집에 들어가면 월세만 연간 6백만 원이상 아낄 수 있고 전기료, 수도료 등 기타금액을 합치면 연간천만 원은 아낄 수 있을 것 같았다. 개인적 사정으로 부모님 집에 들어가면 불편함을 감수해야 하지만, 결혼 전까지 부모님과 함께 산다면 상당한 금액을 모을 수 있다. 결정은 본인의 몫이지만 조금 더 멀리 본다면 나쁘지 않은 방법이다.'

　돈을 모으는 것도 때와 시기가 있다. 젊은 나이에는 자금이 좀 빠듯하고 힘들더라도 미래를 생각하며 돈을 잘 관리하는 습관은 굉장히 중요하다. 누구나 처음은 힘들지만 조금만 노력하면 기술도 좋아지고, 능력도 좋아진다. 어느 날 갑자기 돈이 많이 생긴다고 돈을 관리하는 능력이 생기지는 않는다. 계획된 목표대로 성공할 때도 있고, 어떤 때는 실패할 때도 있어야 돈에 대한 근육이 키워지고 자신감도 향상되는 것이다. 산에 오를 때 눈에 보이는 언덕까지 가면 정상인 것 같지만, 그 언덕에 도달하면 저 멀리 더 높은 언덕이 있는 것을 알게 된다. 첫 번째 언덕을 오르지 않으면 다음의 목적지로 갈 수가 없는 게 진실이다. 지금 보이는 언덕 뒤에 있는 산을 보려는 노력을 통해 능력을 증대시켜야 한다. 돈도 마찬가지다. 적은 돈이라도 모아 본 사람이 더 큰 금액을 모을 수 있고 부동산, 채권, 주식 등 또 다른 투자를 할 수 있는 길이 열리게 된다.

　월급이 오를 때마다 저축 비중을 더 높여 원하는 저축의 목표 비중에 도달해야 한다. 주기적으로 자신의 월급 저축 비율과 금액을 확인해 보아야 한다. 월급의 범위에는 고정적으로 들어오는 것도 있지만, 불규칙적으로 들어오는 상여금, 휴가비, 야근수당 등이 있을 수 있다. 이런 돈은 월급의 비중보다 높게 저축해야 해야 하고, 나머지는 비상금에 모아 두는 것도 좋은 전략이 될 수 있다.

마지막으로 사용할 금액을 정할 때 너무 넉넉하게 계산하면 저축할 돈이 줄어들게 된다. 너무 소비를 줄이는 방법이 좋은 전략이 될 수 없는 것처럼, 느슨한 계획 또한 돈을 모으는 좋은 방법이 아니다. 대안 없이 직장을 그만두고 자주 옮기다 보면 돈 모으기는 점점 더 요원해질 수 있다. 직장생활에 충실하면서도 자기계발 등을 통해 전문화된 실력으로 가치를 높이고 자신의 한계를 뛰어넘어 더 향상된 직장을 얻는 것도 저축 비율을 높일 수 있는 좋은 대안이 될 수 있다.

신용카드 명세서를 자세히 보면
뭐가 도움이 될까?

'신용카드 명세서'를 살펴보는 것은 돈 되는 호기심과 관련이 있을까?'라는 질문을 던지는 순간, 돈에 대한 통제 가능성을 만드는 것이다. 매월 청구되는 신용카드 명세서를 언제까지 확인해 보았을까? 처음 신용카드를 사용하면 이용 내역이 궁금해 꼼꼼히 살펴보게 되지만, 어느 순간 청구된 총금액만을 확인하게 된다. 이런 단계가 지나면 아예 통장에서 카드 대금이 빠져나간 것을 알려주는 문자를 보고 이번 달 '청구 금액'을 알 때도 있다. 예전에는 카드 명세서가 우편물로 송부되어 확인하는 습관이라도 있었지만, 지금은 모바일 청구서가 대부분이라, 의도적으로 확인하려고 하지 않으면 그냥 지나치게 된다.

통장에 잔액이 여유 있거나, 마이너스 대출 한도가 여유 있을 때는 더 확인하지 않는 경우가 많다. 하지만 매월 신용카드 명세서 내용을 꼼꼼히 확인하고 점검하는 습관만으로도 자신의 재무를 잘 관리하는 능력이 생긴다.

신용카드를 사용하면서 한 번쯤은 '체크카드를 사용하면 어떨까?' 하는 생각을 했을 것이다. 신용카드의 최대 장점은 지금 당장 돈이 없어도 신용으로 원하는 것을 구매할 수 있다는 것이다. 하지만 신용카드는 감당할 수 없는 소비의 시작이다. '외상이면 소도 잡아먹는다.'라는 속담처럼 절제력과 통제력을 발휘하기 어렵다. 나중에 어찌 되든지 생각할 겨를도 없이 당장 좋으면 구매하는 과소비 습관이 만들어진다. 이런 예상치 않은 과소비는 저축할 돈이 부족해지고, 심한 사람은 시드머니로 모으던 적금도 해약하게 된다. 더 심한 경우는 신용카드 돌려막기로 시작해서 2금융권의 비싼 카드론을 받아 상환하다가 신용점수는 하락하고, 금융권 대출이자도 올라가는 악순환을 겪는 사람을 많이 보아 왔다. 몇백만 원에서 시작한 카드 대금이 이런 과정을 통해 수천만 원으로 확장되는 사례는 의외로 많고, 나중에 후회하더라도 돌이킬 수 없는 상황에 빠지는 경우가 종종 있다.

체크카드는 신용카드와 달리 즉흥적인 외상 구매를 줄일 수 있고, 정해 놓은 예산 범위 내에서 지출하는 습관을 기를 수 있는 가장 좋은 방법이다. 체크카드는 사용 즉시 통장에서 인출되기 때문에 통장 내역을 실시간으로 확인할 수 있어서 좋다. 미리 월간 한도를 정해서 통장에 입금해 놓으면 통장 잔액을 확인하는 습관이 생겨 소비에 대한 절제력도 생긴다. 또한 통장에 잔액이 부족하면 우리 뇌는 스스로 생활 패턴을 바꾸는 힘을 가지고 있다. 더불어 우리 뇌는 하던 걸 잘하므로 새로운 소비 습관을 만들어서 꾸준히 유지하고 싶다면 체크카드 사용으로 바꾸어 보는 것도 큰 도움이 된다. 미래에 사용할 돈을 위해 저축하는 일만큼이나 지금 당장 소비를 통제하는 경험도 중요하다.

신용카드 이용에서 체크카드 사용으로 전환하려면, 1개월의 카드 청구 금액만큼 예비 저축이 필요하다. 기존에 사용한 신용카드 결제금액은 예전처럼 결제하면 되겠지만, 앞으로 1개월 동안 사용하는 체크카드 대금은 통장 잔액에서 바로 인출되기 때문이다. 지금 내 지갑에 몇 장의 신용카드가 있고, 사용하는 카드는 몇 장인지 반드시 확인해야 한다. 대부분 처음에는 한 장의 신용카드를 사용하다가 시간이 지나면 여러 장의 카드를 사용하기 마련이다. 그 이유는 각각의 카드가 주는 혜택이 다르고, 그런 혜택을 위해서 여러 장의 카드를 사용하는 게 유리하다고 생각하기 때문이다.

예를 들어, 스마트폰을 새로 구매하러 대리점에 가면 통신 요금제에 관한 설명 중 빠지지 않는 부분이 있다. 삼성카드, 현대카드, 롯데카드 얼마 등 기기 할인이 된다는 이야기다. 대부분 유혹에 빠지기 쉽지만, 공짜로 주는 혜택은 아니다. 신용카드별로 전월 실적 30만 원 또는 40만 원 등 월 사용 실적 조건이 있다. 처음에는 혜택을 받기 위해 전월 실적 조건을 맞출 수 있다고 생각한다. 그런데 저녁 TV 홈쇼핑에서는 집에 필요한 정수기 렌탈 방송을 하고 있다. 마침 필요하던 참이라 신청했더니 매월 내는 요금을 저렴하게 하기 위해서는 또 신용카드 조건이 있다.

이렇게 시작한 신용카드는 점점 숫자가 늘어나게 된다. 반면에 신용카드 사용조건 전월 실적은 한두 달 열심히 하다가 그냥 포기하고 잊고 사는 경우가 많다. 신용카드 마케팅에 똑똑하다고 생각하는 내가 당하는 아주 전형적인 사례. 신용카드가 여러 장이면 관리가 힘들고 어려우니 1~2장 이내가 적당하고 많아도 3장 이상이면 안 된다.

꼼꼼한 사람은 앱으로 신용카드 사용 내역을 관리하며 혜택을 받으려고 노력한다. 하지만 이렇게 관리하다 보면 전월 실적이 부족한 부분이 생긴다. 즉, 전월 실적 30만 원이면 만 원 할인 혜택이 있는 카드 실적이 현재 25만 원이라면 어떻게 하게 될까? 많은 사람은 부족한 실적 5만 원을 채우기 위해 꼭 필요하지 않은 소비를 하게 된다. 물론 자신은 꼭 필요한 것이라고 스스로 위안하면서 소비하겠지만 지나고 보면 불필요한 소비일 때가 많다. 이렇게 신용카드의 사용 금액에 따라 요금 등을 할인, 감면해 주는 이벤트나 프로모션 등 현혹에 더욱 조심해야 한다. 포인트나 할인 혜택으로 얻은 이익보다 계획 없는 지출이 더 커질 가능성이 크기 때문이다.

매월 청구되는 신용카드 명세서를 잘 살펴보고, 소비성향을 파악해서 새로운 소비 습관을 만들어야 한다. 그렇게 하려면 신용카드 명세서에서 무엇을 보아야 할까? 우선 한 달의 소비성향을 파악해야 한다. 전월과 비교해서 증감도 확인하고, 원인도 파악하고 분석해 보는 자체만으로도 새로운 소비성향을 만들 수 있다.

우선 식비와 관련하여 엥겔지수, 배달 음식, 외식비 등을 점검하면 좋다. 엥겔지수는 음식 지출과 소득을 연관시키는 통계적 척도로서 식비 총액을 총수입으로 나누어 백분율로 표시한 것이다. 소득과 가구 구성원에 따라 다르겠지만 김경필 작가의 《오늘은 짠테크 내일은 플렉스》에 따르면 월수입 500만 원 정도라면 1인 가구 15%, 2인 가구 20%, 3인 가구 25% 수준을 유지하면 좋다고 한다. 하지만 최근 2년간 물가가 많이 올라 이 수준을 유지하기가 현실적으로 어려울 수도 있다. 요즘은 툭하면 음식을 배달시켜 먹게 되니 배달 음식이 얼마나 되는지를 확인해야 한다. 특히 집에서 시간적 여유가 있음에도 불구하고 너무 자주 시켜 먹거나, 회사 구내식당이 있음에도 매일 점심을 외부에서 먹거나, 주말 외식이 너무 많다면 줄이는 습관을 길러야 한다.

교통비 관련 내용도 잘 살펴보는 게 좋다. 일반적으로 재테크 전문가들은 자동차는 자신의 월급의 4배~7배 범위에서 사라고 한다. 자동차 가격도 문제지만 생각보다 유지비가 상당히 많이 든다. 예를 들어 차를 50 백만 원에 사서 월 10만 원의 유류비를 사용한다면 자동차세, 보험료, 차량 점검비, 기타 부대비를 합하면 연간 비용이 차량 가격의 5% 정도의 비용이 든다. 또한 차가 노후화되면서 차량비용은 점점 더 많이 들어간다. 하지만 자동차 관련 항목 중 아낄 수 있는 부분은 유류비 정도이다. 그럼에도 너무 자동차에 의존하는 삶은 아닌지 확인하고 점검할 필요가 있다. 가능하면 자동차는 결혼하고 아이를 낳은 뒤 구매해도 늦지는 않다. 예전에 첫 자동차를 큰아이가 7살 때 구매하게 되었지만, 그렇게 불편하게 살지는 않았다. 또한 버스나 지하철 등을 이용할 수 있음에도 습관적으로 택시나 자가용을 무심코 이용하는 버릇이 있는지도 확인해야 한다.

커피값, 술값 등의 사용 금액도 잘 점검해야 한다. 회사 내 휴게실에 원두커피가 있음에도 불구하고 매일 아침, 점심 등 수시로 커피전문점에서 습관적으로 커피를 테이크 아웃하는 경우도 많이 있다. 이왕 돈 아껴서 종잣돈을 모아 투자하기로 결심했다면 4~5천 원도 아낄 줄 알아야 천만 원, 오천만 원도 모을 수 있다. 금액이 적다고 무시하고, 조금 피곤하다고 '오늘만' 하면서 택시를 타는 등 이런저런 핑계를 생각하다 보면 중도에 포기할 가능성은 점점 더 커진다. 특히 술값 등 유흥비로 과다한 지출이 있는지 확인하고, 있다면 반드시 줄여 새는 돈을 막아야 한다.

충동적 구매, 즉 예산 계획이 없는 무분별한 지출은 없었는지 확인한다. 예를 들면 친구와 함께 백화점에 갔다가 사치품 등 충동구매가 있었는지, 홈쇼핑에 물건 구매 후 한두 번 사용하고 구석에 팽개쳐 놓은 것은 없었는지 잘 살펴보아야 한다. 또한 자기계발을 한다는 명목하에 공부, 취미, 문화생활 등에 소득 대비 너무 큰 비용을 지출하고 있거나, 계획 없는 무분별한 여행은 없었는지 등 세밀하게 살펴보고 습관을 바꾸려고 노력해야 한다.

물건을 할부로 사서 매달 할부수수료가 나가고 있지 않은지도 확인하고 점검한다. 점검해 보고 자기 통제력이 부족하다 싶으면 체크카드를 사용하는 것도 좋다. 퇴직 후에 신용카드 사용을 줄여 보려고 고민하다 체크카드를 사용하기로 결심했었다. 대부분 지출 비용 80% 이상을 체크카드로 바꿨는데, 돈의 흐름을 명확히 파악하는 데 많은 도움이 되었고, 사용할 때 한 번 더 고민하게 되어 절약과 통제력이 모두 가능해서 좋았다.

통장을 쪼개서 관리하면
불편하지 않을까?

종잣돈을 모으려면 통장을 쪼개서 관리하라는데, 꼭 그렇게 해야 하는 걸까? 통장이 여러 개면 불편한데, 그냥 한두 개 통장으로 꼼꼼히 관리하면 안 될까? 하는 의문이 들 수 있다. 당연히 그렇게 해도 안 될 것은 없다. 하지만 시작할 때는 편하겠지만, 점점 관리하면서 손이 가서 힘들고 귀찮아진다는 것이다. 누구나 아는 것처럼 귀찮으면 포기하기 쉽다.

월급이 입금되면 든든하고 뿌듯한 마음도 잠시, 며칠 지나서 통장에 잔액이 별로 없는 황당한 기억이 있나요? 혹은 사회 초년생으로 '통장을 어떻게 관리하면 좋을까?'라는 고민을 한 경험이 있나요? 그렇다면 통장을 쪼개서 관리하는 습관을 길러야 한다. 급여통장은 단지 돈이 흘러가는 통장일 뿐이고, 가만히 두면 흘러 나가고 남는 게 없다. 통장이 몇 개 있느냐가 중요한 게 아니고 얼마나 잘 관리할 수 있느냐가 중요하다. 하나의 통장으로 관리하려면 여러 개의 통장을 관리하는 것보다 매월 더 꼼꼼하고 세밀하게 관리해야 원하는 종잣돈을 모을 수 있다.

통장을 쪼개기 하면 불편한 것은 무엇일까? 여러 개의 통장을 만들어야 하고, 관리해야 하니 신경이 쓰일 수밖에 없는 것은 당연하다. 하지만 요즘은 통장이 많아도, 여러 은행을 거래해도 거의 모든 업무가 장소와 시간에 상관없이 은행 앱으로 관리할 수 있다. 통장이 여러 개여서, 거래하는 은행이 많아서 불편하다는 생각은 선입견일 뿐이다. 반대로 통장을 쪼개기 하면 어떤 점이 좋을까? 사회초년생일수록 용돈 관리, 투자관리, 소비 습관 확인 등 재무 및 금융에 대한 이해가 높아지고, 돈에 대한 통제력도 생긴다. 꼭 사회초년생이 아니더라도 목돈을 모으고 싶거나, 소비 습관을 바꾸어 보고 싶으면 한 번 도전해도 된다.

월급이 통장으로 입금되고부터는 급여 날에 대한 느낌이나 감동이 점점 떨어지고 무감각해진다. 이런 급여 날을 의미 있는 날로 바꾸고, 한 달간 열심히 노력한 대가의 결과도 만끽하면서 월급날을 통장 쪼개기에 도전하는 날로 정하면 어떨까?. 그렇게 하려면 통장은 어떻게 쪼개면 좋을까? 통장을 쪼갠다는 의미는 각 계좌에 이름표나 꼬리표를 붙여서 사용 목적별로 관리한다는 의미이다. 가장 큰 장점은 돈을 목적이나 용도별로 분리해서 지출은 통제하고, 저축은 가능하게 한다는 것이다.

입출금이 자유로운 통장은 급여통장, 생활비 통장(고정, 유동), 비상금 통장, 필요하면 신용카드 통장까지 최소 4~5개는 되어야 한다. 요즘은 입출금통장을 여러 개 동시에 만드는 것은 쉽지 않으므로 기존에 통장이 있는 것을 활용해야 바로 시작할 수 있다. 만약 비대면 서비스로 신규 계좌를 개설하면 20영업일 계좌 개설 제한이 있으므로, 거의 한 달에 한 개의 통장을 만들 수 있다.

급여통장은 모든 은행이 최대의 혜택을 주는 통장으로 대부분의 수수료가 면제된다. 월급이 들어오는 통장이면서 다른 통장으로 이체시켜 주는 역할을 한다. 부수적으로 들어오는 상여금, 보너스, 연말정산 환급금 등도 모두 이 통장으로 관리하는 가장 기본이 되는 통장을 말한다. 개인사업자 등 직장인이 아니라면 모든 수입을 하나로 모으는 통장이면 된다. 급여통장에 한 달에 소비되는 '고정지출' 금액을 남기고 나머지를 다른 목적별 통장으로 이체 후 관리하면 생활비 고정 통장을 대체할 수도 있다. 하지만 이왕 통장을 쪼개기로 마음먹었다면 별도로 관리하는 게 편하다.

생활비 고정 통장은 적금, 펀드 등 매월 자동이체 금액, 보험료, 교통비, 통신비, 관리비 등과 같은 매월 고정된 지출을 관리하는 통장이다. 반면에 생활비 변동 통장은 마트, 할인점 등에서 생활용품 구입과 외식, 배달 등 식비 그리고 여가, 문화생활 등을 관리하는 통장으로 정해진 범위 내에서만 사용한다. 생활비 변동 통장은 고정된 금액이 아니므로 매월 사용 금액 조정도 가능하다. 생활비 변동 통장과 연결된 체크카드를 사용하면 사용한 기록이 남아 더 계획적이고 체계적으로 관리할 수 있다. 돈 쓰는 것도 습관이므로 용돈과 생활비를 명확히 구분하고 용돈의 범위를 분명하게 정하여 가능하면 용돈은 다른 통장을 사용해야 한다.

비상금 통장은 파킹통장이라고도 하고 부족한 생활비나 예상치 못한 지출을 대비한 저축이다. 비상금 통장은 예상치 못한 일이 발생하여 목돈이 필요한 경우라도 기존의 적금 등을 해약하지 않고 저축을 지속할 수 있게 하기 위한 용도로 활용한다. 사전에 비상금 용도를 정해 놓고 월급의 2~3배 정도를 모으면 적당하다. 비상금 통장은 비교적 금리가 높은 CMA, MMF 등을 활용하면 좋다. 비상금 통장에서 가장 많은 지출은 경조사(나이가 들수록 점점 커짐), 재산세, 자동차 보험료, 자동차 수선비, 병원비 등 일회성 자금을 대비한 통장이다. 만약 다음 달 월급을 받을 때까지 생활비 변동 통장에 남는 금액이 있다면 비상금 통장으로 이체하여 관리하면 많은 도움이 된다.

신용카드 통장도 따로 관리하면 좋으며 가능하면 체크카드로 사용하는 게 좋다. 신용카드를 꼭 사용하고 싶다면 관리비, 교통비, 통신비, 보험료 등 고정비용에 사용하면 좋다. 특히 카드 실적으로 인정되는 항목〈ex 관리비, 보험료 등 / 단 카드사별 상이〉들이 있다. 이런 항목은 매월 고정된 비용이므로 카드 실적에 따른 할인을 받을 때 이용하면 좋다. 단 소비성 지출은 체크카드를 사용하는 것을 권장하지만 신용카드를 사용하려면 적정한 금액을 사용하고 통제력을 가질 수 있도록 노력해야 한다. 신용카드 사용은 변동성이 크고, 언제든지 통장 잔액 이상 사용할 확률이 높아서 통제력이 상실되기 쉽기 때문이다.

만약 신용카드 이용 금액이 통장 잔액을 초과한다면 통장을 쪼개서 관리하는 의미가 모두 사라지게 된다. 오늘 쓴 신용카드가 다음 달 통장에서 인출되므로 결제되기 전까지는 모르고 있다가 카드 금액이 빠져나가면 깜짝 놀라는 경우가 생긴다. 계좌별 체크카드를 사용하고 문자나 알림톡으로 내역을 받고 잔액을 확인하면 자연스럽게 지출을 통제하는 습관이 만들어진다.

통장을 쪼개서 관리하는 가장 큰 이유는 무엇일까? 바로 저축이다. 즉, 남은 돈을 저축하는 게 아니라 저축하고 남은 돈을 쓰는 것이다. 예를 들어, 500만 원의 월급을 받은 사람이라면 가장 먼저 고정지출을 차감하고, 다음으로 저축 금액을 정하고, 마지막으로 나머지가 생활비, 용돈 등이 된다. 저축이란 예금, 적금, 주식, 연금저축, 주택청약종합저축, 개인 적립 IRP, ELS, ETF 등을 말한다. 장, 단기에 따른 전략과 노후에 관한 통장까지 설계를 잘 세워야 한다.

수입이 많으면 목돈을 쉽게 모을 수 있다고 생각하지만, '많은 수입이 반드시 목돈으로 연결되지는 않는다.' 아무리 수입이 많더라도 지출이 통제되지 않고서는 목돈을 만지기는 불가능하다. 자산관리를 잘하는 사람은 선저축 후지출, 자산관리를 못 하는 사람은 선지출 후저축하는 사람이다. 자산관리에 가장 문제가 많은 사람은 전혀 관리하지 않는 사람이다. 자신의 소비패턴과 돈의 흐름을 알고 나에게 맞는 투자 방법을 찾는 것이 무엇보다 중요하다.

위의 통장과는 별도로 여행을 위한 자금을 모으고 있다. 매일 5달러씩 적금에 자동이체 되는데, 일 5달러이니 크게 부담이 없고 거부감도 없다. 작년 2월에도 이 금액으로 베트남 가족여행을 다녀왔고, 지금도 몇백만 원 모아져 있다.

아이들의 용돈은
어떻게 종잣돈이 되는가?

아이들이 용돈을 받는 순간, '용돈을 어떻게 하면 좋을까?'라는 질문을 던지면 돈 되는 호기심이 시작된다. 종잣돈을 모으는 가장 좋은 방법 중 하나는 아이들의 용돈이다. 아이들 용돈 '얼마나 되겠어.'라고 무시할 수 있겠지만, 생각보다 많이 모을 수 있다. 물론 시간이 상당히 오래 걸리지만, 아이들의 용돈 모으는 것을 잊고 살다 보면 어느 날 용돈의 힘을 알게 된다. 아이들의 용돈으로도 수천만 원 이상 가능하다.

용돈을 종잣돈으로 만들기 위해서는 결혼 후 아이가 태어나면 가장 먼저 아이 명의의 통장을 만든다. 즉, 출생신고 후

① 아이 도장, ② 가족관계증명서, ③ 대리인의 신분증(부 또는 모)을 지참해서 은행을 방문하면 통장개설이 가능하다. 통장을 개설하고 마음속 의지를 굳건히 다짐하면 된다.

'어떠한 유혹에서도 아이의 용돈은 손대지 않겠어!'

아이들이 태어나고 성장하면서 받는 용돈이 생각보다 많아 놀라게 되는데, 모아본 사람만이 알 수 있다. 아이들의 용돈을 통장에 입금할 때마다 쏠쏠한 재미도 있다. 정말 적은 돈을 모아서 종잣돈을 모으고 싶다면 아이들의 용돈 통장을 어떻게 관리하느냐가 굉장히 중요하다. 아이들이 태어나면 할아버지, 할머니, 삼촌, 큰아빠, 이모 등 다양한 사람들로부터 용돈을 받게 된다. 대부분 그 용돈은 곧바로 아이들의 부모에게 넘어간다. 즉, 부모님의 주머니로 '쏘~옥' 들어간다. 그중 일부는 아이들의 물건을 사는 데 사용되고, 나머지는 생활비 등 아무런 근거도 남지 않고 사라져 버린다.

돈 되는 호기심이란 생각의 차이에서 만들어진다. 아이들의 용돈을 'In my poket'이란 생각으로, 내 돈으로 만들면 아무런 의미가 없다. 이런 많은 유혹에서 벗어나기 위해서는 '통장을 만든 이유'를 떠올려 보면 도움이 된다. 즉, '아이들의 용돈을 헛되게 사용하지 않기 위해서', '아이들의 용돈을 종잣돈으로 만들어 주기 위해서' 등 이런 이유를 잊지 않으면 된다. 돈이란 자유로움을 갖고 있어서 통장에 입금하고 출금하지 않으면 모이는 것이고, 사용하면 소비된다. 소비되는 당시에는 다른 돈이 굳어 뿌듯함을 느낄 수도 있지만, 마음의 위안은 그 순간뿐이고, 남았다고 생각하는 그 돈마저도 소비되고 수중에는 없게 된다,

우리나라 설 명절에는 세뱃돈을 주는 풍습이 있는데, 아이들은 생각보다 많은 용돈을 받는다. 당연히 나가는 돈도 많다 보니 마음속으로 나가는 돈과 아이들에게 들어오는 용돈을 상쇄하고 싶어진다. 상쇄하고 싶은 마음은 들어오고 나가는 돈의 차액만 이익이나 손실로 가져가고 싶어 하는 마음의 갈등에서 생긴다. 하지만 용돈을 내가 받은 게 아니라 아이들이 받은 것이니, 눈 딱 감고 아이들의 통장에 입금해야 한다. 또한 평소 세뱃돈 등 목돈이 나갈 것을 대비해 예비 통장 또는 비상금 통장으로 모아야 한다.

통장에 입금하면서 재미있는 글을 남기면 더욱 좋고, 생각

보다 재미가 있다. 용돈을 CD기나 ATM기에서 입금하면 어렵고, 자신의 통장에 입금 후 모바일뱅킹으로 아이들의 통장에 입금하면서 입금자명을 수정하면 된다. 보통 10자 정도가 가능하고, 글들의 내용도 다양하게 할 수 있다. 아이들의 통장을 만들지 않고 부모 명의의 통장을 한 계좌 더 만들어 입금하는 방법은 추천하지 않는다. 우선 의지가 달라진다. 단순히 통장 명의만 다른데 '뭐 어때?'라고 생각할지 모른다. 하지만 아이들의 통장은 어른 통장과 비교해 그 느낌과 마음 자세부터가 달라지게 만든다. 어른 통장에 입금한 후 아이들이 어른이 된 후에 넘겨주면 금액이 큰 경우 증여의 문제가 발생할 수도 있다. 이것저것 고민하지 말고 아이의 통장을 만들면 된다.

이왕 통장을 만드는 김에 아이들의 적금통장도 하나 만들기를 추천한다. 용돈만 저축하지 말고 한 달에 조금이라도 적금을 들어주면 좋은데, 금액은 월 3만 원 또는 5만 원도 가능하고, 더 커도 되고 작아도 된다. 형편 되는 대로 자동이체 시켜서 관리하면 나중에 조금씩 목돈이 된다. 꼭 적금이 아니어도 되고, 펀드도 좋고 ETF도 상관없다. 적은 돈을 목돈으로 모으는 방법이면 어떤 금융 상품이라도 괜찮고, 만기가 되면 다시 정기예금 등 목돈 운용으로 변경 관리하면 된다.

아이들의 용돈을 저축하는 것도 시기가 있다. 초등학교 입학 전에는 들어오는 용돈 전액을 모두 모을 수 있지만, 점점 아이들이 커 갈수록 자신이 받는 용돈을 사용하고 싶어 한다. 두 가지 방법이 있다. 용돈 중 일부를 주고 나머지는 저축하는 방법과 모두 저축하고 내 돈으로 용돈을 주는 방법이다. 처음에는 어색할 수도 있으나 습관이 되면 괜찮다. 이렇게 모을 수 있는 시기도 중학교, 길어야 고등학교까지이다. 고등학교만 되어도 쉽지 않다.

'그렇게까지 해야 하나?'라고 생각할 수도 있다. 맞는 말이다. 경제적으로 풍족해서 수천만 원의 종잣돈 정도는 아무것도 아니라면 그렇게 할 필요는 없다. 아이의 용돈 통장은 돈에 대한 금융 마인드를 심어 줄 수 있는 또 다른 장점이 있다. 우리나라는 생각보다 금융의 지식이 높지 않으며, 아이들에게 평소 돈에 대한 개념을 가르쳐 주기도 쉽지 않다. 금융개념을 넣어 줄 좋은 기회로 활용할 수 있다.

아이들에게는 용돈만 있는 게 아니다. 예전에는 아이 백일, 돌 때 금반지, 금팔찌 한 돈, 반 돈을 많이 선물해 줬다. 이런 것들도 모아 놓으면 돈이 되지만, 아쉽다고 사용해 버리면 남는 게 없다. 금은 언제나 재테크에서도 좋은 투자 대상이다. 예전에 아이들 돌, 백일에 금을 주고받을 때는 금 1돈에 4~5만 원 수준이었는데, 지금 금 1돈 가격을 검색해 보니 32만 원이 조금 넘는다. 보유했다면 최소 6~7배가 넘는 수익이고, 사용했다면 남아 있지 않는다. 예전에 받아 지금 보유한 금을 단순 계산해도 수천만 원은 되니, 투자수익으로도 충분한 가치가 있다. 돈의 가치가 그때와 지금이 다르다고 말할 수 있지만, 그때는 금 한 돈 사는 것에 크게 부담을 느끼지 않았다. 지금은 어떠한가? 아마 아이의 돌 때 금 한 돈 쉽게 선뜻 선물하는 것조차 쉽지 않다. 결혼 전에 가입한 삼성생명 개인연금 저축보험이 최저보장이율이 7%였다. 지금 원금의 4배 수준이니 금값이 더 큰 가치로 올랐다.

아이들의 용돈을 저축하는 동안 사용하고 싶은 유혹에서 벗어나야 한다. 사람에 따라서 저축을 10년 이상 유지하기는 생각보다 어려울 수 있고, 조금만 돈이 아쉽거나 사용할 일이 생기면 아이들의 용돈 통장이 첫 번째로 떠오른다. 한두 번은 참아내지만, 그 유혹을 끝까지 지켜내기란 웬만한 의지로 버티기 힘들다. 어느 순간 자신의 뇌와 '이번 한 번만 잠깐 쓰고 채워 넣어 놓지.'라고 타협을 하지만, 사용한 돈을 다시 채워 넣기는커녕 용돈을 저축하는 것도 포기한다.

우리 아이들은 출생신고 후 바로 통장을 만들었다. 은행에 다니고 있어서 더 쉬웠다고 말할 수도 있겠지만, 통장을 만드는 것은 어렵지 않다. 처음에는 용돈은 입출금통장에 저축하고, 별도로 매월 3만 원의 적금을 신규 가입했다. 적금 만기 금액과 용돈 모두를 주택청약종합저축에 입금했다. 주택청약종합저축은 2년이 지나면 아무 때나 해약하여도 정상 금리를 지급하므로 정기예금 대신 운용하기에 좋았기 때문이다. 저금리 시대 때는 적금 대신 펀드 등으로 운용했는데, 적은 금액으로 분할매수와 장기 투자도 가능했기 때문이다. 펀드는 높은 수익률도, 원금의 손실 가능성도 있으므로 투자성향에 맞게 투자해야 한다.

지금은 입출금통장도 높은 금리를 주는 은행이 많이 있고, 증권사의 CMA 등도 괜찮다. 또한 주택청약종합저축도 금리가 너무 낮아 목돈이 생기면 정기예금으로 운영하는 편이 나을 수도 있다.

그렇게 모은 두 아이의 용돈이 3천만 원 정도였는데, 최초 수익형 부동산을 구매할 때 시드머니로 톡톡한 역할을 했다. 종잣돈을 모으는 것은 그냥 지나치기 쉬운 용돈을 모으는 것처럼 돈이 들어오고 나가는 모든 경로에 새로운 생각이 필요하다. 그냥 '지나치거나', '나 몰라라' 하면 안 된다. 새로운 관점의 돈에 대한 애정과 사랑을 주어야 싹이 트고 자라게 된다. '그때와 지금은 달라.'라는 생각이 머릿속에 떠오르면 벌써 스스로 핑곗거리를 찾고 있는지도 모른다. 상황은 바뀌어도 새로운 방식으로 접근할 수 있는 길은 얼마든지 있기 마련이다.

저축성 보험은
어떻게 종잣돈이 되는가?

　　그동안 만난 많은 사람 중에는 보험에 대하여 부정적인 의견을 가지고 있는 사람은 의외로 많았다. 보험은 위험에 대비할 수 있는 가장 대표적인 위험 관리 상품 중 하나이다. 사망, 질병, 화재, 자동차 사고 등은 많은 사람에게 언제든지 발생할 수 있는 위험이면서 언제 어떻게 일어날지 아무도 알 수 없다. 일단 발생하면 돈이 많이 들어가는 위험들이므로 사전에 대비하면 좋다. 그런데 왜 보험에 대해서 긍정적인 사람보다 부정적인 의견을 가지고 있는 사람이 더 많을까?

　　부정적인 의견을 가지고 있는 사람들은 오랫동안 보험금을 입금하다가 개인적 사정으로 보험을 해약할 때 원금도 제대로 못 받는 경험을 한 경우가 많다. 보험의 본래 기능에 충실한 보장성 보험 상품일수록 납입액과 중도해지 금액의 차이가 더 크다. 보험에 가입해 보장받으려는 위험들은 만약을 대비하는 것이기 때문에 가능하면 발생하지 않아야 한다. 발생 가능성은 희박하더라도 위험에 대비하기 위하여 보험에 가입하고 보험료를 내는 것이지만, 중도에 해약할 때는 무척 아깝게 느껴지는 건 어쩌면 너무나 당연한지도 모른다. 보장성 보험에 가입할 때 가입해서 얻는 이익과 잃는 이익을 비교해 보면 보험 가입의 필요성 여부를 좀 더 구체적으로 느낄 수 있다.

원하는 종잣돈을 모으려면 보장성 상품으로는 어렵고, 은행의 적금과 유사한 저축성 보험상품에 가입해야 한다. 보험사의 공시 이율을 적용한 저축성 보험은 은행의 예, 적금처럼 예금자 보호가 가능한 상품이지만, 펀드처럼 투자 성과에 따라 수익률이 달라지는 변액 저축성 보험은 예금자 보호를 받지 못한다.

종잣돈을 모을 수 있는 다양한 방법을 제쳐두고 굳이 중도 해약하면 원금도 제대로 못 받는 저축성 보험에 가입해야 할까?라는 궁금증이 생길 것이다. 특히 저축성 보험은 예, 적금과 달리 '사망 시 ○○지급' 같은 보장이 들어가 있어서, 이 보장이 크면 사업비도 많아지고, 이 보장이 작으면 사업비도 낮아지는 구조이다. 보험을 해약하면 원금도 찾기 힘들다는 의미는 보험료 납입액에서 사업 수수료를 차감하기 때문이다. 만약에 '거의 예, 적금과 다름없는 저축성 보험'이란 이야기를 들었거나 그렇게 알고 있다면 사망이나 상해 보장금을 최소한도로 낮춘 보험상품을 말하는 것이다.

그런 단점에도 불구하고 저축성 보험은 여전히 종잣돈을 모을 수 있는 좋은 장점이 있다. 저축성 보험의 최대 장점은 소액으로 중, 장기적 목돈을 모을 수 있다는 것이다. 은행의 예, 적금은 보통 3년 만기가 많고, 5년 적금에 가입하는 사람도 거의 없다. 즉, 은행은 단기적으로 돈을 모을 수 있는 방식이 대부분이다. 5년만 넘게 돈을 모으려고 해도 방법이 마땅치 않다. 주식, 펀드, ETF 등으로 장기 투자하기에도 뭔가 석연치가 않다. 또한 재테크 전문가들은 종잣돈을 3~5년, 늦어도 5~7년 내 모으라고 하지만 인생이란 알 수 없다. 그때만 목돈이 필요하고, 그 이후에는 필요 없을까? 아니 계속 필요하고 더 필요하다.

종잣돈을 모으는 포트폴리오 전략이 필요하다. 일반적으로 종잣돈 모으기 전략은 3~7년에 모으는 것도 필요하지만, 조금 더 장기적으로 모으는 전략도 필요하다. 예를 들어, 매년 10만 원씩 1개의 보험을 든다면, 10년이 지나고 나면 이자를 제외하고도 매년 12백만 원 이상 목돈이 들어온다. 직장생활을 하면 매년 급여가 오르는 게 일반적이다. 오른 급여 중에 일부를 10년 이상의 저축성 보험에 가입한다면 나도 모르는 사이에 상당히 많은 목돈이 쌓이게 된다. 종종 시작할 때는 판단이 어렵고 '도움이 될까?', '적금 드는 게 나은 거 아닐까?'라고 생각하지만, 막상 만기가 되어 찾을 때쯤에는 '정말 잘했군!', '난 가입한 줄도 몰랐는데.' 이렇게 바뀌게 된다. 장기적인 종잣돈을 모을 때 너무 이자에 의존하지 않아도 된다. 이자가 얼마나 더 많은지보다는 만기까지 잘 버틸 수 있느냐가 더 중요하다. 매월 10만 원씩 저축할 때 이율의 소소한 차이는 목돈을 모으는 데 별로 영향을 주지 않는다. 저축성 보험은 장기간 유지해야 하고, 중도에 해약하면 원금 손해도 발생하기 때문에 그때까지 유지할 수 있느냐가 결심에 있어서 가장 핵심 사항이다.

10년 이상 만기까지 유지한다면 발생한 이자에 대하여 비과세 혜택도 누릴 수 있을 뿐만 아니라 일반적으로 예, 적금보다 더 많은 이자를 받게 된다. 하지만 저축성 보험의 비과세 한도는 점점 축소되어 2017년 4월 이후로는 매월 150만 원 초과의 저축성 보험은 비과세(비과세 요건 : 납입기간 5년 이상 & 10년 이상 유지, 월 평균 납입보험료 150만 원 이하 & 연간 1,800만 원 이하) 혜택을 받을 수 없고, 목돈을 넣는 일시납 보험도 1억 원(10년 이상 유지)까지만 비과세 혜택이 가능하다. 물론 비과세 혜택이 가능한 불입한도는 있지만, 차익에 대해서는 비과세 한도가 없다. 즉, 1억 원을 납입하고 5억 원을 벌어도 4억 원의 차익에 대해서는 세금이 없는 것이 역시 장점이라 할 수 있다.

저축성 보험의 중도해지에 따른 원금 손해는 단점이지만, 생각하기에 따라서는 장점이 될 수도 있다. 돈이 조금 아쉬워 해약하려 하다가도 원금이 손해라는 생각에 오히려 해약을 멈추고 끝까지 저축할 수 있는 여력도 많기 때문이다. 중도에 해약하면 손실이 있는 단점을 끝까지 잘 버티는 장점으로 활용했으면 한다. 월 10만 원은 그리 많은 돈은 아니지만, 10년 지나면 분명 도움이 된다. 월급이 오를 때마다 조금씩 더 가입하고 잊고 살다가 10년이 지나서 매년 목돈이 들어온다면 아마 깜짝 놀라게 될 것이다. 만약 조금 더 기간을 활용하여 노후를 준비하고 싶다면 저축성 보험이 아닌 연금보험을 활용해도 된다.

은행 2년 차인 95년 6월에 매일 같이 삼성생명 보험설계사가 찾아왔다. 그때만 해도 개인연금이 처음으로 나온 때라 은행은 개인연금신탁을, 보험회사는 개인연금보험을 판매하고 있었다. 매일 방문하여 권유한 덕분에 월 77천 원, 가입 기간 12년의 개인연금보험을 신규 가입했다. 보험료 7만 7천 원 중 6천 원은 보장성 등으로 소멸성이고, 7만 1천 원만 개인연금으로 저축되는 것이었다. 그때만 해도 지금보다 금리가 높은 시절이라, 보험회사 최저 보장이율이 7% 수준이나 되었다. 12년 납입 기간을 채우고 잊고 살았는데, 2023년 3월 삼성생명에서 연금을 신청하라고 카카오톡으로 알림 메시지가 왔다. 그때 놀라운 사실을 알게 되었다. 적립금 7.1만 원으로 12년을 부었으면 원금 10.2백만 원이다. 그동안 이자가 붙어서 원금이 38백만 원이 되어 있었고, 아래 중 원하는 연금 수령으로 바꿀 수도 있었다. 하지만 보증기간은 10년으로 짧지만 100세까지 종신으로 받으면 누적 연금이 235.5백만 원 유지되는 처음 가입한 구 그린행복연금을 그대로 유지하기로 했다. 만약 100세까지 산다면 최초 납입 원금의 24배 수준이다.

(단위 : 백만 원)

연령	구 그린 행복 연금 (10년)	종신 조기 집중형 (10년)	종신 조기 집중형 (20년)	종신 조기 집중형 (30년)	종신 조기 집중형 (45년)	종신 혼합 집중형 (10년)	종신 혼합 집중형 (20년)	종신 혼합 집중형 (30년)	종신 혼합 집중형 (45년)
64	30.6	43.1	34.3	30.4	28.1	36.5	33.2	30.4	28.1
74	81.4	64.6	68.6	60.9	56.2	73.0	66.5	60.8	56.2
84	144.7	86.2	85.7	91.4	84.4	109.5	99.8	91.1	84.4
90	178,7	99.1	96.0	100.5	101.3	131.4	119.7	109.4	101.3
100	235.5	120.7	113.2	115.7	128.0	167.9	152.9	139.7	129.4
보증	30.6	43.1	68.6	91.4	98.5	36.5	66.5	91.1	98.5

① 연령별 연금 수령 : 55세부터 연금 수령 합계액 ② (년) : 연금 보증기간 ③ 보증 : 최소 보장 금액

2003년 8월, 은행 창구에서 보험을 판매하는 방카슈랑스가 시작되었다. 초창기라 배우자의 노후 연금보험을 월 10만 원 가입했고 2018년 4월까지 18.7백만 원을 부었다. 또한 2008년에 저축보험 월 10만 원을 10년 만기로 가입했다. 그러고 나서 잊고 살다가 2018년 수익형 부동산을 처음 구입할 때 두 개의 보험으로 모은 35백만 원을 아주 유용하게 활용했다. 이런 돈이 없었으면 그때 부동산 투자가 어려웠을지도 모른다.

종잣돈을 모으면서 어떻게 유익하게 사용될지는 자신도 모를 때가 많다. 지금 몇 년만 보고 계획을 세우고 노력하는 것도 중요하지만, 조금 더 멀리 보았으면 한다. 우리의 삶은 변수가

많아서 종잣돈을 열심히 모으다가도 전혀 예상치 못한 변수를
만나 포기하고 다시 모으기 시작하거나, 아예 포기의 길로 들
어설 수도 있다. 10년이란 기간은 처음에는 무척 길게 느껴지
지만, 지나고 보면 '무척 빠르다'라고 느끼게 된다. 일단 부담되
지 않는 금액을 가입 후 잊고 있으면 만기가 되어 매우 유용하
게 사용할 수 있다. 돈이 없어서 사용하지 못할 뿐이지 있는 돈
을 효율적으로 사용할 일은 너무나 많다.

왜 펀드 등 투자상품을
알아야 하는가?

가끔 만나는 사람 중에 확정금리를 주는 예금과 적금만을 고집하는 사람이 있다. 지금은 금리가 과거에 비해 높은 편이지만, 저금리 시대에는 은행 정기예금이 1% 조금 넘는 적도 있었다. 물가 상승률과 비교하면 오히려 자산가치가 줄어들게 되므로 저금리 시대에는 은행의 확정금리 상품만으로 만족하기가 어렵다. 또한 재테크에서는 자산 포트폴리오 등 균형이 중요한데, 무조건 안정성만 추구하면 자산 운용에 한계가 있을 수밖에 없다.

그렇다고 초보자가 무작정 주식에 투자하기도 어렵다. 주식

투자는 상당한 시간 투자뿐만 아니라 투자회사에 대한 분석하는 기술과 능력이 필요하고 국내 경제의 흐름이나 국제 정세 또는 경제 상황 등 많은 요인에 대한 감각이 필요하지만, 처음부터 이런 능력을 갖추고 투자하기도 어렵다. 주식투자에서 큰 손실은 항상 욕심에서 생긴다. 주변에서 주식투자에 어려움을 겪는 사람들을 보면, 처음에는 적은 돈을 투입하여 작은 이익을 실현한다. 그러면 욕심이 생겨 자신의 다른 돈으로 추가 투자를 하게 된다. 이때 이익을 보면 이익을 보는 대로, 손해를 보면 손해를 보는 대로 대출이나 가족, 또는 친지의 돈까지 빌려서 더 큰 금액을 투자하는 유형이 많았다.

예상과 달리 경기 변동이나 상황이 바뀌어 손실이 생기면 점점 본전 생각을 하게 된다. 원금만 회복하면 그만둔다는 생각도 하지만, 그런 상황은 오지 않고 손실을 만회하려고 더 많은 돈을 투입하는 악순환이 시작된다. 손실 금액이 점점 눈덩이처럼 불어나면 처음의 절제된 모습은 없고, 원금에 대한 집착으로 회복할 수 없는 타격을 받는 경우를 종종 보아 왔다. 최근에 만난 G도 비슷한 과정을 겪으면서 생각보다 큰 금액의 손실을 보고 이제는 손을 털었다고 한다.

주식투자의 기본 원칙은 적정한 포트폴리오와 감내할 수 있는 적정한 금액을 투자해야 한다. 쉬운 원칙인 것 같지만 너무나 쉽게 무너지는 원칙이기도 하다. 초보 투자자는 자신의 금융자산 중 10~20% 이내에서 운용하는 것이 바람직하다. 주식에 자신의 자산을 모두 투입하여 성공하는 사람도 당연히 있을 수 있다. 하지만 100명 중 몇 명(5% 이내)에게 일어나는 성공 사례가 나에게도 일어날 것이란 희망은 아예 하지 않는 게 좋다. 그럴 확률은 정말 희박하기 때문이다. 주식에서 돈을 잃어본 사람들과 대화를 해보면, 어느 순간 멈추어야 했는데 그렇게 하지 못한 것이 가장 많이 후회된다는 이야기를 자주 들었다. 주식에서 작은 돈을 벌었다고 해서 점점 더 큰 성공으로 연결되지 않는다는 사실도 명심해야 한다. 주식투자는 게임과 비슷해서 항상 이길 수는 없다. 그동안 만난 많은 사람은 "주식시장에 오랫동안 머물러 있다가 손실 나는 경우가 오히려 훨씬 많았다"라는 이야기를 더 자주 하곤 한다.

초보 투자자는 펀드로 시작해서 ETF, 주식 순으로 투자 방향을 잡아보는 것도 나쁘지 않다. 하지만 무조건 오를 거라든가, 자산을 한 곳에 올인하여 투자하려는 마음으로 접근하지 말아야 한다. 모든 투자상품은 한쪽으로 치우치지 말고 적정하

게 분산 투자해야 하기 때문이다. 투자상품에 처음 투자할 때
는 쉬운 상품부터 차근차근 경험을 쌓는 것도 투자의 요령을
취득하는 데 많은 도움이 된다.

펀드는 투자 전문기관이 가입자의 돈으로 주식에 투자해
여기서 올린 수익을 가입자에게 나누어주는 간접투자 상품으
로 중, 장기투자에 적합한 상품이었지만, 변화가 심한 요즘에
딱 맞는 말은 아니다. 하지만 투자 기간이 여유 있고 은행 금
리 이상의 수익을 달성하고 싶다면 고려할 만한 상품이다. 다
수 투자자의 자금을 모아 운용되는 펀드에서는 분산투자가 가
능하고, 투자전문가가 관리, 운용하는 장점이 있다. 초보 투자
자는 전문가와 비교해 정보 취득 능력이나 분석력이 떨어지고,
투자 경험도 적어 자금을 운용하는 데 많은 어려움이 있을 수
밖에 없다. 이에 비해 펀드는 전문가에 의해 투자되고 관리되
므로 개인투자자의 한계를 충분히 극복할 수 있다.

하지만 펀드 등 투자상품도 원금을 보전해 주지는 않는다.
그러므로 적정한 포트폴리오를 유지면서 최대한 리스크를 감
소시키고 안정적인 수익을 창출하기 위해 몇 가지 펀드 투자의
원칙을 반드시 지켜야 한다.

첫째로 목표 수익률을 명확히 정하고 투자해야 한다. 목표 수익률에 도달하면 과감하게 환매할 필요가 있지만 쉬운 일이 아니다. 주식과 마찬가지로 펀드도 원하는 수익률에 도달하더라도 더 큰 수익을 올릴 수 있다는 생각에 환매를 머뭇거리는 경우가 많다. 그러다 보면 수익률이 감소하거나 급격한 환경 변화에 따라 마이너스 수익률이 발생하는 경우가 종종 있다. 또한 가입할 때 자신이 감내할 수 있는 마이너스 수익률을 정하고 일정한 손실이 되면 손해를 보더라도 환매해야 한다. 펀드에 가입할 때 목표 수익률의 상, 하한을 문자 등으로 통보받을 수 있으니 이를 활용하면 도움이 된다.

둘째로 최소 3개 이상 분산투자 해야 한다. 분산투자는 비슷한 유형의 펀드를 여러 개 가입하는 것과는 구별해야 한다. 비슷한 상품에 쪼개 투자하는 것은 분산투자 측면에서 아무런 의미가 없다. 분산투자는 성격이 다른 펀드에 투자하거나, 투자 지역을 분산하거나, 투자 시기를 달리하거나, 투자 위험을 분산하는 등 여러 방법이 있다.

셋째로 주기적으로 포트폴리오를 점검하고 전략을 수정해야 한다. 많은 사람이 펀드를 신규 가입할 때는 꼼꼼히 확인하지만, 한번 가입한 이후에는 관심을 두지 않는 경우가 종종 있다. 다행히 펀드 수익률이 괜찮으면 다행이지만 손절매 타이밍을 놓쳐서 이러지도 저러지도 못하는 경우를 상당히 많이 보아왔다. 펀드는 가입 후 관리가 매우 중요하므로 주기적으로 점검하는 습관이 꼭 필요하다.

넷째로 자신의 투자성향을 알고 투자 목적을 명확히 해야 한다. 펀드 투자는 원금이 보전되는 것이 아니기 때문에 투자 손실을 감내할 수 있는 자신의 위험 감수 능력을 잘 알고 투자해야 한다. 투자 목적이 무엇인가에 따라 투자 기간과 투자 규모도 달라져야 한다.

마지막으로 적립식 투자로 멀리 보고 투자해야 한다. 펀드 투자에는 거치식 펀드와 적립식 펀드가 있다. 거치식 펀드는 목돈을 한 번에 넣어두는 방식으로 주기적으로 점검해야 하고, 적립식 펀드는 매월 적립하는 방식으로 상황에 맞게 추가 납입을 통해서 원하는 금액을 적절하게 조절할 수 있다. 장기적으로 투자하면 일시적인 경기 하락에 따른 위험을 줄이고, 경기 상승 시에는 투자수익을 얻을 수 있을 뿐만 아니라 원금 손실의 위험도 낮아진다. 하지만 무조건적인 장기투자가 능사는 아니고, 목표 수익률 관리가 중요하다.

펀드 투자상품에 투자하고 원하는 시기에 돈을 사용하려
면 유의해야 한다. 펀드를 환매한다고 해서 예금처럼 바로 돈을
찾을 수 있는 것이 아니다. 급한 돈을 원하는 시기에 사용하려
면 환매 시기 등을 사전에 충분히 숙지하고 있어야 한다. 국내
펀드(주식형, 채권형, 혼합형 등)의 경우 일반적으로 환매 기간이 3~4영
업일(토요일, 일요일, 공휴일 등 제외), 해외 펀드의 경우 환매 신청 후 2주
이상 걸릴 수도 있다. 또한 판매수수료(선취, 후취), 판매보수 등이
발생할 수 있으므로 가입 시 꼼꼼히 점검할 필요가 있다.

'펀드 등에 투자해서 손해를 본 많은 사람은 타인의 권유로
가입한 경우가 많다. 정기예금과 달리 투자상품은 오랫동안 보
유하고 있다고 해서 무조건 수익이 발생하지 않는 상품이므로,
주기적으로 점검하고, 필요하다면 유능한 전문가와 상담하여
유지 여부를 결정해야 한다.'

ETF(Exchange Traded Fund)는 투자자들이 개별주식을 고르지
않아도 되는 펀드 투자의 장점과 언제든지 시장에서 원하는
가격에 매매할 수 있는 주식투자의 장점을 모두 가지고 있는

상품이다. 또한 인덱스 펀드와 주식의 장점을 합쳐놓은 상품이며, 최근에는 시장지수를 추종하는 ETF 외에도 배당주나 가치주 등 다양한 스타일을 추종하는 ETF가 상장되어 있다. 주식에 투자하기 전 이를 적극적으로 활용해 보는 것도 좋은 투자방법이 될 수 있다.

ELS(주가연계증권)는 개별주식의 가격이나 주가지수에 연계되어 투자수익이 결정되는 유가증권이다. 연계되는 기초자산은 주가지수, 섹터지수, 개별종목 등 다양하고, 일정한 수익이 발생하면 만기 전에 수익이 실현되는 녹아웃(knock-out)이나, 기초자산 가격이 일정 수준 이상 상승 또는 하락하면 새로운 손익구조가 적용되는 녹인(knock-in)이 발생하기도 한다. ELS는 발행기관의 의도에 따라 다양한 손익구조가 있으므로 얼마만큼의 투자 위험이 있는지를 꼼꼼하게 살피고 투자를 결정해야 한다.

펀드 등 투자상품은 자신의 투자성향을 정확히 알고 이에 따라 위험을 감내할 수 있는 수준에서 조금씩 경험을 쌓은 것이 중요하다. 자산 중 적정한 포트폴리오의 투자 금액을 정하고(ex 초보 투자자는 주식 포함 금융자산의 30~40% 이내), 주기적 점검을 통해

피할 수 있는 리스크는 최대한 회피하려는 노력이 필요하다. 어떻게 리스크를 감수하고 투자하는가를 판단하는 습관을 몸에 익히게 되면 점차 자신의 성과에 좋은 결과를 가져올 수 있다.

알아두면 도움 되는
금융 상품은 뭐가 있을까?

금융업에 종사하다 보니, 가끔 '여유자금이 있는데 어떤 상품에 가입하면 좋을까요?'라는 질문을 받는데, 참 대답하기 곤란하다. 너무 밑도 끝도 없는 무척 광범위한 질문이기 때문이다. 금융 상품을 추천하려면 그 사람의 성향을 먼저 알아야 한다. 안정적인 투자를 선호하는지, 위험이 따라도 수익이 좋은 상품을 원하는 것인지, 아니면 위험에 상관없이 적극적 투자를 원하고 있는지 말이다. 또한 투자 금액과 투자 기간에 따라 서로 다른 결과가 나오기 때문이다.

금융 상품은 너무나 많고 다양하여 각각의 상품을 일일이 알아보기도 힘들다. 소득이 있는 사람이라면 누구나 반드시 재테크 입장에서 꼭 고려하고 검토해야 하는 상품들이 있다. 우선 직장인이라면 월급통장, 재테크 전략, 금융권 1인 1계좌, 특히 요즘처럼 직장을 자주 이동하는 경우, 효과적인 퇴직연금 관리가 매우 중요한 시대이다.

직장생활을 시작하면 급여를 받는 입출금통장은 어릴 때 또는 학생증 카드 결제계좌 통장을 활용해도 되지만, 상품의 혜택 등을 따져서 가장 도움이 되는 통장을 활용해야 한다, 한번 급여통장이나 신용카드, 체크카드 결제계좌로 사용하면 쉽게 바꾸지 않으므로 처음 선택이 중요하다. 일반적인 입출금통장은 수수료 혜택이 제한적이거나 연 금리가 0.1~1% 내외로 낮은 경우가 많지만, 은행마다 특화된 급여통장이나, 전략적인 입출금통장의 가입 조건이나 혜택을 유지하는 조건을 잘 살펴보고 활용하면 더 높은 금리와 더 많은 수수료 혜택을 받을 수 있다. 또한 CMA, 파킹통장 등 수시로 입출금도 가능하고, 하루만 맡겨도 높은 이자를 주는 통장을 이용하는 것이 현명한 방법이다.

청년도약계좌 가입 대상이라면 이를 잘 활용해야 한다. 청년도약계좌는 청년의 중장기 자산 형성 지원을 위한 정책형 금융 상품이다. 또한 만기 5년 동안 매월 70만 원 한도 내에서 자유롭게 납입하면 매월 최대 6%의 정부 기여금을 지급하고 이자소득에 대한 비과세 혜택을 제공하는 상품으로 서민금융 진흥원 홈페이지에서 확인할 수 있다.

가입 조건은 ① 만 19세~만 34세(병역 복무기간 최대 6년 추가 인정), ② 개인소득 총급여액이 7,500만 원 이하와 종합 소득 6,300만 원 이하, ③ 가구원 수에 따른 기준 중위소득 180% 이하, ④ 직전 3개년도 중 1회 이상 금융소득종합과세 대상자는 제외한다. 또한 총급여액이 6,000만 원 이하와 종합 소득 4,800만 원 이하면 정부 기여금과 비과세 혜택을 받을 수 있고, 초과이면 비과세 혜택만 가능하다.

금리 등 나에게 맞는 조건의 높은 금리를 찾는 방법은 전국은행연합회 소비자 포털 사이트를 활용하면 된다. 청년에게 5년은 장기이고, 금리는 3년 후 변동금리라는 부분이 있지만, 목돈 마련을 위한 좋은 상품이다.

주택 청약을 통해서 내 집 마련의 꿈을 갖고 있다면 주택청약종합저축에 가입해야 한다. 전 금융기관 1인 1계좌로 매월 2만 원에서 50만 원까지 월부금이 가능하다. 하지만 월 10만 원씩 불입해야 공공분양과 일반분양 모두 동시에 주택 청약의 당첨 확률을 높일 수 있다. 또한 납부 총액이 1,500만 원까지는 50만 원을 초과하여 자유 납부가 가능하고, 1,500만 원 이상일 경우, 매월 50만 원 이내에서 자유 적립이 가능하며, 연말정산 때 소득공제도 받을 수 있다. 조건은 연 소득 7,000만 원 이하 무주택 세대주인 경우, 2024년부터 불입분의 연간 300만 원 한도 내에서 연간 납입한 돈의 40%를 소득공제 받을 수 있다. 주의해야 할 점은 5년 이내 해지하면 해지 금액의 6%의 소득세를 추징당한다. 또한 2023년 하반기부터 미성년자 인정 기간이 5년으로 늘어나 만14부터 가입하는 게 유리하다. 만약 청년 우대형 주택청약종합저축 가입 대상이 된다면 이 상품에 가입하는 것이 좋다.

저축성 보험의 경우, 2017년 4월부터 월 적립식 보험의 경우 계약자 1명당 월 적립식 보험료가 150만 원 이하(연 1,800만 원)이고, 납입 기간 5년 이상, 10년 이상 유지되면 보험차익에 대해 비과세가 가능하다. 또한 일시납 보험은 보험료가 1억 원 이하이고 10년 이상 유지되면 비과세 혜택을 받는다.

세제적격 상품인 IRP(개인형 퇴직연금)와 연금저축펀드의 가장 큰 특징은 연말정산 혹은 종합소득 신고 시에 환급이 가능한 세액공제 혜택이다. 연금저축펀드는 600만 원까지, IRP(개인형 퇴직연금)는 통합 한도 최대 900만 원까지 가능하다. 총급여 5,500만 원(종합소득금액 4,500만 원) 이하 16.5%(1,485천 원), 5,500만 원(종합소득금액 4,500만 원) 초과 13.2%(1,188천 원) 환급되는 상품이다. 유의 사항은 세액공제를 받았다면 중도해지 시 기타 소득세 16.5%가 과세된다.

※ IRP(개인형 퇴직연금) VS 연금저축펀드 비교

구분	개인형 퇴직연금	연금저축펀드
가입 대상	소득 필요	제한 없음
세액공제 한도	900만 원(연금저축펀드 포함)	600만 원
위험자산(주식형 자산 등)	70% 이하	제한 없음(예금 불가)
안전자산(예금 등)	30% 이상	
연금 수령 조건	55세 이상 & 가입 기간 5년 이상, 연금 수령 기간 10년 이상	
담보대출	불가	가능
압류	금지	가능
수령 시 과세	연금소득세 5.5% ~ 3.3%	
납입 한도	연 통합 1,800만 원	
중도 인출	부득이한 사유 주①	가능

주① : **IRP 중도 인출 요건**
    1) 무주택자의 주택자금, 전월세 보증금의 자금을 마련할 때.
    2) 근로자 및 부양 가족의 6개월 이상 요양.
    3) 근로자의 파산 및 개인회생.
    4) 천재지변.

직장을 이동하게 되면 55세 미만 & 퇴직금 300만 원 이상인 경우, 퇴직금을 퇴직 IRP 계좌로 입금을 받는다. 이렇게 입금된 자금을 얼마나 잘 관리하는가가 중요한 시대가 되었다. 퇴직연금을 관리할 때 유의 사항은 ① 퇴직금 중간 정산 등 중간에 인출하고 싶은 유혹에서 벗어나야 하고, ② 직장 이동으로 퇴직 IRP 계좌로 입금된 퇴직금을 급한 일에 사용하고 싶겠지만 계속 유지해야 하며, ③ 퇴직금으로 수령된 자금을 목돈으로 사용하고 싶은 욕구를 억제하고 반드시 연금으로 활용해야 하고, ④ 은퇴 후 퇴직금을 찾아 투자하고 싶은 유혹을 뿌리쳐야 한다.

전 금융기관을 통틀어 1인 1계좌(3년 이상, 만기 연장 가능)인 ISA(개인종합자산관리계좌)는 하나의 상품이라고 하기보다는 자산관리를 위해 계좌를 만들어 돈을 넣고, 원하는 상품에 투자하는 개념이다. 납입 한도는 연간 2천만 원, 5년간 최대 1억 원이다.

ISA 주요 장점은 가입기간 동안 일반형은 200만 원까지, 서민형과 농어민형은 400만 원까지 비과세 혜택을 받을 수 있고, ISA 계좌 내에서 발생한 모든 손익을 통산해 세율이 적용된다는 점이다. 즉, A 금융 상품에서 100만 원 수익. B 금융 상품에서 100만 원 손실이라면 일반적으로 15.4만 원의 세금이 발생하지만, 손익 통산이 적용되면 세금이 없다. 또한 중도 인출은 가능하지만, 내가 입금한 원금 범위 내이다. 단점은 중개형 ISA(증권사 개설)의 경우, 국내 주식투자 및 국내 상장 미국 ETF 투자는 가능하지만 직접 해외 주식은 담을 수 없고, 3년 이상 유지해야 해야 한다는 점이다.

※ ISA 유형

유형	서민형	농어민형	일반형
가입 대상	만 19세 이상 거주자(소득이 있는 경우 : 만 15세 이상)		
가입 조건	근로소득 5천만 원 이하, 종합 소득 3천8백만 원 이하	종합 소득 3천8백만 원 이하	서민형 / 농어민형 대상 외 전체
비과세 한도	400만 원		200만 원
비과세 한도 초과	9.9% 분리과세		

※ 2024년 ISA(개인종합자산관리계좌) 정부 지원 강화 예정 발표(안) <미확정>

구분	현재	정부 지원 강화 예정(안)
납입한도	연 2,000만 원, 총 1억 원	연 4,000만 원, 총 2억 원
비과세 한도	일반형 200만 원, 서민형, 농어민형 : 400만 원	일반형 500만 원, 서민형, 농어민형 : 1,000만 원
가입 대상	금융소득종합과세자 가입 불가 <이자·배당소득 2천만 원 초과>	금융소득종합과세자 가입 허용 <단, 비과세 대신 14% 분리과세 혜택 적용>

◆ 24년 금융정책 방안 발표(2024. 1. 17) 내용 : 법령 개정 등의 절차 남아 있음
◆ 기준일 : 2024. 1. 27 현재

[포인트 5] 돈의 흐름 파악하기 (작성 예시)

◉ 기준월 : ○○○○년 ○○월

1. 수입금액 및 비중

(단위 : 천 원)

수입금액				항목별 비중 『(항목/총소득) x 100』			
종류	명의	입급일	입금액	항목	금액	비중	check
월급	홍길동	21	3,000	적금	600	15.0%	
월세	○○○	15	1,000	보험료		%	
				통신비		%	
				교육비		%	
합계			4,000				

2. 지출 금액

(단위 : 원)

금융기관	명의	금액	이체일	항목	만기	주요내용	check
○○은행	홍길동	500,000	11	적금	00.00.00		고정비
○○은행	○○○	100,000	23	적금	00.00.00		고정비
○○은행	홍길동	57,000	23	통신료		핸드폰	고정비
●●보험	○○○	32,000	25	보험료	00,00,00	운전자보험	고정비
●●보험	○○○						
○○은행	○○○						
○○은행	홍길동						
합계							

⇨ 신용카드 명세서는 항목별 내용을 반드시 확인하고 개선 방향을 점검한다.

3. 점검 및 분석

- ◆ 아파트 관리비 항목별 점검 : 전기료 등 절약 필요
- ◆ 통신비 과다 지출 : 불필요한 서비스 등 확인
- ◆ 신용카드 명세서 : 배달 음식 과다 주문 ⇨ 주 ○회로 줄이기
- ◆ 대출이자 : 금리 조건 재확인하여 금리 감면 여부 가능성 확인 예정

[포인트 6] 자산과 부채 확인하기 [상세] (작성 예시)

◎ 기준월 : ○○○○년 ○○월

1. 자산 현황

(단위 : 백만 원)

금융기관	명의	상품명	신규일	만기일	금액	이율	check
○○은행	홍길동	○○ 적금	00.00.00	00.00.00	50.0	4.5%	
○○은행	○○○	○○ 펀드	00.00.00	00.00.00	9.5		원금 손실 중
●●보험	홍길동						
●●보험	○○○						
합계							

◆ ○○ 펀드 : 현재 손실 중 ⇨ 환매 등 상담 예정

2. 부채 현황

(단위 : 백만 원)

금융기관	명의	상품명	신규일	만기일	금액	이율	check
○○은행	홍길동	○○ 대출	00.00.00	00.00.00	50	4.9%	고정금리
○○은행	○○○	주택자금	00.00.00	00.00.00	9.5	5.7%	변동금리
●●은행	홍길동	마이너스	00.00.00	00.00.00	17	5.7%	한도 20
●●보험	○○○						

◆ 마이너스 통장 계속 한도 소진 증가함 ⇨ ○○자금으로 상환 예정

3. 부동산 현황

(단위 : 백만 원)

구입일	주소	구입가	현시세	보증금	월세	check
00.00.00	서울 용산구 00 (소유자 : ○○○)	800	1,500			거주 주택
00.00.00	경기 광명시 00 (소유자 : ○○○)	300	350	20	1	

◆ 경기도 광명시 : 임대차 계약 만기일 ⇨ 24. 02. 10 (연장 불가 / 새로운 임차인 필요)

[포인트 7] 자산과 부채 확인하기 [심플] (작성 예시)

◑ 기준월 : ○○○○년 ○○월

1. 자산 및 부채 현황

(단위 : 백만 원)

자산(금융자산/부동산)		부채		변동 사항	check
항목	금액	항목	금액		
정기예금	50	주담대	250	▪생활비 부족으로 마이너스 잔액 5백만 원 증가	▪실손 월 보험료 증가
실손보험	10	마이너스	18(20)		
저축보험	20				
적금	7				
합계	87	합계	268		

➡ ( ) 한도 금액

2. 점검하니 이런 생각이 들어요.

◆ 실손 보험료가 점점 늘어남.
◆ 마이너스 잔액이 지속 증가.

3. 이렇게 바꾸고 싶어요.

◆ 기존 1세대 실손 보험료 4세대 전환 검토 (해약 환급금 10백만 원)
◆ 마이너스 한도를 감액하여 사용 금액을 줄여야 할 것 같음.

제5장

종잣돈을
큰돈으로 불리는
부동산

부동산 투자는
왜 완벽한 준비가 없는 걸까?

많은 초보 투자자가 부동산에 투자하고 싶지만 쉽게 결정할 수가 없다. 생전 처음 목돈을 투자해야 하는데 잘한 결정인지 판단하기도 어렵고, 누구에게 의존할 수도 없으며, 자신감 또한 없다. 그러다 보니 투자는 다음으로 미루고 책과 싸우며 공부에 열중하는 사람들도 나타나게 된다. 부동산 투자를 위해서 부동산 관련 책을 읽고, 부동산 투자 강의를 듣는 것이 무엇보다 중요하다.

하지만 부동산에 적극적으로 투자하지 못하는 가장 큰 이유는 투자에 너무 완벽해지려는 성향이 강하기 때문이다. 부동산 투자 준비를 사전에 완벽하게 준비하려 하니, 책이나 이론에만 집중하려는 사람들도 있기 마련이다. 부동산에 대하여 기본적인 지식이 부족한 경우에는 당연히 공부가 우선이고 열심히 해야 한다. 하지만 시험공부 하듯이 부동산 투자에 완벽해지려는 부담에서는 벗어나야 한다. 우선 관심 있는 분야의 부동산 관련 책이나, 재테크 책을 정독해서 3권 이상 읽은 후에는 너무 책에만 얽매이지 말고 부동산 뉴스나 관심 있는 지역에 탐방을 시작하는 것이 좋다. 부동산도 생물이라 시시각각 변하기 마련이므로 이를 이해하는 것 또한 중요하다.

부동산 관련 지식이 많지 않은 상태에서는 책의 내용을 모두 이해하기란 불가능하다. 등기부등본, 토지대장, 임야대장, 건축물 관리대장 등 가장 초보적인 내용부터 투자 지역의 입지 분석, 부동산의 법률적 문제까지 공부하다 보면 끝도 한도 없고 너무 광범위하다. 처음에는 최소한 누군가 이야기할 때 그 내용이 무엇인지 이해할 수 있는 수준이면 되고, 현장의 경험을 통해서 더 깊고 상세한 내용을 알면 된다. 부동산 투자는 기본적인 내용을 기초로 현장에서 발생하는 문제들이 생길 때마다 연구하고 공부하는 습관이 더 중요하다.

이론에 치중하지 말고 현장감을 느낄 수 있어야 한다. 만약 현장에 갈 시간이 없다면 인터넷에서 관심 있는 지역에 손품을 팔아도 된다. 요즘은 현장을 직접 방문하는 것도 중요하지만, 인터넷에서 손품을 팔아 다양한 정보를 수집하고 분석하는 과정도 무척 중요하다. 정보를 수집하고 분석 가공하는 능력은 상당한 노력과 시간이 필요하지만, 부동산 투자를 위해서는 꼭 필요한 부분이다. 이런 능력은 시간이 지나고 검색을 많이 할수록 점차 실력이 좋아져, 나중에는 아주 쉽게 빠른 시간에 처리할 수 있게 된다. 책을 본 후 현장을 방문하고, 다시 책을 보고 이해하는 순환 사이클이 필요하고, 특히 구체적인 목표나 대상 물건이 정해지면 그 내용을 파악하는 데 더 빠르고 쉽게 배울 수 있다.

멘토나 좋은 강의를 듣는 것도 상당한 도움이 된다. 책을 보는 것도 당연히 필요하지만, 책을 한두 권 읽은 후에 강의를 들으면 머릿속에 쏙쏙 잘 들어온다. 지식은 공짜로 얻어지는 것이 아니기 때문에 배울 때는 '돈이 아깝다.'라고 생각하지 말아야 한다. 수많은 투자자를 만나서 이야기해 보면 생각보다 부동산 공부를 위해 많은 시간을 할애하고 있다. 부동산 공부란 영상을 보고 강의를 듣는 과정을 통해서 나에게 맞는 부동산을 찾고, 더 나은 부동산은 없는지 검증하고 비교하여 내 나름의 프로세스와 투자관을 갖춰 나가는 과정이므로, 수동적인 태도를 버리고 항상 능동적인 태도를 유지해야 한다.

공부의 낭인이 되지는 말아야 한다. 몇 년이 지나도 공부만 하는 사람들은 이론은 잘 아는데 투자에는 서툴고 인색해서 투자가 아니라 공부가 취미가 될 수 있는 사람들이다. 부동산은 용기가 있어야 살 수 있으며, 그 어디든 안전하고 완벽한 투자는 없다. 시장 상황을 스스로 잘 읽고 내가 어떤 선택을 해야 하는지가 중요하다. 부동산 투자에서 공부보다 더 중요한 것은 실천이 뒤따라야 한다는 것이다. 즉, 공부와 실행이 연결돼야 배움도 빠르고, 투자를 공부하는 목적도 달성할 수가 있다. 또한 공부와 투자를 병행하면 공부의 효과는 몇 배가 된다.

부동산 투자가 어려운 이유는 경험이 없기 때문이다. 꾸준한 노력과 경험만이 투자의 지름길이다. 투자하기로 마음먹으면 투자할 곳은 얼마든지 있다. 소액이라도 투자할 곳을 찾아야 하고, 아직 직접투자가 어려우면 다른 사람의 성공 사례나 실패 사례를 자세히 분석해 본 후 자신이라면 어떻게 했을지 간접적인 체험이라도 게을리해서는 안 된다. 하지만 아무런 준비 없이 자신감과 기대감만으로 덜컥 물건을 매수해 버리는 실수를 범하지 않도록 항상 신중에 신중을 더해야 한다. 부동산 하락기라고 살 수 있는 물건이 없는 것은 아니다. 하락기에도 여유를 가지고 충분히 공부하고 사전 준비를 충분히 해서 기회가 왔을 때 빠른 결정을 하면 기회를 살릴 수 있다.

초보 부동산 투자자는 '한 번의 투자로 큰돈을 벌 수 있지 않을까?' 하는 꿈을 꾸지만, 그런 기회는 거의 없고, 처음부터 대박 나는 부동산도 없다. 우선 첫발을 내딛고 조금씩 더 나은 부동산으로 확장해 나가야 한다. 작더라도 투자 경험을 통해 익힌 능력이 더 좋은 투자 물건을 찾고 다음 투자의 결정을 쉽게 한다. 한 번 투자해 본 경험은 부동산 투자의 전체 흐름을 알게 되므로 엄청난 자신감이 만들어진다. 부동산 투자는 시험처럼 정답이 있거나 질문을 예측하여 미리 답을 준비할 수 있는 게 아니어서 더 어려운 것이다. 시시각각 새로운 선택을 해야 하는 경우도 생기고, 배우면서 수정해야 하는 경우도 발생하며, 때로는 예상치 못한 변수로 어려움을 겪기도 한다. 결국 백 퍼센트 완벽한 준비는 없으며, 첫 투자에 엄청난 성과를 내고 싶은 마음도 버려야 한다.

부동산 투자를 할 때 반드시 따라붙는 것이 대출이다. 부동산은 큰 금액이 오가게 되므로 대출은 필수적이다. 대출금액과 이자가 적절한 수준인지 따져보고 적정한 레버리지를 활용해야 한다. 자신에게 적당한 대출 규모가 얼마인지 평상시 점검하고 있으면 투자 시 의사 결정이 쉽다. 또한 나의 투자금은 얼마인지, 투자 목적이 매월 현금 흐름을 원하는지, 아니면 높은 가격에 팔아 차익을 남기고 싶은지 등 방향을 명확하게 해야 한다. 대출은 두려워해야 하는 대상이 아니라 자신에게 적당한 대출 규모가 얼마인지 판단하는 게 중요하다. 이렇게 투자 금액과 적정한 대출 금액을 결정해 놓으면 원하는 기회가 왔을 때 바로 실행할 수 있다.

부동산 투자 결정을 어렵게 하는 것은 부동산을 매수할 때는 저점 매수가 쉽지 않다는 것이다. 부동산 하락기에는 나중에 부동산이 상승할 거라 예상하고 투자하는 배짱 좋은 사람은 거의 없다. 부동산 상승기에는 시세가 급변하는 시기라 투자 타이밍을 잡기가 어렵고, 투자 시점에서 주변시세와 비교했을 때 비교적 낮은 가격도 있을 수 있겠지만, 전체적인 부동산 가격은 높은 편이라 투자 결정이 쉽지 않다. 많은 투자자는 과거에 해당 부동산에 대하여 자신이 매입하려고 한 가격이 있으면 그 가격을 초과해서 투자를 결정하기가 상당히 어렵다. 부동산 상승기에 일주일 전 6억 원이 호가인 매물이 이번 주에 7억 원이 되었다는 사실을 알면 선뜻 투자 결정을 내리지 못한다. 투자 결심을 하려고 할 때 1주일 전에 결정했더라면 좋았을 것이라는 생각이 머리를 짓누르고 있어서 마치 1억 원을 손해 보는 듯한 느낌이 들기 때문이다. 이처럼 자신이 사려고 한 매물의 과거 가격을 알면 부동산에 쉽게 투자하지 못하게 된다. 이런 이야기는 부동산 중개업소에서 간혹 듣는 이야기다. 투자는 과거의 가치가 아닌, 미래의 가치를 사는 것이므로 기회라고 판단한다면 지금 과감한 행동이 필요하다.

투자에서 성공하려면 일정한 리스크를 감내해야 한다. '리스크 제로, 높은 수익'은 없다. 투자에서 '리스크와 수익은 상호 비례한다'는 사실을 명심해야 한다. 부동산 매물이야 항상 있겠지만, 자신에게 딱 맞는 물건은 찾기도 어렵고, 설사 있다고 하더라도 좋은 물건은 나를 기다려 주지 않는다. 부동산 투자는 타이밍이 중요하기 때문에 아무리 분석을 열심히 해놓아도 시간이 흐르면 상황은 변하기 마련이다. 기회를 만났을 때 행동으로 옮길 수 있도록 투자금, 대출, 리스크 등을 고려하여 투자의 입장을 구체적이고 명확하게 세워 놓아야 한다.

왜 결국 사람들은
부동산 투자로 향할까?

열심히 노력해서 종잣돈을 모았다면 '어떻게 해야 할까?', '어디에 투자해야 할까?' '예금, 주식, 채권, 펀드 ELF, ELS, ELT 등 이런 금융 상품에 가입해야 할까?' 아니면 '노후연금을 위한 보험 상품을 준비해야 할까?' 그것도 아니면 '부동산, 금과 같은 현물에 투자해야 할까?' 이런 고민은 누구나 하게 된다.

2022년 우리나라 만18~79세 성인 2,400명을 대상으로 합리적이고 건전한 금융 생활에 필요한 금융 지식, 금융 행동, 금융 태도 등 금융에 대한 전반적인 이해도를 면접 설문한 '전 국민 금융이해력(한국은행, 금융감독원) 조사' 보고서가 있다.

'성인 금융이해력 점수는 65점이고, 부분별로는 금융 지식(75.5점), 금융 태도(52.4점)가 2020년에 비해 각각 2.3점 상승했고, 금융 행위(65.8점)는 비슷한 수준이다. 특이한 점은 저축 활동(97.8점)은 적극적이지만 반면에 재무 상황 점검(55.7점), 장기 재무 목표 설정(48점) 등 재무관리 활동은 매우 취약하고, 장기 재무 목표가 있다는 비중은 37.7점에 불과하다.' 당연히 개인적으로 재무 목표를 달성하기 위한 노력은 더욱더 작을 것이다.

결국 모은 종잣돈이 부동산으로 향하는 이유는 장기적인 재무 목표를 달성하는 데 부동산이 매우 중요한 역할을 하기 때문이다. 부동산 투자는 예금, 적금, 주식 등으로 해결할 수 없는 부분이 있다. 예금은 지금보다 금리가 낮아지면 인플레이션 수준을 유지하기도 힘들다. 주식이나 펀드, ETF 등도 큰 자금을 관리하고 오랫동안 유지하기에는 리스크는 높고, 부동산보다 변동성도 크다. 종잣돈은 모으기도 힘들지만, 목돈을 운용하기도 쉽지 않다. 하지만 이런 이유 말고도 사람들이 부동산 투자로 향하는 여러 이유가 있다.

첫째로 가장 중요한 것은 거주하는 부동산, 즉 주택, 그중에서도 아파트 한 채는 있어야 한다. 거주가 안정되어야 한다. 내가 아는 사람 중 아파트 없이 전세를 선호하는 J가 있었다. 처음에 투자 시기를 놓쳐 급등한 아파트를 살 수 없게 되자 전세로 살게 되었고, 전세자금 대출이 5억 원 수준이었다. 금리가 2% 중반에는 견딜 수 있었으나 미국의 금리 인상, 경기 변동 등에 따른 금리가 5% 이상 오르면서 부담해야 하는 이자 비용이 생활비의 50%도 넘게 되자 생각이 바뀌었다. 결국 작년에 J는 수도권에 있는 아파트를 구입해서 이사했다. 자산에 영향을 주지 않는 대출이자로 나가는 돈은 재무관리 측면에서 보면 아무런 도움이 되지 않고 그냥 소비되고 마는 것이다. 금리가 내릴 때까지 열심히 참고 인내의 세월을 보내더라도 결국 대출이자를 적게 내는 수준에 그치고 만다.

둘째로 부동산은 포트폴리오를 다양화할 때 꼭 필요하다. 투자의 가장 기본 원칙 중 하나는 포트폴리오다. 모은 모든 자산을 금융 상품으로 보유하는 것은 맞지 않는다. 부동산은 자산의 포트폴리오를 구성하는 핵심적인 상품의 하나이다.

셋째로 부동산의 가격은 장기적으로 보면 우상향한다. 수십 년간 지속 상승했으며, 앞으로도 그럴 가능성이 높다. 물론 정부정책과 상황에 따라서 단기적으로는 하락할 수도 있다. 하지만 장기적으로는 상승할 가능성이 높은 게 부동산 투자의 강점 중 하나이다. 그렇더라도 중요한 것은 부동산 투자에 대한 안목을 가져야 한다는 것이다. 총인구와 경제활동인구가 확연한 감소로 전환되면 어느 위치에 부동산이 있는가가 매우 중요한 역할을 하게 되므로, 수도권을 벗어나서 투자하는 경우는 신중해야 한다. 부동산은 부동산의 종류도 중요하고, 소재한 위치에 따라 가격의 변동성도 크며, 한 번 투자에 실패하면 상당한 손해를 보게 된다. 무엇이든 투자할 때는 유의점이 많으므로 자세히 점검하고 실행해야 한다.

넷째로 부동산으로 현금흐름을 만들 수 있다. 수익형 부동산에서 월세 수익을 만들 수 있으면 또 다른 급여가 생기는 것이다. 월세가 생기면 종잣돈을 모을 수 있는 매우 좋은 기회가 생기고, 다른 부동산에 투자할 기회가 빨리 오게 된다. 부동산을 활용해 대출을 받으면 레버리지를 창출할 수도 있다. 대출을 이용하여 투자하는 것은 신중하고 유의해야 하지만, 적정하게 잘 이용하는 것도 능력이다.

다섯째로 부동산은 노후 준비의 한 축을 이룰 수 있다. 내 월급만으로는 노후 준비가 힘든 시대이다. 부산 상공회의소에서는 2023년 55세 직장인 200명과 기업 인사 담당 100명을 대상으로 '고령자 고용 실태 및 활성화 방안 조사'를 했는데, 정년이 지나도 재취업하고 싶은 직장인이 85%에 달하며, 이 중에서 생계와 관련한 재무적 요인이 전체의 49.5%나 되었다. 돈이 없어 은퇴도 쉽지 않은 시대다. 노후에 아파트가 한 채라도 있고 『부동산 가격공시에 관한 법률』에 따라 공시 또는 고시되는 가격이 12억 이하인 주택이면 주택연금으로 노후에 주거 안정과 생활 안정 둘 다 유지할 수도 있다. 아파트 외 수익형 부동산이 있다면 매월 꾸준한 월세 수입으로 생활에 많은 도움이 될 수 있다. 지금의 월급에 만족하는 사람은 거의 없다. 돈보다 소중한 것들을 지키기 위해서라도 반드시 돈의 가치를 알고 투자해야 한다.

부동산은 투자자산 포트폴리오의 한 축이며, 시간이 지나면 가치의 증가로 수익도 기대할 수 있고, 자산을 증대하는 데 유효한 투자 방식이다. 또한 주식 등 투자상품보다는 안정성이 있으며, 목돈 투자에 적합하다.

부동산에 투자하려면 어떻게 해야 할까? 부동산에 대한 호기심을 집중하기 위해 우선 부동산 관련 재테크 책 몇 권은 읽어야 한다. 금융 상품 투자처럼 부동산 투자도 사전 지식이 필요하지만, 공부해야 하는 범위가 폭넓고 시간이 훨씬 오래 걸린다. 부동산은 어떤 종류가 있는지, 등기부등본은 어떻게 보는지 등 부동산에 관한 기본상식을 갖추고 시작해야 한다. 그래야 관심이 가는 부동산이 생기면 다른 사람의 의견을 들었을 때 조금이라도 나만의 인사이트가 생긴다.

부동산 투자는 명확한 목적이 있어야 한다. 투자하는 부동산이 시세 상승, 즉 매매차익 목적인지, 향후 오랫동안 투자해서 장기 개발에 따른 수익을 목적으로 하는 것인지, 월세를 받는 임대수익이 목적인지 등 투자 목적이 명확해야 한다. 그러나 부동산의 첫 투자는 거주하는 내 집을 마련하는 것이어야 한다. 내 집 없이는 재테크를 말하기는 쉽지 않고, 또한 거주 주택 중 아파트가 더 든든한 이유는 부동산의 장점을 모두 가지고 있기 때문이다. 즉, 아파트는 하방경직성이 강하고, 가치 상승이 크고, 다른 부동산에 비해 환금성도 좋다. 부동산 초기 투자자가 다른 부동산에 비해 접근하기도 쉽다.

부동산에 관한 호기심을 증대하려면 부동산 관련 서적 외에 부동산 투자 관련 기사나 뉴스를 잘 살펴보아야 한다. 지금 당장 투자하지 않더라도 항상 관심을 두고 있어야 한다. 부동산 투자는 다른 사람의 말에 현혹되어 투자하게 되면 반드시 후회할 가능성이 크다. 특히 정부 정책이 어떻게 바뀌느냐에 따라 부동산 가격이 요동을 칠 때가 많다. 토지가 황금으로 바뀔 수도 있고, 순식간에 돌멩이로도 바뀔 수도 있는 막강한 힘을 가지고 있다.

부동산 투자의 기본은 공부를 많이 해야만 한다는 것이다. 목돈을 투자하는 데 소홀히 하면 안 된다. 귀동냥으로 투자하고 큰 수익을 기대하는 사람을 많이 보았다. 부도나 투자의 위기는 가격이 상승하고 사람들이 투자에 몰릴 때 나타나는 것이 아니라 부동산 가격이 하락하거나 투자 열기가 식을 때 나타난다. 부동산 투자 위기에 강해지려면 항상 공부하고, 부동산 주변 환경의 변화에 잘 대처해야 한다. 언제까지 종잣돈만 모을 것인가? 부동산 투자 등 다양한 방식으로 자산을 증식해야 한다. 월급쟁이라면 저축만으로는 부자가 될 수는 없다는 사실을 명심해야 한다.

왜 혼자는 어렵고
함께는 가능할까?

누구나 처음 부동산 투자에 관심을 두게 되면 관련된 책도 사고, 재테크 공부도 열심히 하게 된다. 시간이 지날수록 관심이 조금씩 시들해지는 경우가 많다. 왜 그럴까? 혼자서 하기 때문이며, 혼자서는 외롭고 힘들다. 부동산 관련 책이 만화책이나 웹툰처럼 술술 읽히고 재미있는 것도 아니다. 오히려 읽으면 읽을수록 막막하고 힘들 때가 많다. 이런 상황이나 환경에 도달하면 서로 의지하며 물어보고, 서로 격려할 사람이 필요하다. 투자에 관심이 없는 주변 사람에게 아무리 물어봐야 소용없고, 부동산에 관심이 없는 상태에서는 미지근한 반응뿐이다. 결국 내 마음도 시들해지고, 나도 모르게 가장 쉬운 포기의 길을 선택하게 된다.

부동산에 호기심을 두고 있는 사람과 함께 하는 네트워크를 구축해야 한다. 부동산 투자가 처음이라면 이러한 커뮤니티는 생각보다 중요하고, 혼자라면 포기하기 쉽지만 함께라면 포기하지 않는다. 공통의 관심사가 있는 사람들이 만나면 서로 힘이 되고 도움을 받을 수 있다. 처음 투자할 때는 모든 걸 혼자 해결하기도 어렵고, 잘못된 투자를 할 확률도 높아진다. 그런 실수를 범하지 않으려면 전문가의 조언이 많은 도움이 된다. 처음에 같이 공부하고 투자할 사람들과 함께하는 모임을 가져보는 것도 좋다.

서로 힘이 되는 그런 모임은 어떻게 구분할 수 있을까? 부동산 투자모임은 상당히 많다. 인터넷에 호기심을 가지고 검색하다 보면 금방 많은 카페를 검색할 수 있지만, 과연 어떤 카페나 모임이 좋을까가 문제이다. 나는 몇 개의 카페에 가입해 보았고, 대출을 상담하는 과정에서 모임들에 대해 많이 알게 되었다. 커뮤니티 중 친하게 지낸 모임이 여럿 되었지만, 일률적으로 '좋거나 나쁘다'라고 말하기는 어렵다. 하지만 각자 선택하는 기준은 있어야 한다.

우선 가입하자마자 투자를 권유하는 카페는 피하는 게 좋다. 카페에 어떤 정보가 있을까 해서 가입했더니, 며칠 후 가입 축하 인사를 하며 연락이 오더니 바로 투자 권유가 시작된다.

"지금 경기도 A 지역에 분양 예정인 부동산이 있는데 교통 조건이 최고이며, 배후 인프라가 좋고, 입주 후 임대 걱정도 없으며 앞으로 가치가 많이 상승할 지역이다. 현재 인기가 좋아 사람들이 앞다퉈 계약을 많이 하고 있고. 겨우 1~2개 호실 남아 있지만, 투자로서 최고의 호실이다, 한 번 오셔서 상담받아 보고, 함께 가서 현장을 확인하면 어떤가?"라는 이야기가 많다. 이런 카페는 대부분 자신의 이익을 위해서 분양회사로부터 분양 물건을 받아 매매하는 곳이다. 이런 카페는 관심을 둘 필요가 없지만, 간혹 유혹에 빠지는 사람도 있으니 유의해야 한다.

자신이 원하는 부동산 투자에 관하여 교육을 체계적으로 받을 수 있는 곳이 좋다. 이론 교육뿐만 아니라 현장 실무, 즉 임장을 함께 해볼 수 있는 곳이어야 한다. 부동산 투자는 이론 지식만 많다고 무턱대고 투자할 수 있는 게 아니다. 현장을 함께 다닌 예비 투자자 중 부동산 중개업소를 처음 방문하는 사람도 많았고, 방문을 두려워하거나 힘들어 사람도 의외로 많았다. 뭐든지 처음에는 다 그렇다. 지나고 보면 아무것도 아닌 것이 참 어렵다. 하지만 부동산 투자 경험이 많은 사람이나, 함께 배우는 동기들(?)이 있다면 그러한 어려움은 많이 해결된다.

투자 교육 후에도 많은 정보를 얻을 수 있어야 한다. 교육만 하는 곳은 별로 도움이 되지 않는다. 나중에라도 투자를 준비하거나 진행하면서 궁금한 것들이 많이 생기게 되므로 다양한 사람들로부터 조언을 듣고 판단해야 한다. 부동산 투자는 직접 경험해 보기는 어렵지만, 투자 시 어려움이나 고민이 생겼을 때 앞서 투자한 사람의 경험이 무척 도움이 된다. 많은 성공과 실패 사례를 공유하고 이야기할 수 있으면 좋으며, 이런 사례들을 분석해서 철저히 나의 지식으로 만들어야 한다. 나는 한 건이지만, 함께하면 수많은 사례를 알게 되니, 배우는 것을 아까워할 필요가 전혀 없다.

다른 사람들의 경험은 나에게 생생한 피와 살이 된다. 투자 의욕도 키울 수 있고, 많은 정보도 얻게 되며, 투자에 대한 안목도 키울 수 있다. 또한 부동산 투자에 대한 돈 되는 호기심이 강해지고 오래 유지되며, 부동산 투자 이후의 문제 해결 능력도 좋아진다. 재테크 관련 책도 중요하지만, 현장에서의 생생한 경험들이 더욱 중요하다. 책은 어느 정도 지식이 쌓일 때까지 필요하며, 책만 보고 있는 사람이라면 결국 투자를 하지 못하는 경우가 많다. 투자하는 MZ 세대를 많이 만날 때마다 스스로 놀랐던 사실은 투자 공부에 돈을 주고 열심히 배운다는 것이다. X세대 이전 사람들은 술은 열심히 먹지만, 돈을 내고 배우는 것에는 인색한 편이고, 결국 투자로 이어지지 않는 사람도 의외로 많았다. 그러고는 말한다. "라떼는 말이야... ..." 돈을 주고 배우는 걸 절대 아까워해서는 안 된다.

부동산 투자를 하려면 대출에 관해 언제라도 상담해 볼 수 있는 친한 은행원 1~2명은 있어야 한다. 부동산 투자를 현금으로 하는 경우는 거의 없고, 대부분 대출을 받아야 한다. 부동산 투자를 하면서 대출담당자를 아는 것은 엄청난 힘이 된다. 가능하면 창구에 있는 직원보다는 후선에 있는 부지점장 이상이 좋다. 급한 마음에 통화하고 싶을 때 창구직원은 통화하기 어렵고, 항상 손님과 상담 중이거나 신규, 연장 등 업무처리에 바쁘다. 부지점장 이상은 창구직원보다 조금 더 여유롭게 통화할 수 있다. 어느 정도 투자 공부를 하게 되면, 대출에 관해 막힘이 없는 직원을 만날 때도 있고, 대출뿐만 아니라 투자하려는 부동산에 관해 해박한 지식을 갖고 조언이 가능한 직원도 만나게 된다. 이런 기회가 왔을 때 '행운이다.'라고 생각하고 반드시 친해져야 한다. 초보 투자자 시절은 물론이고 투자를 많이 했어도 항상 궁금한 점은 많다. 이럴 때 투자에 대한 고민도 이야기하다 보면 많은 도움을 받게 된다. 커피 쿠폰 하나라도 보내 친해지려고 노력해야 한다. 은행 직원도 실적이 필요해서 적극적으로 상담에 임해 주는 직원도 상당히 많다.

부동산 중개업소 대표님도 잘 사귀어야 한다. 부동산의 좋은 매물은 능력 있는 부동산 중개업소에서 나온다. 특히 급매 물건이나 좋은 물건을 내가 1순위로 연락받을 수 있도록 한다면 금상첨화이다. 좋은 부동산 중개업소를 선택하려면 많은 발품을 통해 선별해야 한다. 한두 개 물건을 소개받아 보면 자신만의 이익을 위한 사람인지, 아니면 서로 잘 되자고 하는 사람인지 알 수 있다. 좋은 부동산 중개업소는 친해져야 하지만, 자신이 가지고 있는 매물만 팔려고 하는 부동산 중개업소는 경계해야 한다.

부동산을 분양하는 사람들과도 친해지면 좋은 분양 물건을 잡을 기회가 생겨서 좋다. 오랫동안 분양 경험으로 정확한 사람들도 있지만, 자신의 잇속만을 위하는 사람들도 의외로 많다. 특히 분양 물건에 대한 소유권 이전 시 대출금액과 조건에 대한 상담 오류가 꽤 많다. 잔금대출 상담을 진행해 보면 가끔 잘못된 상담을 받고 투자한 분이 꽤 있다. 대출 외에도 지식산업센터 공장을 분양하면서 기숙사를 끼워 분양하거나, 드라이브인 공장을 팔면서 '도어 투 도어'가 안되는 비선호 물건을 분양하거나, 끼워파는 경우를 여러 번 보았다. 특히 분양 부동산 미래 전망에 대해서 너무 낙관적인 전망이 너무 많았다.

부동산 투자를 하려면 나름 전문가가 되려고 노력해야 한다. 전문가가 되려면 부동산 투자에 관한 책도 보고, 다른 전문가의 이야기도 경청하고, 커뮤니티에서 다른 사람의 지식도 받아들여야 한다. 우리 뇌는 관심을 집중하면 습득력도 높아지고 자가발전을 시작한다. 자가발전이란 일정한 지식에 다다르면 스스로 생각하고 문제를 찾아 해결할 수 있는 능력이 만들어지는 것을 말한다. 부동산 투자는 다른 투자에 비해서 투입되는 비용이 많다. 우리가 생활용품을 하나 사더라도 이것저것 비교하고, 검토하여 어느 정도 확신이 들었을 때 사게 된다. 하물며 엄청난 돈이 투입되는 부동산을 구입하는데 다른 사람의 의견만 듣고 구입하는 것은 정말 바보 같은 짓이다. 내가 관심있는 분야에 전문가가 되도록 노력해야 한다. 항상 투자는 자기의 책임하에 진행되는 것이므로 최종결정은 자신의 몫이다. 이것이 투자에서 가장 우선해야 하는 원칙이다.

왜 사람마다
투자하는 부동산이 다를까?

　부동산 투자를 가장 잘하는 방법은 무엇일까? 부동산 투자 대상은 주택(아파트, 빌라, 단독주택 등), 분양권(아파트, 지식산업센터 등), 상가, 재건축, 오피스텔(주거용, 사무실용), 대지(토지, 임야, 전, 답 등), 공장 등 다양하다. 처음에는 자신에게 익숙하거나 잘 아는 부동산에서 투자 경험을 쌓는 것이 필요하다. 과거의 경험이 중요하고, 경험이 누적되고 상당한 지식이 쌓이면 판단력이 좋아진다. 초보 투자자일수록 자신이 잘 모르는 부동산에는 접근하기가 어려우며, 남의 말만 믿고 투자하면 여기저기 도사리고 있는 위험에 대처하기가 힘들다.

부동산에 투자하는 방법은 사람마다 다양하다. 처음 부동산 투자에서는 폭넓고 다양한 분야를 많이 아는 것도 중요하지만, 투자하려는 부동산에 대하여 깊숙하고 전문적으로 아는 것이 더 중요하다. 충분한 지식과 정보를 통하여 한 분야의 전문가가 되면, 다른 부동산에 대한 확장력이 좋아진다. 자신이 잘 아는 부동산뿐만 아니라 잘 아는 지역에 대한 분석이 선행되어야 한다. 처음부터 대형 부동산을 사는 사람은 없다. 부동산도 작은 경험과 성공을 통해서 성공 습관을 만들어야 한다. 사람들에게는 처음의 경험이 중요한 역할을 한다. 성공을 경험한 누군가에게는 앞으로 나아갈 수 있는 '씨앗과 새싹'이 되지만, 실패를 겪은 어떤 사람에게는 너무나 큰 장애물이 만들어질 수도 있다.

'어떤 사람은 아파트에 투자하라 하고, 또 어떤 사람은 수익형 부동산에 투자하라 할까?'

가장 큰 이유는 그 분야에 대해 가장 잘 알고 익숙하기 때문이다. 하지만 우리가 다른 사람의 의견을 들을 때는 그 사람의 전문 분야를 먼저 머리에 떠올리고 의견을 참조해야 한다. 무조건적인 수용이나 절대적인 믿음은 아픈 결실을 가져올 수도 있다.

부동산 투자라고 하면 많은 사람은 시세 차익을 가장 먼저 떠올린다. 아파트는 '자산 증식의 힘'이 있다고 믿기 때문에 아파트를 사서 파는 것을 되풀이해서 자산을 늘리는 방법을 선택하는 경향이 강하다. 하지만 너무 자주 사고파는 것이 자산 증식에 반드시 도움이 되는 것은 아니다. 때로는 부동산 투자에서 시간의 인내가 필요하고, 장기간 투자해야 하는 경우도 발생한다. 열심히 일해서 번 돈을 저축 대신 실물자산에 투자한다는 마음의 여유가 있어야 한다. 대표적 시세 차익 부동산은 아파트이지만, 서울 및 수도권은 지역에 따라 상가, 빌딩, 토지 등도 시세 차익이 크므로 한정 짓기는 어렵다.

많은 사람이 왜 부동산에 투자하려 하느냐고 질문하면 모두 '돈을 벌고 싶어서.'라고 대답하지만, 어떻게 돈을 벌고 싶으냐고 물으면 대답을 머뭇거린다. 투자 목적이 명확해야 어떤 부동산에 투자할지가 정해지기 때문이다. 심지어는 적은 돈으로 일확천금 같은 큰돈을 원하는 욕심이 화를 부르는 경우를 보게 된다.

'영업할 때는 가끔 길거리에서 나누어 주는 전단이나 분양 광고 등 주변에서 일어나는 사소한 것에도 관심을 두게 된다. 혹시 영업 기회가 있을까 하고 사무실을 방문해서 듣다 보면 기획부동산을 만날 때도 있다. 사람을 꾀려는 말들은 청산유수다. 이야기를 듣다 보면 금방이라도 개발이 될 것 같고, 가격도 5~10배 상승할 것 같은 느낌이 든다. 자신의 마음속에 적은 돈으로 큰돈을 벌고 싶은 마음이 그것을 믿음으로 만들어 버린다. 하지만 수천만 원을 투자하고도 회수할 기회가 까마득해서 어려움을 겪는 사람들을 만나면 안타깝기가 그지없다.'

부동산에 투자하는 사람마다 각자가 가지고 있는 가치관이 다르다. 가치 투자를 할 것인지, 수익성 투자를 할 것인지 각자의 생각과 기준이 다르다. 또한 투자는 종합예술과 같아서 목적에 따라 다양한 부동산을 선택하게 된다. 한때 수익성을 중요하게 생각하는 투자자들 사이에 이런 말이 유행한 적이 있었다. '월세 100만 원 만들기, 월세 3백만 원 만들기, 월세 5백만 원 만들기... ...'

이런 투자는 직장인의 로망 '퇴사를 꿈꾸는 사람들'이나, 편안한 노후를 설계하거나, '경제적 자유를 이루고 싶은 사람들'

인 경우가 많다. 수익형이라고 하면 시세 변동은 미미하고 월세로 현금흐름을 창출하는 것을 말한다. 그러나 투자 부동산 유형, 투자 지역, 외부 상황 등에 따라서 월세도 받고 가치 투자만큼은 아니어도 중간지점에 있는 부동산들도 있다. 가능하면 발품을 팔아서라도 이런 부동산을 계속 발굴하려고 노력해야 한다. 수익형 부동산은 월세가 창출되는 사무실, 상가, 지식산업센터. 공장 등 다양하다. 한 번 해보면 알게 되지만, 월세를 받는 투자는 상당히 마음의 안정을 가져온다.

투자 또는 재테크의 3요소는 수익성과 더불어 환금성과 안정성을 중요하게 생각하게 된다. 환금성이 좋다는 말은 구매를 희망하는 사람이 많다는 것이다. 즉, 내가 소유한 부동산을 얼마나 빠르게 현금화할 수 있는가이다. 부동산이 아무리 좋아도 환금성이 떨어지면 일반 투자자는 투자하기 어렵다. 부동산 투자는 단순하게 돈을 벌기 위한 수단이 아니라 장래의 불확실성에 대비하고 안정적인 미래를 준비하기 위한 중요한 전략이기 때문이다. 유사한 부동산이라도 배후 수요, 역세권 등 교통환경, 대단지(랜드마크), 인구의 유입이나 유동 인구, 주변 환경의 변화 등에 따라 계속 변하므로 철저한 분석이 선행되어야 한다. 특히 땅에 대한 투자는 향후 개발 여부에 따라 엄청난 이익을 가져다줄 수도 있지만, 투자 기간이 오래 걸리고 덩어리가 큰 규모에는 환금성이 떨어지므로 여유 있는 자금으로 투자해야 한다.

안정성이란 투자한 자금의 원금을 회수할 가능성을 말한다. 주식이나 다양한 투자상품에서는 원금의 손실을 보는 경우는 많이 알고 있지만, 부동산도 원금을 모두 회복하지 못하는 경우가 종종 있다. 안정성의 측면에서 부동산을 잘 선택해야 한다. 이런 손실은 부동산 추격매수, 영끌 투자 등과 부동산 경기 침체 등이 겹치면서 발생하는 경우가 많다.

'22년 2월, 평상시 부동산에는 거의 관심이 없던 Y라는 사람을 만났다. 재테크에 대한 이런저런 이야기를 나누다가, 최근 주변에 있는 사람들로부터 지식산업센터의 이야기를 여러 번 들었다며 이에 대한 궁금한 점을 물어보는 것이었다. 평소 관심이 없던 Y라는 사람과 주변 사람들이 알 정도면 과열을 넘은 상황이었고, 상투를 잡은 사람들은 외부의 작은 충격에도 큰 영향을 받아 손해를 볼 수 있겠다는 것을 직감할 수 있었다.'

그때는 금리가 사람들의 예상 금리를 넘어 계속 상승하고 있는 시점이기도 했다. 매수는 서서히 줄어들고 있었으며, 좋은 위치나 거래조건이 좋은 물건들만 거래되고 있었다. 시간이 지날수록 수도권 외곽부터 매수가 줄어들고, 경기도 그리고 서울로 빠르게 시장이 얼어붙었다. 이미 분양을 받았거나 프리미엄을 주고 산 사람들은 결국 전매가 되지 않아 입주 시장까지 와서는 프리미엄과 계약금을 포기하는 손실을 보는 사람이 많았다. 또한 기존에 매입한 부동산은 대출이자가 월세 수입보다 커지면서 매월 손실을 보다가 기존 매매 금액보다 떨어진 가격으로 팔아 손실을 보는 사람도 있었다. 투자하는 부동산은 다양해도 자신의 재무 상황과 외부 환경의 충격에 대하여 충분한 분석과 고민을 하고 투자해야 한다.

부동산 투자에서 한 번 성공했다고 또 다른 성공을 보장하지 않는다. 조금 이익을 봤다고 자만하다가는 더 큰 손실을 초래하게 된다. 또한 투자한 경험이 없는 부동산 분야에 접근할 때는 반드시 전문가와 충분히 상의해야 한다. 부동산마다 분석하는 포인트가 다르고, 부동산의 흐름도 다르기 때문이다. 하지만 최종 투자의 결정은 자신이 판단하고 결정하며, 책임도 오로지 자신에게 있는 것이다. 전문가의 의견을 참조하여 내가 놓치고 있는 부분을 점검하라는 의미이다.

왜 법인으로
부동산에 투자할까?

'왜 법인으로 부동산에 투자할까?'라는 궁금증이 생길 때 새로운 투자 방식을 알게 된다. 처음 부동산 투자를 하면 대부분 개인 명의로 하게 된다. 특히 부동산의 첫 투자는 주거용 주택, 특히 아파트일 경우가 많으므로 더욱더 그렇다. 당연히 개인 명의로 하게 되고, 다른 투자 방식에는 관심이 없을 뿐만 아니라 대부분 법인 명의 투자는 익숙하지 않고 어색하다.

투자 목적으로 상가, 지식산업센터, 공장 등에 투자할 때는 상황이 달라진다. 주택을 구입할 때와 상가나 공장 등 임대 부동산에 투자하는 경우 대출의 종류부터 다르다. 주택의 경우는 순수한 개인 명의 대출이 대부분이고, 상가는 개인 명의라 하더라도 사업자 대출이 대부분이다. 사업자 대출 중 부동산이나 기계, 기구 등을 매입할 때 해주는 시설자금 대출이 이에 해당한다. 반면에 운전자금 대출은 사업을 하면서 운영 또는 생산을 위하여 필요한 자금을 대출하는 것으로, 임대사업자의 경우 인테리어 소요자금 등 일부를 제외하고는 운전 자금 용도가 맞지 않아 대출이 어렵다.

개인과 개인 사업자 대출은 여러 차이가 있다. 우선 개인 사업자 대출은 사업자등록증이 필요하다. 개인 대출은 DSR, DTI, 스트레스 DSR〈2024년부터 순차적으로 적용 예정 ① 은행권, 2금융권 순 ② 주택담보대출, 신용대출, 기타 대출 순〉 등이 적용되지만, 임대 목적 개인 사업자 대출은 RTI 등이 적용된다. 대출한도와 금리 조건, LTV 적용 비율 등도 차이가 있다. 너무 복잡하게 알 필요는 없다. 사업자 대출은 개인 사업자 대출과 법인 사업자 대출로 구분된다. 법인이란 법률상에서 자연인 이외의 법률상 권리 또는 의무의 주체가 되는 대상으로, 쉽게 말해서 법으로 만들어진 인격체라고 생각하면 된다. 대출 상담을 할 때면 법인 명의 대출에 대하여 문의하는 투자자가 의외로 많았고, 실제로 법인 명의로 투자를 하는 사람도 많다.

'왜 법인으로 투자할까?' 단순하다. 법인 투자가 개인 투자보다 유리한 부분이 있다고 생각하기 때문이다. '어떤 장점이 있을까?'

첫째는 2년 내 단기투자는 법인이 개인보다 더 유리하다. 개인은 2년 이상 보유 후 매도해야 양도차익에 대하여 소득세율 '과세표준'에 따라 정해 지지만 법인은 '법인세율'에 따라 세액이 결정된다. 일반적으로 법인세는 2년 미만의 단기 보유라 하더라도 양도차익 2억 원 이하 9%, 2억 원 초과 ~ 200억 원 이하 19%의 세율이 적용되므로〈23.1.1 이후, 지방세 별도〉 단기 보유 후 매매 시 상대적으로 개인보다 법인이 더 유리하다. 그러나 2년 이상 보유 후 매도 시에는 장기보유와 양도차익의 금액에 따라 개인이 더 유리한 구간도 있을 수 있다. 투자 전략을 짤 때 이점을 충분히 고민해야 한다.

둘째는 법인으로 주택을 구입하면 명의 분산 효과가 있다. 1가구 1주택 비과세가 필요하거나, 무주택자의 지위를 유지하면서 반드시 매수하고 싶은 주택이 있는 경우 검토해 볼 수 있다.

셋째는 자녀가 법인의 주주로 참여할 수 있다. 그동안 상담

했던 부동산 투자 법인의 경우 자녀가 2명 있는 경우의 주식 비중은 대표자 30%, 배우자 30%, 각각 자녀 20%가 대부분이 었고, 자녀가 1명 있는 경우의 주식 비중은 대표자 40%, 배우자 30%, 자녀 30%가 많았다. 당연히 대표 1인이 전체 주식을 소유할 수도 있다. 보통 미성년자에게는 10년에 2천만 원까지 비과세 처리되고, 성년자에게는 5천만 원까지 비과세 처리되므로 이를 활용하면 된다. 자녀가 주주로 있는 경우에는 법인의 수익으로 배당을 통해서 정상적인 수익을 넘겨줘서 증여의 효과를 달성할 수도 있다. 법인 배당 시 배당소득세〈약 15.4%, 지방세 포함, 배당금액에 따라 변동 가능〉가 있다.

법인 투자 시 '불리한 점은 없을까?
물론 법인으로 투자 시 유의해야 하는 부분이 있다.

첫째로 법인 투자로 가장 유리하다고 생각하는 단기투자에서 수익을 실현하였다 하더라도 개인으로 돈을 가져오기 위해서는 추가 세금이 발생한다. 개인으로 돈을 가져오는 방법은 크게 2가지다. 하나는 급여로 가져오는 것이고, 다른 하나는 배당이다. 배당은 배당소득세 약 15.4%를 부담하고, 대표자 급여로 가져오면 금액에 따라 소득세 및 4대 보험료를 부담해야 한다. 결국 투자 목적과 투자 기간에 따라 개인과 법인 중 선택을 해야 한다.

둘째는 법인을 유지하기 위한 기본 비용이 발생한다. 사무실 임차료, 월 기장료 등 비용이 드는데, 법인을 최초 설립하고 영업활동도 없고, 당기순이익도 실현된 게 없어 결손 처리하는 법인을 많이 보아왔다.

셋째는 아파트 등 주택을 법인 명의로 했을 때는 세입자 구하기가 개인 명의에 비해 어려울 수 있다. 최근의 대부분 세입자는 전세자금대출 받기를 희망한다. 이때 임대인이 법인이면 여러 전세자금대출 중 취급 안 되는 대출이 있어 임차인 선택의 폭이 좁아진다.

넷째는 과밀억제권역에 본점 주소를 두고 5년이 지나지 않은 상태에서 과밀억제권역의 부동산을 취득하면 취득세가 중과된다. 또한 비과밀억제권역에 설립 후 5년이 지난 법인이 다시 과밀억제권역으로 본점을 이전한다 해도 과밀억제권역에서 5년이 지나야 취득세 중과에서 벗어날 수 있다. 이런 경우 대부분은 비과밀억제권역인 용인시, 김포시, 안산시 등에 법인 설립 후 과밀억제권역 부동산을 매입한다. 그러나 실제 본점 주소지에서 법인 운영에 관한 근무를 하지 않으면 형식상 주소 사용으로 인한 취득세 중과를 받을 수도 있다. 〈인아랑 작가의 《법인으로 투자할까 개인으로 투자할까》 중에서 일부 참고〉

부동산 법인으로 투자를 희망할 때 가장 궁금해하는 것은 뭘까?

첫째는 수많은 투자자는 "법인으로 투자하는 게 유리할까요?, 아니면 개인으로 투자하는 게 유리할까요?"라고 질문을 던진다. 당연히 누구에게나 딱 들어맞는 명확한 해답은 없다. 우선 투자 목적과 기간을 명확히 하고 개인과 법인 중 유리한 것을 선택하여 투자해야 한다. 특히 법인 투자는 부동산을 단기 매매하면서 실현된 이익을 다시 법인으로 재투자하여 법인을 성장시키는 경우가 가장 좋은 사례이다.

둘째는 신설법인 대출이 가능하나요? 은행마다 다르지만, 많은 은행이 선호하지는 않는다. 그렇다고 해서 전혀 불가능한 것도 아니다. 대출금액, 구입 부동산 가치, 대표자 신용점수 및 자산 능력, 최대 주주의 자산 능력 등을 종합적으로 평가하여 대출 심사가 진행되며, 한 금융기관에 10억 원을 초과한 대출은 대부분 더 엄격한 심사를 받는다.

셋째는 사업자등록증에 '임대' 종목을 추가하는 시기와 여러 부동산 투자 시 지점을 설치해야 하나요? 사업자등록증 '임대' 추가는 부동산 임대 시 하면 가장 좋다. 대출 심사 평가 시 불리한 요소로 작용할 수도 있기 때문이다. 법인이 부동산을 매수하기 위하여 지점을 설치하면 정관을 수정한 후 법인 등기부 등본도 수정해야 하고, 지점 사업자등록증이 나오면 관리상 어려움도 발생한다. 법인 본점 사업자등록증을 기준으로 임대할 부동산을 '사업자 단위 과세'를 통해 여러 임대 사업장을 한 번에 관리하는 게 좋다.

넷째는 법인 대출 연장 시 불리한 것은 없나요? 법인 설립은 간단한 편이지만 매년 이익을 내기가 쉽지 않다. 부동산 임대의 경우 금융기관에 따라 금리가 가산되기도 한다. 법인에 대출 등이 많은 경우, 결산 시 손실법인 또는 자본금이 부족한 경우 자본잠식 등에 놓일 수도 있다. 철저한 관리가 필요하고 법인의 임대 외 매출을 실현하면 좋다.

부동산을 구입하려면
왜 발품을 팔아야 할까?

부동산 투자는 작은 부동산을 구입하더라도 목돈이 들어 가고, 일단 자금이 투입되면 상당 기간 묶이게 된다. 많은 사람 이 종잣돈을 모은 이후에 여러 투자를 경험하게 되는데, 그것 이 부동산, 안전자산인 정기예금, 조금 더 높은 수익률을 가져 올 수 있는 투자상품이 될 수도 있다. 정기예금 외에 부동산, 주식, 채권, ELS 등 모든 투자는 리스크의 차이만 있을 뿐 항 상 위험이 존재한다. 그중에서도 부동산은 거액이 들어가고, 원하는 시간에 환금이 어려울 수도 있으므로 항상 유의해야 한다.

부동산 투자는 다양한 지식과 정보를 가지고 분석한 자료만을 믿고 투자하기는 어렵다. 현장의 생생한 목소리와 직접 발로 뛰면서 듣고 보고 판단하는 과정이 꼭 필요하다. 지금은 인터넷에서 검색을 통하여 상당한 정보를 얻을 수 있지만, 결국 결정적인 마지막 점검은 현장에서 하는 게 좋다. 자료와 분석만으로 투자를 결정할 때는 처음 생각과는 달리 스스로 좋은 점만 보려는 경향이 강해진다. 그러면 자신도 모르는 사이 처음에 보이던 단점과 위험을 좋은 점만 보고 느낄 수 있도록 자기 합리화하는 오류에 빠질 수 있는데, 참으로 위험한 생각이다. 즉 '괜찮을 거야!', '다 좋아질 거야!', '문제없을 거야!'라는 생각이 강해진다. 부동산에 투자할 때는 가능한 한 마음속에 '찜찜함'이 남지 않도록 마지막 점검을 잘해야 한다.

부동산에 투자할 때는 인터넷, 공인중개사, 분양상담사 등 다른 사람으로부터 많은 정보가 들어오고 시간이 지날수록 믿을 만한 정보인지, 불명확한 정보인지 헷갈리게 된다. 반복해서 이야기를 듣다 보면 진실과 거짓이 구분 자체가 안 되는 힘든 경우도 많으므로, 현장에서 최종 점검을 할 필요가 있다. 제대로 된 현장점검을 하려면 어떻게 해야 할까? 현장을 다니면서 제대로 판단하기 위해서는 사전 정보 분석이 필요하다. 예전에는 부동산 정보가 부족해서 처음부터 끝까지 발품을 팔아야 하는 경우가 많았다. 하지만 지금은 스마트폰, PC, 노트북 등 인터넷을 이용하면 전국 어디에 있는 부동산이라도 쉽게 접근하여 공부할 수 있다. 즉, 거리 로드뷰나 아파트 3D 구조 뷰나 항공뷰 등도 손으로 할 수 있는 임장이 너무나 발달한 시대이다.

특히 부동산 자산(property)과 기술(technology)의 합성어인 '프롭테크'의 출현은 발품 팔아야 좋은 물건을 찾을 수 있다는 부동산 업계의 오랜 관행을 깨고 있다. 즉, '프롭테크'는 부동산 시장에 인공지능(AI), 빅데이터, VR/AR 등의 최신 기술을 적용해 발품 이상의 효과를 내고 있다. 또한 언젠가는 발품을 대체할 새로운 방식이 될 수 있을지도 모른다. 하지만 이런 기술이 발달한다고 해서 손품이 임장을 대체하고 '발품은 필요 없다'라고 할 수 없다. 아직은 상호 보완적 역할을 하게 된다. 분명한 것은 기술의 발달은 과거에 비하여 발품을 줄이고 손품을 이용하여 더 많은 정보와 더 정확한 자료에 근거한 투자를 할 수 있게 한다.

사람마다 투자 스타일이 다르니, 임장에도 따로 정답은 없다. 하지만 충분한 손품이 먼저라는 사실에는 변함이 없다. 온라인에서 손품만 팔아도 가능한데, '투자하려는 부동산에 대해서는 다 아는데 왜 발품을 팔아야 하나?'라고 의문을 가지는 사람도 있을 수 있다. 발품을 팔아야 하는 이유는 손품이 백 퍼센트 완벽하지 않기 때문이다. 부동산 관련 인터넷 사이트나 어플 등을 이용해 확인하는 부동산 가격과 현황은 참고해야 할 사항이지, 그대로 믿고 실행하기에는 너무 많은 위험이 따른다. 부동산에 관한 사기 등 리스크나 위험에 관한 뉴스가 심심치 않게 등장한다. 다른 사람의 말만 믿고 현장의 소중함을 소홀히 해서는 안 된다. 특히 부동산 투자에 대한 책임은 바로 나 자신에게 있다는 사실을 잊어서는 안 된다. 현장에 가지 못하는 이유가 '시간이 없어서', '정보가 너무 많아서' 등 수많은 사유가 있을 수 있다. 하지만 자신의 전 재산이 될지도 모르는 투자를 결정하면서 이런저런 이유는 매우 궁색하게 들릴 뿐이다. 부동산 투자에서 열 번 잘하다 단 한 번만 실수해도 엄청난 타격을 받게 된다. 특히 부동산 투자는 점점 가격이 높은 부동산에 투자하려는 경향이 강해지므로 더욱더 유의해야 한다.

부동산 임장이 과거보다 중요성이 감소했다고 보기보다는 인터넷 등 시대의 변화에 맞게 변화된 발품이 필요하다. 우선 충분한 사전 손품이 필요하고, 이런 분석을 통해서 현장에서 점검할 내용을 사전에 준비해야 한다. 손품을 팔면서 궁금한 점은 목록을 만들어 현장점검을 통해 인터넷과 차이가 있는지 궁금증을 해결하는 과정이 필요하다. 임장은 부동산을 사기 위해, 혹은 부동산의 분위기를 확인하기 위해 현장에 직접 가서 탐방하는 것이다. 주변 인프라, 시세, 교통 등 입지 분석은 온라인 정보나 귀로 듣는 것만으로는 분명히 한계가 있다. 초보 투자자는 투자 결정보다는 투자 지역을 선정하기 위해 임장을 하는 경우도 많다. 그러나 대부분의 실질적인 임장은 내가 알고 있는 정보를 점검 및 확인하고, 매수 여부를 결정하기 위한 중요한 단계이다. 또한 온라인을 통해 간접적인 체험에 그치지 않고 원하는 지역에 직접 찾아가서 상권이나 분위기 등을 피부로 느끼는 것이다.

임장하기 전에 충분한 검토는 현장에서 명확하고 효율적인 점검 및 분석을 가능하게 한다. 그러므로 하나를 보러 가더라도 반드시 손품을 팔아 입지 분석을 끝낸 후 임장을 해야 진정으로 원하는 것을 얻을 수 있다. 만약 현장에서 복잡한 도로, 건물의 외형, 인테리어, 주변환경 등만 눈에 들어오고 입지가 제대로 파악되지 않는다면 아직 사전 준비가 부족한 것이다. 충분한 점검 없이 부동산 중개업자의 말만 믿고 매물 몇 개만 보고 나서 덜컥 매수했다가 나중에 후회하기 쉽다. 우선 손품으로 부동산 사이트 여기저기를 검색하여 관심 있는 지역의 매물과 가격, 위치 등을 파악한 후 발품을 팔아서 직접 눈으로 확인해야 한다. 또한 버스나 지하철역, 병원, 마트, 관공서, 학교 등 각종 편의 시설과 거리도 직접 걸어 다니며 확인하는 습관을 들여야 한다.

현장을 방문할 때는 가능하면 많은 곳을 다녀보고 상담해야 기회가 보인다. 부동산 중개업소도 한 곳만 방문하지 말고 최소 3곳 이상 방문해서 현장의 이야기를 들어보면 바로 느낌이 온다. 각 부동산 중개업소에서 중복되는 이야기와 서로 차이 나는 이야기를 잘 구분하여 점검하면 많은 도움이 된다. 특히 공통점보다는 차이점에 집중해야 올바르게 분석할 수 있다. 처음에는 누구나 어떻게 임장을 해야 할지 어려움이 있을 수도 있고, 두려움이 있을 수 있다. 하지만 많이 다닐수록 경험이 쌓이고, 경험이 쌓이면 쌓일수록 노련미도 생기고, 보는 시각도 좋아진다. 부동산 투자에서 서두르면 패망할 확률은 점점 높아진다. 어설픈 투자로 그동안 모은 자금이 한 번에 묶이지 않도록 지킬 수 있는 사람은 오직 자신뿐이란 사실을 알아야 한다.

부동산 투자의 마지막은 항상 현장에서 소통해야 한다는 것이다. 처음으로 현장을 방문할 때는 어떻게, 어떤 방식으로 현장을 돌아다녀야 할지 모를 때가 많다. 사전에 지도를 보고 현장점검 방향과 순서를 생각해 보고, 부동산 중개업소에 들러서는 무엇을 물어볼지도 메모하고 나서 방문해야 한다. 물론 현장에서는 생각한 대로, 원하는 대로 되지는 않지만, 방문하기 전 생각을 정리하는 기술은 시간이 흐르면서 자신도 모르는 사이 체계적으로 습득하게 된다. 현장을 누비면 누빌수록 점점 더 많은 정보와 예상하지 못한 새로운 것들이 보인다. 현장에서 꼭 알고 싶은 사전 점검 내용을 중심으로 다니다 보면 금방 현장에 익숙해진다. 투자하고 싶은 지역이지만 아직 투자에 대한 확신이 없다면 같은 장소를 두세 번 방문하는 것도 괜찮다. 방문 횟수가 많아질수록 처음에는 느끼지 못했던 많은 것들을 파악하게 된다. 하지만 부동산 투자에서 현장 입지보다 더 중요한 것은 투자 지역을 선정하는 것이다. 즉, 서울에서는 문정동, 성수동, 영등포, 경기도에서는 안양, 과천, 하남, 동탄 등 어느 지역에 투자하느냐는 향후 부동산 투자의 성공 여부에 결정적 역할을 하게 된다. 현장을 다닐 때는 길거리도 그냥 지나치지 말고 열심히 관찰하면 도움이 된다. 놀러 간 기분으로 다니지 말고 임장 목적에 충실해야 얻는 게 많다.

부동산은 같은 위치, 같은 건물에 있더라도 그 가치는 천차만별이다. 도로변에 있느냐, 2층에 있느냐, 같은 1층이라도 현장에서만 느낄 수 있는 요소가 분명히 있다. 주변 환경은 어떻게 되는지, 코너에 있느냐 옆에 있느냐에 따라 다르고, 특히 상가 투자는 더욱 그렇다. 사람의 동선이나 상가의 위치에 따른 판단은 인터넷 등에서는 기계적인 판단일 가능성이 매우 높으므로 현장에서의 감을 잘 살려야 하는 부분이다.

또한 부동산을 소개해 주는 사람들은 단점보다는 장점을 더 부각해서 말해준다. 결국 다른 사람의 이야기만 믿고 투자하면 실패할 확률만 점점 더 높아진다. 예전에 골프 세계랭킹 1위 고진영 선수가 '골프의 재발견'이란 프로에 출연해서 한 이야기가 항상 마음에 남아 있다. 골프의 비결을 묻자 "중요한 건 포기하지 않는 것이다."라는 말이다. 맞는 말이다. 부동산 투자를 위해서 현장을 누비고 포기하지 않으면 좋은 부동산 물건들이 보이기 시작한다. 그동안 만난 사람들이 지역적 분석과 장점들을 모두 이야기해 주기 때문에 단점을 찾아내기만 하면 된다. 극복이 가능한 단점인가의 여부는 스스로 분석하고 판단해야 한다. 부동산 발품도 결국 아는 것만큼 보이게 된다.

레버리지는
꼭 활용해야 하는 걸까?

레버리지란 '기업 또는 개인이 차입금 등 타인의 자본을 지렛대처럼 이용하여 자기 자본의 이익률을 높이는 것'을 말한다. 즉, 기업이 자신의 자본 외에 빌린 돈을 이용하여 사업 확장 또는 투자를 하거나, 개인이 주택 또는 부동산을 매입하려 할 때 대출 등 차입금을 이용하는 것이다. 수도권의 아파트 같은 경우에는 위치에 따라서 월급을 20년 이상 모아도 쉽게 살 수 없는 곳도 있으며, 또한 실질소득 증가 속도보다 부동산 가격의 상승 폭이 더 커서 주택을 구입하기가 점점 더 어려워진다.

결국 현금을 모아서 부동산을 살 수 있는 사람은 극히 제한

적이므로 레버리지를 통한 투자는 점점 중요해지고 있다. 레버리지를 통한 투자가 필수인 시대가 되었으므로 이를 적절하게 활용할 수 있는 판단력을 갖고 있어야 한다. 레버리지의 효과가 어떤 것인지 알아보기 위해 일반투자와 레버리지 투자를 서로 비교한 아래 표를 보면 이해가 쉬워진다.

■ A 회사 주식 일반투자 VS 레버리지 투자 비교

(단위 : 천 원)

구분		일반투자	레버리지 투자
원금		1,000	1,000
대출금		없음	9,000
총투자금		1,000	10,000
주식가격 20% 상승	총자산(대출 포함)	1,200	12,000
	순수익(대출 포함)	200	1,889
원금 대비 수익률	대출이자 미적용	20%	200%
	대출이자 적용	20%	189%

주① 대출이자 산정 : 대출 9백만 원, 적용이율 연 5%, 투자 기간 90일 = 110,959원
1,889,041(최종 순이익) = 2,000,000(수익금) − 110,959(대출이자)

위의 표에서는 주식으로 예를 들었지만, 부동산 투자도 마찬가지이다. 예를 들어, 투자 원금 6천만 원이 있을 때 대출을 80% 받는다고 가정하면 3억 원 수준의 부동산을 살 수 있다. 하지만 레버리지 없이 투자 원금 6천만 원만을 갖고 투자하려

면 마땅한 부동산을 찾기도 어렵고, 향후 발생하는 투자 수익도 작을 것이다. 또한 주택 레버리지 투자는 단순히 돈을 빌려 집을 마련하는 것뿐만 아니라 부동산 가치 상승에 따른 새로운 부를 창출할 수 있는 또 다른 기회가 주어진다. 이처럼 레버리지의 지렛대가 되는 부채를 어떻게 활용하느냐에 따라 높은 수익을 기대할 수도 있고, 반대로 투자에서 손실을 보았다면 투자한 원금의 손실액도 커지고 대출금과 이자도 상환해야 하는 이중 위험성이 동시에 존재한다.

레버리지 최대 장점은 수익을 극대화할 수 있다는 것이다. 레버리지를 사용하면 자기 자본 이상 투자가 가능하고, 자기 자본만으로 투자한 수익보다 더 큰 투자 수익을 기대할 수 있다. 또한 자금 조달에 대한 유연성과 소액으로도 다양한 자산에 투자할 수 있다. 이를 통해 포트폴리오를 다양화하고 리스크를 분산시킬 수도 있다.

반면에 금리 상승기에 접어들면 레버리지에 따른 이자 비용이 증가하게 된다. 대출이 클수록 이자 금액은 무시하기 어렵다. 특히 수익형 부동산(상가, 지식산업센터, 사무실용 오피스텔 등)에 투자해서 월세를 받던 투자자들이 금리가 많이 올라 월세로 대출이자 충당에도 부족하여 자기 자금을 보태서 이자를 납부해야 하는 경우도 많이 보았다. 다행히 나중에라도 부동산 가격이 오르면 상쇄될 수 있겠지만, 이를 감당하는 지금은 고통스러울 뿐이다. 월세가 대출이자보다 적게 나오면 재산세, 종합소득세, 세무사 비용 등을 모두 자기 자금으로 내게 된다. 부동산 투자로 수익도 올리고 부자도 되고 싶었는데, 오히려 이중고, 삼중고를 겪게 되면 참 난감할 수밖에 없다.

레버리지로 인해 부채가 증가하면 부실의 위험도 커진다. 부동산 투자에 있어서 레버리지를 이용할 때 가장 중요한 것은 현금흐름이다. 수익형 부동산의 경우 월세가 현금 흐름이 되는데, 월세가 대출이자를 감당할 수 없다면 현금흐름의 한 축이 무너지게 된다. 다행히 차액 부담이 적으면 크게 문제 되지 않지만, 소유하고 있는 부동산 대부분이 월세로 대출이자를 상환할 수 없는 경우라면 문제는 더욱 심각해진다. 부동산은 많이 소유하고 있지만, 현금흐름이 부족한 투자자가 대출이자 등 상환에 어려움을 겪으면서 결국 신용불량자가 되고 부실화되는 경우가 가끔 있다. 어떤 사람들은 자기 자금 하나 없이 여기저기서 대출받아 투자하고, 대출이자까지도 대출금을 받아서 내는 경우를 보았다. 부동산 호황기에는 부동산 가치가 계속 상승하고, 매매도 원활해서 잘 버틸 수 있지만, 부동산 침체기에는 대출이자 상승, 부동산 가치 하락에 따른 매매 수요 부족으로 무너지는 경우도 생긴다.

너무 큰 레버리지로 투자하면 시장의 변동성에 민감해지고, 취약해지며, 예상치 못한 변수에 손실이 발생할 수도 있다. 대출이 많으면 당장은 소액 투자가 가능하지만, 이자 부담 및 금리가 올라가는 시기의 시장 리스크가 있으므로 유동성 확보를 반드시 해놓아야 한다.

이런 리스크에도 불구하고 부동산 투자에서 레버리지는 상당히 큰 수익을 줄 수 있는 매력적인 투자 방식이다. 결국 대부분의 부동산 투자는 단기보다는 중장기가 많은 편이기 때문에 어느 정도의 부채가 적정한가를 판단하는 것이 가장 중요하다. 그동안 만난 많은 투자자 중 대출금을 무조건 최대로 많이 해달라는 투자자가 상당히 많았다. 자기 자금을 최소화하고, 부채를 최대화하여 다른 부동산에 투자하려는 의도가 강하기 때문이다. 부동산이 상승기이거나, 대출이자가 저렴하고 내려가는 상황에서는 큰 이익을 낼 수도 있다. 동시에 예상하지 못한 경기변동으로 금리가 오르고 부동산이 침체기에 접어들면 상당한 위험이 존재한다. 결국 적정한 레버리지 활용의 중요성은 아무리 강조해도 지나치지 않는다.

부채 의존도 혹은 타인 자본의 정도를 나타내는 레버리지 비율, 즉 나의 총투자금 안에 타인의 자본이 어느 정도를 차지하는지 비율을 말한다. 레버리지 비율이 높다면 나의 자본보다 부채가 높다는 것을 의미한다. 위험도가 높은 만큼 성공 시 몇 배의 수익도 가능하지만, 너무 긍정적인 생각만으로 투자한다면 예측하지 못한 상황이 발생했을 때 크게 잃을 수 있다는 사실을 알고 투자금의 레버리지 비율을 슬기롭게 조정해야 한다.

적절한 레버리지는 개인의 특정 상황과 목표에 따라 다를 수 있지만, 그동안 투자자를 만나본 경험으로 얻은 몇 가지 기준을 생각해 볼 수 있다.

자신의 재무 상태를 명확하게 점검해야 한다. 레버리지를 결정하기 전에 개인의 재무 상태를 정확히 파악하고 부채 비율, 현금 흐름, 이자 비용 등을 고려하여 종합적인 판단으로 감내할 수 있는 위험 범위를 정해야 한다.

위험 관리를 위해 보수적이지만 명확히 예측해야 한다. 레버리지는 투자 위험을 증가시키므로 선택할 때는 투자의 안정성과 예상 수익률에 대한 신중한 분석이 필요하다. 이런 분석에는 현재 예측되는 상황과 함께 최악의 시나리오도 점검하면 많은 도움이 된다. 투자할 때는 항상 장밋빛 전망이 많지만, 시장 상황은 항상 예상하지 못한 결과로 흘러가는 경우가 많다.

위험 관리에 대비한 유동성을 확인하고 준비해야 한다. 부동산 투자라고 하면 대출금 이자와 공실 리스크 등을 고려하여 최소 6개월 이상의 유동성 자금은 있어야 한다. 이런 유동성 확보에는 공실, 대출이자 외에도 관리비, 세금 등 상세 내용을 포함하여 점검해야 한다.

혼자 단독으로 결정하기 어려운 때에는 전문가의 조언이 도움이 될 수도 있다. 혼자 고민하는 것보다 전문가의 지식과 경험 이야기를 듣는 것도 중요하고, 또한 초보 투자자가 예상하지 못한 위험 요인을 알게 되는 때도 많으므로 현명한 선택이 될 수 있다.

개인적인 상황과 목표에 맞는 다양한 요소들을 고려하여

적절한 레버리지를 결정하는 것이 핵심이다. 레버리지를 적절히 활용하는 것은 개인의 재무 안정성을 유지하고 성공적인 재무 관리를 위한 필수 요건이기 때문이다. 그동안 만났던 다양한 투자에서 성공한 사람들은 자신만의 레버리지 기준이 있었다. 가장 우선시하는 원칙은 무리한 투자를 하지 않고 감당할 수 있는 수준을 정확히 알고 있다는 것이었다. 반면에 투자 후 어려움을 겪는 사람들은 대출은 최대로, 다수의 부동산에 동시에 투자하고, 급하게 서둘러 투자하는 유형이 많았다.

왜 부동산도
포트폴리오를 고민해야 할까?

　부동산 포트폴리오의 사전적 의미는 부동산 투자에서 위험을 줄이고 투자 수익을 극대화하기 위하여 여러 종류의 부동산에 분산 투자를 하는 방법을 말한다. 거주할 주택을 처음 구입할 때는 모르지만, 여러 부동산에 투자한다면 포트폴리오에 관심을 가져야 한다. 우선 우리나라 부자들은 자신의 자산 중 부동산이 차지하는 비율은 얼마나 될까? 헤럴드 경제와 우리금융 경제연구소의 서울 부자 보고서(2023), KB 금융지주 경영연구소의 한국 부자 보고서(2022), 하나금융경영연구소(2021) 등의 금융자산 10억 원 이상 보유자에 대한 설문조사에 따르면, 자산 중 부동산 자산 비율은 53%~59.3% 수준이다. 금융자산 10억 원 이하의 경우에는 부동산 자산 비율이 20% 이상 더 높다.

부동산을 소유한 사람들은 총자산 중에 부동산 비중이 높은 편이므로 부동산 비율을 적절하게 유지하는 것이 중요하다. 하지만 은행을 이용하여 부동산 투자를 하는 많은 사람들 중에는 부동산 비중이 80%~90%인 사람도 많았다. 이렇게 부동산 비중이 높으면 외부 환경변화에 따른 유동성 대처가 쉽지 않다. 자산 중 부동산의 적정한 포트폴리오가 필요한 이유이다.

적정한 부동산 포트폴리오를 위해서는 계획을 세우고 투자해야 한다. 아무런 계획 없이 부동산 구입에만 치중하다 보면 경기가 어렵고, 부동산 시장 환경에 따라 더 힘든 상황에 봉착할 수도 있다. 자신의 투자 목표, 재무 상황, 시장 상황, 성향 등을 고려하여 신중하게 결정해야 한다. 부동산 투자는 수익형 부동산 투자와 가치형, 즉 시세 차익형 부동산 투자로 구분할 수 있다.

시세 차익형 부동산이란 매입과 매도 사이에 시세 차익으로 수익을 내는 것, 즉 부동산 가격 상승을 예상하여 구매하고, 가격이 상승한 후에 매매하여 차익을 실현하는 투자 방식이다. 재건축, 재개발, 분양권, 경매, 매매 등을 통한 아파트 투자가 가장 대표적이지만, 상가나 오피스 등도 단기 시세 차익을 노리고 투자하는 경우가 있다. 장점은 수익형에 비하여 수익률은 높은 편이지만 가치가 상승할 지역을 어떻게 선택할 것인가에 달려있다고 해도 과언이 아니다. 또한 부동산 하락시장이 심해지면 자금이 묶일 수 있고, 과다 대출로 인한 자금압박을 극복하지 못해 손실을 보는 경우도 가끔 보아 왔다.

수익형 부동산이란 아파트, 주택 등 일반적인 거주 목적의 부동산과 달리, 부동산을 타인에게 임대하여 매월 임대료를 받는 부동산을 의미하며 오피스텔, 상가, 지식산업센터 등을 말한다. 일정한 임대수익 창출이 가능하여 지속적인 현금흐름이 만들어지고, 아파트 대비 소액 투자가 가능한 물건들이 있다. 저금리 시대에는 일반 금융권 금리보다 높은 수익을 기대할 수 있지만 지금은 과거 대비 부동산 가격 상승과 고금리로 큰 수익률 기대가 어려우므로 손품과 발품을 팔아 좋은 부동산을 찾아내려는 노력이 절실히 필요한 시기이다. 또한 부동산 침체 시장에서도 현금으로 안정적인 수익을 만들어 낼 수 있는 반면에 경기 불황에 따른 공실 리스크, 시세 차익이 크지 않으며, 아파트 대비 매매에 더 긴 시간이 소요된다.

부동산 포트폴리오는 부동산 상승기와 하락기, 그리고 자신이 보유한 부동산의 현황을 점검하여 상황에 맞게 전략을 수립해야 한다. 이때 시세 차익형과 수익형 부동산의 비중을 상호 얼마나 가져갈지 충분한 검토와 함께 처분할 부동산, 구매할 부동산의 종류, 현금 보유 등 전략을 신중하게 판단해야 한다. 하지만 정답은 없으며 결정은 자신의 상황에 맞게 스스로 해야 한다. 일반적으로 부동산 상승시장에서는 가치가 상승하는 시세 차익 부동산에 높은 비중을 두며, 부동산 하락시장에서는 수익형 부동산에 투자 비중을 더 크게 가져가게 된다. 많은 사람에게 부동산을 구매할 때 '왜' 구매하느냐고 물어보면 '오를 것 같아서.', 또는 '괜찮을 것 같아서.'라고 대답하는 경우가 많다. 부동산 상승기에는 다행이지만, 하락기가 오면 부동산 침체의 바닥이 어디까지 갈지, 매각해서 돈을 보유할지 등을 판단하지 못하고 아무런 행동을 하지 않다가 더 큰 손실을 볼 수도 있다.

부동산 투자 전략에는 동일 금액으로 레버리지를 극대화하여 여러 개를 보유하는 방법과 똘똘한 한 개를 보유하는 방법으로 구분해 볼 수 있다. 특히 부동산을 한두 개 갖고 있는 경우에는 똘똘한 한 개로 갈아탈지, 현재와 같은 방식으로 하나를 팔고 다른 하나를 구입하는 전략으로 갈지도 고민하게 된다. 이때가 부동산에 대한 자신만의 투자 전략을 고민하는 시기가 시작된 것이다. 똘똘한 한 채는 지속적인 부동산 상승기에는 더할 나위 없이 좋지만, 과다한 대출이 수반되는 것이라면 부동산 하락장에서는 감당하기 힘들어진다. 자신에게 맞는 전략과 계획이 매우 중요하고, 부동산에 대한 가치관이나 재무설계 계획과도 많은 관련이 있다. 부동산 가치가 아무리 많이 올라도 팔아야 돈이 된다. 특히 거주형 아파트의 경우에는 팔더라도 또 다른 거주 공간을 마련해야 하고, 세금도 내야 한다. 자신의 나이, 재무 현황과 시장 환경 등을 종합적으로 고려한 투자 계획을 세워야 한다.

부동산을 여러 개 보유하고 있는 경우에는 포트폴리오가 중요하다. 주변에 오직 아파트에만 투자하거나, 아파트와 주거용 오피스텔 등 주택에만 갭투자를 하는 사람들이 생각보다 많다. 자신의 자산이 늘어날수록 한 종류의 부동산에 집중하기보다는 향후 위험에 대비한 다양한 전략이 필요하다. 하나 금융 경제연구소의 부자 및 대중부유층 보고서(2021)에 따르면 금융자산 10억 원 이상의 부자는 부동산 중 거주 목적 주택과 투자 목적이 40:60이고, 금융자산 1억 원 이상의 10억 원 미만의 대중부유층은 반대로 60:40의 비중을 차지하고 있다. 또한 자산이 많을수록 거주 목적 외 투자자산 비중이 높았고, 30억 원 이상 50억 원 미만은 72%, 50억 원 이상 100억 원 미만은 83%나 된다. 부동산 물건을 다양하게 가지고 있는 사람들은 수익형 부동산과 시세 차익형 부동산의 적정한 비중을 유지해야 한다. 이때 부동산의 개수보다는 자산 금액을 가지고 균형점을 찾아야 한다.

부동산 투자 포트폴리오는 나이에 따라 전략을 다르게 해야 한다. 이는 생애 설계와 맞물려 계획을 세울 필요가 있기 때문이다. 20~30대는 자신의 재무 현황이 부족하여 부동산 투자가 적극적으로 일어나지 않는다. 수익형 부동산을 구입하면서 대출을 받게 되면 월세가 대출이자 차감 후 얼마 되지 않거나, 지금처럼 고금리 시대에는 마이너스가 발생할 수도 있다. 가능하면 대출을 적게 받거나 갭투자 등을 통하여 시세 차익형 부동산에 집중할 수밖에 없는 세대이다. 또한 30대에는 가능하면 내 집 마련을 위한 주택에 집중해야 하는 시기이다.

40대는 지금보다 좋은 거주 장소로 이사할 수도 있고, 현재 주택에 만족하면서 월세 등을 통한 현금흐름을 창출하는 전략으로 갈 수도 있다. 또한 부동산은 단기간에 포트폴리오를 변경하는 것은 쉽지 않다. 시세 차익만 노렸던 사람은 수익형 부동산에 익숙하지도 않고 만족하지 못할 수도 있지만, 월세를 통한 현금흐름을 한번 해보면 괜찮다.

50대 이후에는 차익거래보다 안정성을 더 많이 고려해야 하고, 수익형의 비중을 높여야 한다. 언제까지 자산 증식을 위해 투자에 나설 수는 없다. 주거의 안정과 임대 소득을 통한 생활비 창출은 연금 등을 활용한 노후 설계와 더불어 풍요로운 노후를 준비할 수 있는 부동산 은퇴 설계 솔루션이 될 수 있다.

부동산 포트폴리오를 위해서는 포기할 줄도 알아야 한다. 무조건 최고의 좋은 상급지로 향한 발걸음, 공격적 투자를 통한 지속적인 수익 창출을 위한 목표, 타인과 비교하는 습관은 자신을 항상 힘들게 한다. 부동산 투자는 그리 호락호락하지 않다. 언제나 내가 승리할 것이란 생각에서 한발 물러나 수익이 조금 적더라도 상황에 맞게 안정적인 방향을 고민하고 선택해야 한다. 즉 부동산 포트폴리오를 위해서는 나이, 보유 자산규모, 부동산 외 금융자산, 자신의 성향과 함께 경제 및 시장 상황을 직시하고 객관적으로 판단하는 능력이 아주 중요하다.

　마지막으로 부동산 포트폴리오에는 상속 및 증여도 고민해야 한다. 아무런 고민 없이 구입만 하다 보면 나중에 예상치 못한 세금에 놀랄 수 있다. 향후 세금에 대한 전략은 자산 규모에 따라서 개인이나 법인 명의를 선택해야 하고, 개인 명의로 한다면 또 누구의 명의로 할 것인지 사전에 충분한 검토가 선행되어야 한다. 항상 들어오는 돈도 중요하지만, 적게 나가게 하는 돈 관리 운용 전략이 필요하기 때문이다. 부란 허울 좋은 겉보기보다 내실이 훨씬 더 중요하다.

[포인트 8] 임장 분석 노트 (작성 예시)

조사 부동산	임장 일자
경기도 안양시 000 000	00.00.00

부동산 조사 내용 (건물 상태, 관리비, 주차 등 주요 현황)

손품 분석	발품 분석
▪ 건물 외벽 노후화 ▪ 주차 불편 ▪	▪ 주차난 심각, 인근 주차 어려움 ▪ 관리비 과다 지출 ▪

현장 분석 내용 (교통, 배후 세대, 유동 인구, 호재, 혐오 등)

손품 분석	발품 분석
▪ 지하철에서 가까움 ▪ 유동 인구 많음 ▪	▪ 지하철에서 생각보다 오래 걸림(큰길) ▪ 유동 인구는 많으나 샛길로 많이 샘 ▪ 인근 대형 고압선 있음(사람들 비선호)

시세 분석 (주변 매물, 급매물, 임대가, 분양가 등)

손품 분석	발품 분석
▪ 호가 00백만 원 ▪ ▪	▪ 호가가 높게 형성 ▪ ▪

인근 부동산 중개업소 방문 조사 (최소 2~3개 방문)

▪ 부동산 중개업소 (☎   )

▪ 부동산 중개업소 (☎   )

▪ 부동산 중개업소 (☎   )

예상 수익률 분석

최종 검토 의견

◆ 단기투자는 어렵고 장기투자 필요
◆ 인근에 새로운 상권이 형성되고 있음
◆
◆
◆

[포인트 9] 수익률 분석 (작성 예시)

◎ **기준일 : 00.00.00**

1. 조사 부동산

2. 수익률 조사를 위한 조사 내용

(단위 : 천 원)

항목	세부 항목	금액	상세 내용
부동산 매매	매매가		
	세금		취, 등록세
	기타 비용		법무사, 중개 보수 등
	현금투자		현금투자 = 매매 금액 − 대출금 − 보증금
임대차 내용	보증금		
	월세(연간)		월세 × 12
대출	금액		
	대출이자(연간)		월 대출이자 × 12
기타 비용	연간 비용		소유자 부담 : 재산세 등
기타 수익	연간 수익		

3. 수익률 분석

1) 현금투자 수익률

① 투자금 = 매매가격 − 보증금 + 추가 비용
② 연수익률 = (연간 수익 / 투자금) × 100
　　[(월세 × 12) / (매매가격 − 보증금 + 추가 비용)] × 100

➡

2) 대출투자 수익율

① 투자금 = 매매가격 − (대출금 + 보증금) + 추가 비용
② 월 수익 = 월세 − 월 대출이자
③ 연간 수익 = 월 수익② × 12
④ 연수익률 = (연간 수익③ / 투자금① × 100
　　[(월세 × 12) − (월 대출이자 × 12)] / [(매매가격 + 추가 비용) − (대출금 + 보증금)] × 100

➡

3) 기타 수익/비용 포함 수익률

① 투자금 = 매매가격 − (대출금 + 보증금) + 추가 비용
② 월 수익 = (월세 + 월 기타 수익) − (월 대출이자 + 월 기타 비용)
③ 연간 수익 = 월 수익② × 12
④ 연수익률 = (연간 수익③ / 투자금①) × 100

➡

◆ 추가 비용 : 취득세, 법무사, 공인중개사 수수료 등 (수익률 계산에 추가 비용 제외하는 사례도 있으나 포함하여 보수적인 검토가 필요)
◆본 수익률 계산은 투자 여부를 결정하기 위한 단순 참고 자료로만 활용한다.
◆ 부동산 중개업소는 대출금을 포함한 수익률을 제시하나 현금투자 수익률을 참고해야 한다.
◆ 대출금 포함 수익률은 대출이율에 따라 수익률 차이가 크므로 대출이율을 잘 확인한다.
◆ 기타 수익 및 기타 비용이 부정기적으로 발생하는 경우 유의해서 계산한다.
　(ex: 월 기타 수익 = 수익 합계 / 12 등)

○ 기준일 : 00.00.00

- 타인의 성공 사례 분석을 통해 성공 노하우를 습득한다.
- 간접경험을 통해 미처 알지 못했던 다양한 사례를 분석해 보고 나의 보완점을 찾는다.
- 투자의 방향성과 실전에서 시행착오를 사전에 대비하는 효과가 있다.

■ 성공 사례 분석

항목	주요 확인 및 분석 내용
사례 내용	■ 투자자 H는 지하상가를 00 백만 원에 구입(예전 분양가의 70% 수준) ■ 대출금 00백만 원(매매가의 70%) ■ 단순 임대로는 수익률이 높지 않아 도심형 미니 창고 임대 예정
주요 분석 내용	■ 도심 미니 창고 임대를 위해 사전 철저한 준비 및 수요조사 ■ 인적 네트워크를 활용한 저렴한 인테리어 비용 ■ 수익률 분석 및 손익 분기점 확인
성공 사례 시사점	■ 도심형 미니 창고 사업을 위해 사전 충분한 인적 관계 구축 ■ 철저한 시장 조사를 통한 수요예측으로 상권 접근 ■ 초기 비용이 많이 들지만 빠른 손익 분기점 도달
나의 미비점	■ 수익형 부동산에 대하여 그동안 단순 임대로만 접근 ■ 상가 투자의 어려움으로 투자 순위에서 제외해 버림 ■
최종 의견	■ 다양한 수익원에 대한 지식 습득 필요(스터디 카페, 무인 점포 등) ■ 대출 등 인적 네트워크 확장 필요 ■ ■ ■

◆ **기준일 : 00.00.00**

- 타인의 실패 사례 분석을 통해 다양한 실패 원인을 배운다.
- 실패 원인분석은 성공 사례 분석만큼이나 중요하다.
- 실패 사례와 유사하거나 비슷한 실수를 하지 않도록 유의한다.

■ 실패 사례 분석

항목	주요 확인 및 분석 내용
사례 내용	■ 투자자 T는 지식산업센터 투자 공부를 하다가 동료 투자자가 부동산에 대하여 해박한 지식이 있다고 생각하고, 최근 생활형 숙박시설이 인기 있다는 말에 관심을 가지게 됨. ■ '생활형 숙박시설' 이야기는 처음 들었고 내용을 잘 몰랐으나 오를 것이라는 막연한 기대를 하게 됨. ■ 동료 투자자와 함께 분양사무실에 방문했다가 분양상담사의 설명과 초기 계약금 10%만 든다는 이야기에 현혹되어 분양받음.
주요 분석 내용	■ '생활형 숙박시설'이 뭔지도 잘 모르면서 오피스텔 또는 아파트와 비슷하다는 이야기에 투자함 ■ 계약금만 생각하고 향후 잔금 등에 대한 고민은 없었음. ■ 아주 긍정적인 경기 전망으로 중도에 프리미엄 받고 매도를 예정했으나 예상과 달리 경기 전망이 불투명해져서 실패함. ■ 대출을 받아 잔금을 진행하려 했으나 1금융권 대출을 거절 받음.
실패 사례 시사점	■ 잘 모르는 부동산에 대하여 '귀동냥' 또는 '미투' 투자는 매우 위험함. ■ 부동산 투자 시 '재무 분석'이 없었음. ■ 부동산 중 1금융권 대출이 불가능하거나 어려운 사실을 처음 알게 되었음.
나의 미비점	■ '생활형 숙박시설'이 무엇인지 잘 모름. ■ 가끔 '귀동냥' 투자 유혹에 빠지기도 함.
최종 의견	■ 부동산 투자는 목돈이 들어가므로 계약 전 은행 직원 등과 상담하여 잘못된 투자를 대비한 사전 방지책 필요. ■ 부동산 분양업자는 장점만을 부각하므로 이에 대한 대처 필요.

66

내 꿈은 뭘까?

99

10년 전 처음으로 나에게 던졌던 질문이지만 그때는 대답하지 못했다. '꿈을 찾기 위해 무엇을 해야 할까?' 두 번째 질문을 던졌고 무엇을 좋아하는지 알기 위해 책을 읽기로 했다. 몇년 후 버킷리스트에 다음과 같은 한 줄을 적었다.

'글 쓰기'

그러자 2017년 블로그에 '작은 행복'이라는 첫 글을 쓰게 되었다. 또다시 몇 년이 지나 버킷리스트에 다음과 같은 한 줄을 적었다.

'책 쓰기'

그리고 다시 몇 년이 흘러 프로방스 대표님이 직접 방문하셔서 출판계약을 하게 되어 너무나 기쁘고 감사했다. 항상 '자신만의 노트에 바라는 것을 기록하면 이루어진다.'라는 믿음이 있었다. 꼭 성공한 유명한 사람이 아니더라도 주변에 자신의 목표를 기록하고, 자주 보는 사람이 목표를 달성하는 것을 너무 자주 보아왔기 때문이다.

어떤 저자의 강의를 들은 적이 있었는데, 강의 내용 중에 '친한 사람에게는 책을 쓸 때까지 책을 쓴다는 사실을 절대 말하지 않아야 한다.'라는 이야기가 있었다. '네가 무슨 책을?', '말이 돼?'라고 하면서 용기를 꺾게 한다는 이야기지만, 기록한 것을 말할수록 더 빨리 이루어진다는 사실을 알아야 한다. 원하는 무엇인가를 성취하려면 기록하고, 말하고, 실천하면 된다는 자신에 대한 믿음이 정말 중요하다.

가끔 미래를 위해 무엇을 준비했으면 좋겠냐고 질문하는 사람들이 많다. 그럴 때면 여러 가지 이야기 중 마지막에는 항상 운동과 책을 보면 어떠하냐고 권해본다. 독서 이야기를 할 때면 이런 이야기를 종종 듣는다. 자기계발서 몇 권 읽어 봤는데 "거기서 거기야!", "다 똑같아!", 그래서 "더 이상 읽고 싶지 않아!"라고 말이다.

맞는 말이다. 읽기만 한다고 무슨 소용이 있을까? 읽는 자체로 위안받는 것도 한두 권이지 더 읽으면 그게 그거다. 정말 중요한 건 자신의 마음속에 있다. 즉, 책을 읽고 나서 받아들이고 실천할 마음이 있어야 한다. 책을 읽다 보면 항상 남는 아쉬움이 있는데, 열심히 읽었는데도 시간이 조금만 지나면 별로 기억나는 게 없다는 사실이다. 우리가 모든 내용을 기억하고 공감할 수는 없지만, 한 권의 책에서 가능하면 '세 가지만 기억하고 실행해 보면 어떨까?'라고 말해주고 싶다. 아니 한 가지만 기억하고 실행해도 성공한 것이다. 하나라도 받아들이고 내 것으로 어떻게 만드느냐가 관건이고, 책과 똑같이 할 이유도 없다. 자신에게 맞는 더 좋은 아이디어를 찾아 실행하면 그것으로 충분하다.

30년 다닌 은행에 퇴직 신청서를 낸 저녁, 어두컴컴한 곳에서 부스럭거리는 소리에 뒤척이다 잠시 눈을 떴다. 딸이 가방에 편지를 넣어놨으니 출근해서 읽어 보라고 했다.

"어제 엄마한테 아빠 사표 냈다는 이야기를 들었어. 그리고 엄마가 '아빠는 걱정 안 된다고, 워낙 계획적이라서'라고 말해주더라고. 나도 이 말을 들으니깐, 우리 아빠 하나도 걱정 안돼! (중략) 이제는 맘 편히 쉬면서 놀아!! 빈둥거리면서! 아빠의 제2의 삶을 응원할게!"

누군가의 믿음은 중요하고, 특히 가족의 믿음은 더욱더 그렇다. 이런 신뢰는 자신에 대한 믿음으로 발전하여 무엇이든 가능하게 만드는 힘이 있다. 아들은 바쁜 와중에도 처음부터 끝까지 교정을 도와줬다. "고마워, 고생했어"

인생에서 리허설 기능이 있으면 얼마나 좋을까? 연습도 해보고, 잘못되거나 실수라도 있다면 리플레이해 보면서, 더 멋진 후회하지 않는 삶을 살 수 있을 텐데 말이다. 하지만 인생은 실전이다. 자신만의 '돈에 대한 성공 스토리'를 만들어 갈 수 있다는 믿음과 실행이 단 한 번뿐인 인생을 더 멋지게 바꾸어 놓을 수 있다.

2024년 1월 어느 날

저자 최수길

[이런 책을 참고하고 도움이 되었어요.]

- 큐리어스 마인드 [브라이언 그레이저 지음, 박종윤 옮김, 2016.02.25. 열림원]
- 큐리어스 인간의 네 번째 본능, 호기심의 모든 것 [이언 레슬리 지음, 김승진 옮김 2014.07.15. 을유문화사]
- 존리의 부자되기 습관 [존리 지음, 2020.01.07. ㈜지식노마드]
- 월급쟁이 부자로 은퇴하라 [너나위 지음, 2019.05.22. ㈜알에이치코리아]
- 부자 통장 [박종기 지음, 2011.04.17. 청림출판]
- 20대 파워 재테크 [양찬일 지음, 2006.11.15. 팜파스]
- 나의 꿈 나의 인생 ① [나폴레온 힐 지음, 권혁철 옮김, 2021.01.04. 국일미디어]
- 버킷리스트 [강창균·유영만 지음, 2011.02.10. 한국경제신문 한경BP]
- 부와 성공을 부르는 12가지 원칙 [게리 바이너척 지음, 우태영 옮김, 2022.02.20. 천그루숲]
- 법인으로 투자할까 개인으로 투자할까 [인아랑 지음, 2022.06.22. 진서원]
- 돈을 낳은 법칙 [가야 게이치 지음, 황선종 옮김, 2018.12.24. 리더스북]
- 내 통장 사용 설명서 3.0 [이천 지음, 2021.10.13. 세이지]

- 지식산업센터로 월세통장 만들기 [단희쌤(이의상)·김윤관 지음 2021.12.13. 포레스트북스]

- 기분이 태도가 되지 말자 [김수현 지음, 2022.11.25. 하이스트]

- 실패를 해낸다는 것 [최재천 지음, 2022.07.29. 민음인]

- 부자언니 부자특강 [유수진 지음, 2015.05.07. 세종서적(주)]

- 전한길의 성공 수업 [전한길·이상민 지음, 2018.06.20. 문이당]

- 성공하려면 습관을 바꿔라 [이범준 엮음, 2019.05.31. 매월당]

- 위기의 시대, 사야 할 부동산 팔아야 할 부동산 [김부성 지음, 2016.11.30. 한국경제신문]

- 아주 작은 시작의 힘 [박민선 지음, 2022.12.23. 빅피시]

- 서른이 넘으면 왜 항상 피곤할까? [구브바야시 노부마사 지음, 홍성민 옮김, 2010.04.30. 민음인]

- 나는 하루 5분만 바꾸기로 했다 [옥민송 지음, 2022.12.23. 콘택트]

- 오늘은 짠테크 내일은 플렉스 [김경필, 2022.07.29. 김영사]

부를 향한 첫걸음

돈 되는 호기심

초판인쇄	2024년 1월 19일
초판발행	2024년 1월 24일

지은이	최수길
발행인	조현수, 조용재
펴낸곳	도서출판 더로드
기획	조용재
마케팅	최문섭
교열·교정	이승득

주소	경기도 파주시 산남동 693-1
전화	031-942-5366
팩스	031-942-5368
이메일	provence70@naver.com
등록번호	제2015-000135호
등록	2015년 6월 18일

정가 18,000원
ISBN 979-11-6338-440-3 (03320)

파본은 구입처나 본사에서 교환해드립니다.